卫生法学及医改政策研究

胡晓翔 编著

浙江工商大学出版社
ZHEJIANG GONGSHANG UNIVERSITY PRESS

图书在版编目(CIP)数据

卫生法学及医改政策研究 / 胡晓翔编著. —杭州：浙江工商大学出版社，2016.8
（卫生法学系列丛书）
ISBN 978-7-5178-1717-8

Ⅰ. ①卫… Ⅱ. ①胡… Ⅲ. ①卫生法—研究—中国②医疗保健制度—体制改革—政策—研究—中国 Ⅳ. ①D922.164②R199.2

中国版本图书馆 CIP 数据核字(2016)第 159375 号

卫生法学及医改政策研究
胡晓翔 编著

责任编辑	潘云娟
封面设计	林朦朦
责任印制	包建辉
出版发行	浙江工商大学出版社 (杭州市教工路 198 号　邮政编码 310012) (E-mail:zjgsupress@163.com) (网址:http://www.zjgsupress.com) 电话:0571-88904980,88831806(传真)
排　　版	杭州朝曦图文设计有限公司
印　　刷	浙江云广印业股份有限公司
开　　本	710mm×1000mm　1/16
印　　张	14.75
字　　数	273 千
版 印 次	2016 年 8 月第 1 版　2016 年 8 月第 1 次印刷
书　　号	ISBN 978-7-5178-1717-8
定　　价	39.00 元

浙江工商大学出版社营销部邮购电话　0571-88904970

“卫生法学系列丛书”总主编

吴崇其

“卫生法学系列丛书”副总主编

徐勤耕	张以善	刘　群	王　毅	蒲　川
张　静	张际文	田　侃	石俊华	罗　刚
王　萍	赵　敏	李冀宁	邓　虹	郑雪倩
陈志华	王梅红	仇永贵	石　悦	杨淑娟
丁朝刚	冯正骏	戴金增	解　放	胡晓翔
崔高明	古津贤	王国平		

“卫生法学系列丛书”编纂委员会

序

当前，国家进入了社会转型的重要时期，既是发展黄金期，又是错综复杂矛盾的高发期。随着经济体制深刻变革、社会机构深刻变动、利益格局深刻调整、思想观念深刻变化，各类社会矛盾都有充分显现，新问题、新矛盾不断出现，其中医患矛盾也就成了社会的热点问题。这一矛盾的正当解决，不仅关系到医患双方合法权益的保护，也关系到医学科学事业的繁荣进步和卫生事业的健康发展，还关系到小康社会的建设与和谐社会的稳定。

随着《中华人民共和国侵权责任法》的颁布和实施，医疗损害走司法途径，已成了社会公知和医患理性维权的重要选择。为了维护医患双方合法权益，获取证据，认定证据，成了诉讼中日益彰显的锐利武器。医疗损害鉴定的二元化仍然没有得到解决，暴露出不少缺陷。监督机制、鉴定人素质、鉴定意见、鉴定的公正性与客观性等等都存在不同程度的问题，影响了鉴定的公平公正，妨碍了医患双方合法权益的有效保障，导致了医疗环境的混乱。

为提高医疗损害司法鉴定的社会可信度，医疗损害司法鉴定在体制上拟坚持一元化；设立的医疗损害司法鉴定机构必须保持中立，严格规避隶属上的任何姻缘关系；应当依法保护司法鉴定主管机关、医患双方的自主选择权；提高医疗损害司法鉴定机构准入门槛，实行分级管理，拟分为国家级、省级和市级三类；提高医疗损害司法鉴定人的准入门槛并实行专业管理；医疗损害司法鉴定应当拥有规模相当、门类齐全、学科阵营强大的咨询专家库，内存社会公认权威的专家团队；规范医疗损害司法鉴定的程序和鉴定意见书的格式、内容；加强监督机制，有效地进行损害鉴定追究责任制；建立完善的医疗损害鉴定标准；等等。

中国卫生法学会(以下简称学会)于1993年3月获民政部批准为司法部主管的第一个全国性民间法学专业社团。2011年5月，学会业务主管单位由司法部变更为中国法学会，其成员主要由原卫生部、国家计划生育委员会、国家药品监督管理局、国家中医药管理局、解放军总后勤部卫生部系统，以及大专院校、医疗机构、律师事务所、医药企业等单位中从事卫生行政管理、法律工作、教学研究的专家、学者、律师及司法相关人员组成，会员单位遍布全国 29 个省、市、自治区。学会旨在进行卫生法学领域的理论研究、教学探索、法律服务等实际工作，充分发挥中介、桥梁和纽带作用，为促进卫生事业改革发展，医学科学繁荣，维护人的生命健康权益，构建和谐社会做着不懈的努力。

2013 年 5 月，中国卫生法学会在北京召开第四次会员代表大会。鉴于学会拥有医学、法学双学科复合型资深专家资源，是独立于医患双方的第三方，兼具公平、公正、中立性，学会计划开展医疗损害司法鉴定理论与实务研究，拟筹建医疗损害司法鉴定机构，依法进行医疗损害司法鉴定将作为今后重点工作之一。该项工作符合服务党和国家工作大局的方向，符合社会各方共同认知的需求，也符合学会维护医患双方合法权益的工作宗旨。学会拟在北京首先筹建"中国卫生法学会医疗损害司法鉴定中心"，主要开展医疗损害司法鉴定。待取得经验，再向全国逐步拓展。将要成立的"中国卫生法学会医疗损害司法鉴定中心"(以下简称医疗损害司法鉴定中心)具有以下优势：

1.医疗损害司法鉴定中心是全国第一个专门从事医疗损害鉴定的司法鉴定机构，符合司法部关于鉴定机构向专业化发展，不搞小而全的方向。

2.医疗损害司法鉴定中心与卫生行政部门和医疗机构无任何行政隶属关系，是独立于医患双方的第三方，保持公正、中立的立场，将致力于维护医患双方的合法权益。

3.医疗损害司法鉴定中心的主要鉴定人从全国高等医学院校、三级甲等医院中遴选，吸纳全国各地优秀鉴定专家，组建大容量医学专家和法学专家的专家库，确保司法鉴定的科学性、客观公正性和专业性。

4.医疗损害司法鉴定中心开展医疗损害司法鉴定理论与实务的研究，开展与世界法医学医疗损害司法鉴定机构的学术交流，探究医疗损害司法鉴定技术规范与管理经验，发挥引领和示范作用，创建有中国特色的医疗损害司法鉴定模式。

为促进卫生法学学科建设，促进医疗损害司法鉴定理论与实务的研究，有利于医疗损害司法鉴定实务开展，学会拟将组织相关专家编撰有关医疗损害司法鉴定技术的系列丛书。《医疗损害司法鉴定实务》为系列丛书之一，本书作者结合自己的临床经验、医院管理经验、司法鉴定经验及代理医疗纠纷案件经验，汲取大量国内外最新资料，系统全面地介绍了有关医疗损害责任纠纷各个方面的知识，试图从多专业、多学科角度使读者了解解决医患纠纷技术和方法的概貌，以供与医患纠纷有关的鉴定人、医患双方、律师和审判等人员参阅，具有一定的参考价值。

建设法治国家，依法治国，构建和谐医患关系，需要良好的社会环境，需要科学、客观、公正地维护医患双方合法权益，组织医疗损害司法鉴定是学会的工作，学会的梦想是完善卫生法与生命伦理的学科建设，维护人的生命健康，保护生产力，发展生产力，实现中华民族伟大复兴。

吴崇其

2014 年 9 月 30 日

前　言

在中国卫生法学会、"卫生法学系列丛书"总主编吴崇其教授的组织、感召下，这套"卫生法学系列丛书"，汇集了目前国内最优秀的卫生法学权威专家，凝聚了当下卫生法学学术的精华。要说例外，本人可能是唯一的一例。于法学，于卫生法学，南京市鼓楼医院妇产科主治医师本底的我，纯属"民科"一枚。

也可能正因不是法学科班，缺乏法学范式的训育，也就少了些陈见束缚，在丰富的实践中感悟，就难免生出些迥异于共识的一孔之见。例如，学界共识认为医患关系一律是，且只能是民事法律关系，故无论什么类型的医患纠纷，只要能够进入诉讼程序，都是在民庭，依据《民事诉讼法》进行的。正是我这枚"民科"首先质疑，并提出"国家主体医疗卫生事业中的医疗卫生服务机构在法定业务范围内形成的医患关系不是民事法律关系，而是行政法律关系。其侵权损害赔偿适用国家赔偿法律"这个"古怪"看法。

自况"民科"，是就学院外，也是学术圈外的一线实践者这个特点来看的，从这一角度说，我是不折不扣的"民科"。但是，就学术范式来说，我其实不算是"民科"。所谓的新看法，都是建基于丰富无比的实践，从勤苦中自然而生的一些感性认识，然后，再有针对性地去查资料、找依据、论证。即，念头生于实践，但观点必须回到学术界共同的学术范式体系里小心求证，把实践与理论充分结合、密切结合、深入骨髓本旨地结合，从而得出新的结论。

深入卫生法学思考、研究多年，我的经验是：一是求真求是，观点不同，大异其趣才好，但是，论证必须走共通的学术范式，要严谨、周密。二是要耐得住寂寞，有恒心，经得住多年的挫折考验。三是只要真的有所探索、有些新见，迟早会遇见伯乐的。我有幸遇见了吴崇其教授，得其引导和点拨，赏识与支持，才能够把繁杂工作之余积存的零星短章联缀成篇，充实完善成此书稿，其中，升华归纳出了一些新见，比较全面地反映了我在卫生法学上探求20余年的心路历程。但愿，能对一线实务人员，以及卫生法学基础研究有所助益与贡献。

2016年5月19日凌晨，随园

目　　录

第一章　医疗卫生事业的根本属性

坚持国家主体医疗卫生事业的公益福利性是社会人权保障的重要内容。卫生工作实行市场化机制将不利于广大农村人口、老年人及残疾人的生命健康权利保障。卫生事业的“公益性”与“福利性”并无根本矛盾。

一、概述

随着改革开放的深入发展，尤其是《中共中央关于全面深化改革若干重大问题的决定》(2013年11月12日中国共产党第十八届中央委员会第三次全体会议通过)提出“紧紧围绕使市场在资源配置中起决定性作用深化经济体制改革”后，市场经济大潮进一步涌动，拍打着公立医疗卫生事业的大门。越来越多的政府官员再次主张给卫生界“断奶”，像对待其他行业一样，进行混合所有制经济改造，让其在市场中求生存；卫生界从业人员及其主管部门的官员中，也涌动着变革的激情，在医改的构思里，亟欲“实质性对接市场经济”，“抛弃卫生事业的福利性”思潮卷土重来，更有人疾呼：“医院进入市场，已势在必行。”①各地医改方案，几乎都鼓励私立医院发展，变相支持其营利，弱化公立医院公益性改革，进一步放任医疗卫生体系滑向商业性、营利性轨道。一些地方像当年招商引资那样，无原则地给私立医院规划、医保、土地、税收等方面的优惠，甚至直接给予财政补贴，以“支持社会办医”的名义千方百计帮助私立医院放松甚至取消监管，实际上鼓励其营利。② 各界人士对“市场经济”的渴求，由此可见一斑。

其实，这种认为医疗卫生事业也是市场经济的观点是错误的。在基本医疗卫生服务还很薄弱的情况下，把重点转向医疗市场化、商业化，将使中国的医疗卫生体制发生倒退，十几年医改所取得的成果都将失去，有可能导致系统性风险甚至发生经济社会危机。中国医改有可能出现系统性偏差，这已经不是理论上的可能，而是实实在在存在的危险。③笔者认为：尽管国家“允许、支持、鼓励多种形式办医”，但国家主体医疗卫生事业的“社会公益福利性”这个根本属性，在任何时候都不可动摇！争取为全体公民提供基本的卫生保健服务，是国家主体医疗卫生事业的首要任务，这也是任何一个为人民服务的政府义不容辞的责任，是

---

① 朱宏亮、王明旭：《试论医院进入市场》，载《中国社会医学》1995年第3期，第4页。

②③ 江宇：《医改不可犯“颠覆性错误”》，载《东方早报》2015年2月10日，第B15版。

任何一个现代文明社会不容干扰的奋斗目标！

二、坚持国家主体医疗卫生事业的公益福利性是社会人权保障的重要内容

1945年联合国成立时，维护人权作为宗旨之一被列入《联合国宪章》。1948年，联合国大会通过的《世界人权宣言》，第一次系统地提出了人权的基本内容，使人权成为国际法原则之一。宣言宣布了生命权、人身安全权等个人权利和政治权利，同时也规定了社会保障、适度生活水平等经济、社会、文化权利。① 中华人民共和国成立后，中国的人权状况得到了根本的改善。中国政府和中国人民十分珍惜这来之不易的胜利成果，为维护人权和不断改善人权状况不懈努力，终于取得了显著成绩，基本解决了人民的生存权问题。《世界人权宣言》确认：人人有权享有生命、自由和人身安全。自1949年新中国成立以来，中国人民的平均寿命和健康水平有了很大提高。从1979年至今，中国人民的体质有了明显的提高，彻底甩掉了"东亚病夫"的帽子。② 卫生事业是保障人的生命健康权的必要条件。中国人口大部分在乡村，随着医疗卫生事业的发展，各种传染病、地方病的发病率大幅度下降；麻风、霍乱、鼠疫等烈性传染病基本被消灭；血吸虫病、人骨节病、克山病等地方病的流行得到了控制。医疗卫生和防疫工作的开展极大地提高了中国人民的健康水平。老年人有从国家和社会获得物质帮助的权利，老年人受到社会各界的帮助和爱护。③ 同时，中国政府高度重视残疾人的权利问题，对残疾人给予特殊扶助和保护，以减轻或消除其残疾影响和外界障碍，确保他们的合法权益得以实现。政府和社会为此投入大量的人力、物力，开展康复工程。④

1978年世界卫生组织制定了"2000年人人享有卫生保健"的全球目标，并明确达到实施初级卫生保健这一目标的基本途径。人人享有卫生保健，体现了卫生工作的公正和可及性原则。现在世界上有近150个国家开始实行初级卫生保健，我国政府领导人也多次代表国家承诺，表明我国政府对医疗卫生工作的重视，并承担了向我国公民公平地提供基本医疗卫生服务的责任。⑤

有人认为中央已明确提出医院属于第三产业，因此，医疗改革就应实行市场化取向。显然，这种理解是形而上学的。第三产业中不同行业和部门各有自身

---

① 张友渔：《中国大百科全书·政治学卷》，中国大百科全书出版社1992年，第300页。

② 国务院新闻办公室：《中国的人权状况》，载《人民日报》1991年11月2日，第5版。

③ 国务院新闻办公室：《中国的人权状况》（三、四部分），载《人民日报》1991年11月3日，第5版。

④ 国务院新闻办公室：《中国的人权状况》（八、九、十部分），载《人民日报》1991年11月5日，第5版。

⑤ 于宗河：《关于进一步深化医疗改革走出困境的对策与建议》，载《中华医院管理》1995年第11卷第6期，第322页。

的特点，并不都是完全意义上的商品经济。党的十四大提出的建立社会主义市场经济体制，主要是针对作为商品生产者和经营者的企业来讲的，并不包括国民经济各个部门的活动。① 而医疗卫生工作在经济领域有其自身特殊的规律：(1)大部分的医疗需求不是由病人(消费者)而是由医务人员(生产者)决定的。(2)医学科学技术的发展，新技术、新疗法的运用及寿命的延长，均使医疗费用高速上升，很快就会达到国家和人民难以承受的程度。这不同于一般物质生产中，科技应用能提高劳动生产率、降低生产成本的规律。(3)医疗价格一般不受或者很少受供需关系的影响，患者为了解除病痛，维持生命或保护功能，不会问价就医。(4)医疗成本(物资和劳务)消耗同效果(效益)之间的关系，存在着不相应性和不确定性。(5)市场经济的重要机制是优化资源配置，但在医疗上市场却不能导致医疗资源的合理配置，甚至其结果恰恰是相反的。② 此外，市场经济的"等价交换原则"与全心全意为病人服务的医德原则有矛盾，全心全意，就要讲奉献，把病人利益放在首位，医患关系不能只是一种等同的价值量的交换关系。③ 可见，若将国家主体医疗卫生事业推向市场，则广大的农村人口、老年人及残疾人的生命健康权利保障，必定首当其冲地受到削弱，使《中国的人权状况》白皮书的相当部分内容落空，至于"根据中国经济和社会发展的总目标，90 年代以及下个世纪初，中国卫生工作和卫生事业发展的总目标是：全体人民都能获得基本的卫生保健服务，总体上达到与小康水平相适应的健康水平"④的政治承诺，就更难顺利兑现。所以，坚持国家主体医疗卫生事业的公益福利性，是社会人权保障的重要内容。

三、何谓"公益性"

早在 1995 年 1 月份的全国卫生厅局长会议上，国务委员彭珮云同志明确指出："卫生事业是社会公益性事业，不能主要依靠市场机制，而要依靠政府来组织、管理、协调和支持。各级政府应该充分认识卫生工作在经济、社会发展中的重要作用，把卫生工作纳入国民经济与社会发展的总体规划，列入重要的议事日

---

① 马振江：《关于医院改革取向的理论思考》，载《中华医院管理》1993 年第 9 卷第 10 期，第 586 页。

② 董炳琨：《警惕医疗卫生工作走入误区》，载《中华医院管理》1993 年第 9 卷第 10 期，第 577—578 页。

③ 廖继尧：《浅议市场经济与医德建设的关系》，载《中华医院管理》1993 年第 9 卷第 9 期，第 520 页。

④ 《中国 21 世纪议程——中国 21 世纪人口、环境与发展白皮书》(第 9 章 卫生与健康)，载《中华护理杂志》1995 年第 30 卷第 7 期，封底。

程,通过有力的政府行为来促进卫生事业的发展与改革。"①这个论述,排除了过度市场化的干扰,不仅遵循我国《宪法》的精神、高倡民意,而且也充分顾及医疗卫生事业本身特有的规律,并契合世界文明进步的节奏、顺应全球社会发展的潮流。此后,党中央和政府关于医改与卫生事业发展的历次表述,均贯穿了这个基本精神。《中共中央关于全面深化改革若干重大问题的决定》在第十二部分"推进社会事业改革创新"里规定:"深化医药卫生体制改革。落实政府责任……建立科学的补偿机制。鼓励社会办医,优先支持创办非营利性医疗机构。"也就是阐明要加强政府投入的力度,彰显公益属性。但是,对"卫生事业是社会公益性事业"中的"公益性"一词,有不少人产生了误解,将其对立于"福利性"而融合于"市场性""商品性"。如"医院这种公益性福利事业的根本性质,体现出双重属性……福利性反映了我国医疗卫生事业的非营利性的根本目的……公益性体现了医疗服务活动的生产性,在当前即表现为一定的商品性"②。有观点认为,"卫生事业是社会公益性事业"的论述,就是取消医疗事业"福利性",使医疗事业归入"市场经济"。这真是"差之毫厘,谬以千里"!

那么,何谓"公益性"?

公益,istislāh,源自伊斯兰教法用语,指对无法在经训明文中找到答案的疑难问题做出判决所根据的一种原则。在这种情况下,法官首先判断何者对整个社会最有利,其次考虑何者对地方社团有利,最后研究何者对个人有利。③ 简言之,公益即"社会的公共利益;对公众有益的事"④。唯其如此,卫生事业才能够"坚持以社会效益为唯一原则,正确处理社会效益与经济效益的关系,始终把社会效益放在首位"。可见,公益性与福利性两者并无根本矛盾,就"非市场性""非营利性"角度而言,两者是完全一致的!所以,在外文中,"公共福利"与"公益"是同一个词(组):public welfare(英)、das Gemeinwohl(德)。

综上所述,发展医疗卫生事业是现代社会文明进步的重要标志,是维护政治稳定的重要因素。当代国际社会中许多国家,都把向全民提供医疗保障作为政府行为,而不是个人行为。我国在此国际大背景和大环境之下,必须把医疗卫生工作视为一个"大的政治问题"而抓紧抓好,否则,就会如鲁迅先生所言:"只有外国人说我们不问公益,只知自利,爱金钱;却还是没法辩解。"⑤

面对市场经济,国家主体医疗卫生事业固然存在"适应"问题,但那种不问卫

---

① 费勤福:《彭珮云就卫生发展与改革发表重要讲话》,载《中国农村卫生事业管理》1995 年第 15 卷第 2 期,第 1 页。

② 马振江:《关于医院改革取向的理论思考》,载《中华医院管理》1993 年第 9 卷第 10 期,第 586 页。

③ 《简明不列颠百科全书 3》,中国大百科全书出版社 1985 年版,第 429 页。

④ 罗竹风:《汉语大词典》(第 2 卷),汉语大词典出版社 1988 年版,第 69 页。

⑤ 鲁迅:《准风月谈・外国也有》,《鲁迅全集》(卷 5),人民文学出版社 1981 年版,第 345 页。

生工作本身的特点及任务，简单地视卫生工作为“市场经济”的“适应”法，是一种消极、被动的适应，其实质为“迷信、迎合、取媚”，这种“市场原教旨主义”，决不可取！“市场原教旨主义”认为市场这只“看不见的手”可以自动恢复经济平衡，无须政府以任何方式进行干预。随着西方经济危机的蔓延和加深，“市场原教旨主义”在整个西方已经声名狼藉。历史经验表明，“市场原教旨主义”是一条走不通的死胡同。计划和市场都是经济手段，两者之间取得一种动态平衡才是真谛，这也是中国模式最主要的特征之一。① 笔者认为，国家主体医疗卫生事业，从其固有的特性及担负的社会重任出发，应当坚定不移地坚持其“公益性福利事业”的根本属性，通过强有力的政府行为促进自身的发展与改革，坚定恪守非市场化原则，始终把社会效益放在首位，于“市场经济”之外，保留一方特立独行的“净土”，这才是对“市场经济”的积极、主动的“适应”！

① 张维为：《“市场原教旨主义”行不通》，载《人民日报》2012年2月2日，第3版。

第二章 在中国近现代社会发展主题背景下的思考

孙中山先生第一次全面揭示了中国社会发展的主题，把民族独立、人民民主和民富国强确立为中国人民的奋斗目标；毛泽东同志领导的中国共产党解决了半殖民地半封建的中国实现国家独立和人民民主的问题；以邓小平同志为核心的中国第二代领导人解决了已经建立社会主义制度而经济又十分贫困的中国实现富强的问题；习近平总书记强调，保障和改善民生是一项长期工作，没有终点站，只有连续不断的新起点，要实现经济发展和民生改善良性循环。把卫生事业全面推向市场的观点违背了中国近现代社会发展的客观逻辑和中国人民的根本利益，脱离了“解放思想、实事求是”的思想路线，悖逆了社会主义社会的发展主题。

一、概述

中国近现代社会发展的主题是在1840年鸦片战争的腥风血雨中被第一次摆到中国人民面前的。孙中山全面提出了独立、民主、富强这一社会发展的主题，公开树起了“民族、民权、民生”的“三民主义”大旗。孙中山先生晚年提出“联俄、联共、扶助农工”的新三民主义，重申独立、民主、富强这一社会发展的根本主题。在以蒋介石为首的国民党反动派背叛了孙中山的新三民主义以后，中国共产党人高举新民主主义革命的大旗继续前进。

第一，毛泽东在对中国社会的历史和现实加以分析的基础上，科学地揭示出中国社会的性质和基本矛盾，指出自1840年鸦片战争爆发以来，中国社会逐步演变为半殖民地半封建社会；中国社会的基本矛盾是帝国主义和中华民族的矛盾、封建主义和人民大众的矛盾。基于这一矛盾，毛泽东把中国革命的任务确定为反帝、反封建，从而将中国社会发展主题中的争取民族独立和人民民主作为最为迫切的任务提上了议事日程。第二，毛泽东科学地阐述了中国革命的性质和领导力量。反帝、反封建的民族民主革命属于资产阶级民主革命的范畴，它能获得广大农民和民族资产阶级左翼的支持，从而能将孙中山领导过的反封建的革命进行到底，能把农民从封建压迫下解放出来。但从当时国内的情况来看，民族资产阶级、买办资产阶级都根本不可能充当这场革命的领导者；从国际上来看，资产阶级也不可能支持中国的民主革命。因此，中国民主革命的领导权责无旁贷地落到了无产阶级及其先锋队——中国共产党的身上，成了有别于欧美历史上旧民主主义革命的新民主主义革命。第三，毛泽东在对中国社会各个阶级做了深入的调查研究，进行了深刻了解的基础上，正确地解决了革命的敌我友问题。第四，毛泽东还分析了帝国主义、官僚买办资产阶级和封建地主阶级这些反动势力在中国城市和农村分布的不均衡性，找到了通过武装斗争，在农村建立革命根据地，以农村包围城市，然后夺取城市、解放全中国的革命道路。第五，毛泽东指出，由于新民主主义革命是在无产阶级及其先锋队共产党的领导下进行的，因而其前途绝不可能是资本主义的共和国，而只能是人民当家做主的社会主义共和国。

1982 年，邓小平首次提出“建设有中国特色的社会主义”这一命题，指出社会主义国家在没有大规模外敌入侵的情况下，应当坚定不移地以经济建设为中心。他提出“一个中心、两个基本点”的基本路线，从而实现了独立、民主、富强这三大目标的统一；他坚持用“三个有利于”(有利于发展社会生产力、有利于增强综合国力、有利于提高人民的生活水平)作为在现实生活中衡量姓“社”姓“资”的标准，从而把社会主义和民富国强二者紧紧地连到了一起。正是上述一系列创造性的结论和观点，形成了具有中国特色的社会主义理论的完整体系。

独立、民主、富强是三位一体的奋斗目标，不可或缺。但是随着历史的变化，这三者的紧迫性及其相互关系也在发生着变化。社会主义新中国建立以后，社会发展主题中所凸显的侧面则是民富国强。建设有中国特色的社会主义理论及其指导下的实践，正是牢牢抓住并认真解决社会发展主题中所凸显出来的这一侧面，继续为中国社会的发展谱写新的篇章。①

中共中央总书记习近平 2013 年 5 月 14 日至 15 日在天津考察保障和改善民生时强调，保障和改善民生是一项长期工作，没有终点站，只有连续不断的新起点，要实现经济发展和民生改善良性循环。深入理解习近平总书记关于全面深化改革的一系列重要论述，可以得出其根本在“改革”，关键在“深化”，重点在“全面”，体现在认识论上，就是坚持系统思维，强调不能以偏概全，不能片面理解。比如，全面深化改革的总目标，“完善和发展中国特色社会主义制度”与“推进国家治理体系和治理能力现代化”是一个有机整体，不能顾此失彼、断章取义，既要讲“市场的决定性作用”，也要讲“更好发挥政府作用”。②

总之，无论是毛泽东还是邓小平，或是习近平，他们在进行实践探索和理论

---

① 童星:《科学社会主义的理论与实践》，南京大学出版社 1997 年版，第 281—300 页。

② 《人民日报》评论员:《改革让中国道路越走越宽广——三论协调推进“四个全面”》，载《人民日报》2015 年 2 月 27 日，第 1 版。

创造时都坚持了马克思主义的立场、观点和方法，即毛泽东的新民主主义革命理论和邓小平的建设有中国特色社会主义理论，以及习近平“四个全面”的“治国理政的总纲”，都是马克思主义普遍原理和中国具体实践相结合的产物，都反映了中国近现代社会发展的客观逻辑和中国人民的根本利益，也都是在解放思想、实事求是的思想路线指导下创建出来的，并始终坚定不渝地遵循着中国近现代社会发展的主题。

二、国家主体医疗卫生事业的根本属性

对于改革开放初期弥漫于卫生界的“盲从市场思潮”，《中共中央、国务院关于卫生改革与发展的决定》（以下简称《决定》）已经拨乱反正，就国家主体医疗卫生事业的根本属性问题做出了明确的、科学的结论，即“我国卫生事业是政府实行一定福利政策的社会公益事业。卫生事业发展必须与国民经济和社会发展相协调，人民健康保障的福利水平必须与经济发展水平相适应”①。继之，2009年4月7日颁布的《中共中央国务院关于深化医药卫生体制改革的意见》（以下简称《意见》）指出：“坚持公共医疗卫生的公益性质，坚持预防为主、以农村为重点、中西医并重的方针，实行政事分开、管办分开、医药分开、营利性和非营利性分开，强化政府责任和投入，完善国民健康政策，健全制度体系，加强监督管理，创新体制机制，鼓励社会参与，建设覆盖城乡居民的基本医疗卫生制度，不断提高全民健康水平，促进社会和谐。”我们必须“全面落实《决定》《意见》精神，理清工作思路”②，坚定恪守非市场化原则，始终把社会效益放在首位。但是，7年来，在《决定》和《意见》的震慑下，“盲从市场思潮”变换了角度、方法，在“一定福利政策”的“一定”，以及“管办分开”“鼓励社会参与”“法人治理结构”等方面做文章，用“宏观、抽象地肯定，微观、具体地否定”的手法误导医改走向市场化的泥潭，使其面临“颠覆性错误”的险境。在实际中，一些部门和地方对公平性、公益性、政府责任讲得越来越少，对市场化、商业化讲得越来越多。当然，他们并没有正面打出医疗市场化的旗号，因为这已经不得民心了，但是医疗市场化依然以各种各样的包装掩饰着，借壳上市、借尸还魂。③ 典型的论证方法如：“由于我国处于社会主义的初级阶段，政府财力有限，对卫生事业也只能实行有限的福利政策。一段时期，有些同志对公益性和福利性的关系理解有偏差，过分强调了福利性的一

---

① 中华人民共和国卫生部：《建设有中国特色的社会主义卫生事业——全国卫生工作会议文件汇编》，人民卫生出版社1997年版，第2页。

② 胡晓翔：《论国家主体医疗卫生事业的根本属性》，载《中国农村卫生事业管理》1996年第16卷第6期，第13页。

③ 江宇：《医改不可犯“颠覆性错误”》，载《东方早报》2015年2月10日，第B15版。

面，脱离了初级阶段的国情，因而等、靠、要的思想比较严重，我们要坚持卫生事业的公益性，面向市场，求生存，求发展，建立起一条依靠社会、依托市场，充满生机活力的自我发展之路。”

笔者以为，此论之谬有三：

(一)违背了中国近现代社会发展的客观逻辑和中国人民的根本利益

在21世纪初，通过什么途径才能真正达到“人人享有卫生保健”这个战略目标，是一个摆在各国政府与公众面前的重要课题。1988年WHO提出“通过初级卫生保健，达到人人享有健康”的口号。初级卫生保健，不仅是一个技术概念和技术方法，还是一个重要的哲学思想，是一个政治与道德标准。它的重点是公正服务，使在政治上、经济上十分脆弱的人群也能享有基本的卫生保健。享有基本的卫生保健是人的基本权利之一，它不因种族、宗教信仰、政治观点、经济与社会地位的差异而有所差别，也不因地域、自然条件等因素的影响而有所差别。为人民的基本保健提供公正的卫生服务，无疑是符合人性、人道的，它使人的生命价值和人的尊严能得以体现。反之，如果卫生服务有失公允，使一些人应该享有的卫生保健面临困境，卫生事业的核心就偏离了人道的轨道。[①] 将卫生事业推向市场，将医事行为当成普通民事行为，如何使“经济上十分脆弱的人群也能享有基本的保健”？如何使“卫生保健”这个基本人权“不因经济差异而有所差别”？如何使“人的基本保健和健康权利冲破财产的束缚而成为人人应享有的”权利？

由于市场失灵，“生存风险”出现了，这就给政府出面主导克服经济的低效率、调节再分配、安排人们消费“维护自身最佳利益”的“有益物品”提供了现实依据。市场失灵引发的典型“生存风险”主要表现为：其一，市场的趋利性导致基本公共服务供给的短缺。除非于己有利，着眼于公共利益和社会福祉的基本公共服务供给显然不是理性经济人愿意提供的。政府对此做出回应的有效措施就是主导基本公共服务的供给。其二，激烈的市场竞争导致贫富分化和难以接受的收入和财富的不平等。实施基本公共服务均等化策略有助于缓解差距过大的矛盾。[②]

实际情况是，我国医疗保障制度的覆盖面曾经过小，大量人口医疗保障严重不足，40%以上的亏损、困难企事业单位的职工医疗费用报销十分困难，以致有人讲：“小病顶，大病抗，重病等着见阎王。”[③]近年来，一是卫生筹资结构变化向个人负担倾斜，二是由于政府对医疗机构的直接补偿比重降低，许多医院被迫把补充重点放到增大服务强度上，使医疗费用急剧上涨，两者加到一起，就限制和

---

① 范以农：《公正——人人健康的伦理保证》，载《健康报》1996年5月19日，第2版。

② 黄茂钦：《基本公共服务均等化法治保障研究》，法律出版社2014年版，第26—27页。

③ 李江、颜波：《中国经济问题报告》，经济日报出版社1998年版，第745页。

削弱了人们对医疗服务的需求。[①] 据原卫生部一项调查表明，在农村地区，受经济状况限制而患病两周未就诊者竟高达35%。[②] 而中国红十字基金会发布的研究报告显示，全国每年新增白血病患者4万人左右，其中一半是儿童，超过75%的患儿来自农村，家庭年收入不足3万元。几十万元到上百万元的治疗费用，让许多经济困难家庭的患儿得不到及时治疗，常常因为一个孩子生病，花光两代人积蓄。每年大约有15万名先天性心脏病患儿出生，其中仅有6万—8万名患儿得到治疗。[③]《中国儿童大病医疗保障与社会救助分析》报告指出，当前全国儿童大病医疗保障面临的重大挑战之一，就是基本医保对重大疾病的实际报销比例较低。数据显示，基本医保的报销比例在20%—45%，超过20万元医疗费用的疾病实际报销比例还会更低。儿科医疗资源短缺且不均衡，导致儿童大病异地就医非常普遍，从而报销比例进一步降低。社会公益救助具有点穴式、碎片化特征：缓解病患家庭困境的多，改变病患家庭困境的少。上千万流动儿童医保问题突出，救助保障的空白较大。[④] 新医改走过多个年头，"看病贵"依然是社会各界热议的话题。

健康是群众的基本需求，医改是全面建成小康社会的重要保障。近几年，医改大刀阔斧，药价多次调整，医保标准不断提高，惠民力度不断加大，但不少人仍有看病贵、负担重的"痛感"。现在，我国基本实现了人人有医保，这是历史的巨大进步。但是，医保看病，不等于自己不需要掏钱。改革开放之前，卫生总费用中，政府预算支出和社会支出占80%以上，患者支付部分低于20%。2002年，政府预算支出和社会支出低于41%，而患者支付高于60%。而发达国家居民自负卫生费用平均为27%，转型国家为30%，发展中国家为42.8%。从2008年开始，政府开始重视医疗费用的合理化，这与纳税人以及纳税人的代言人的努力是分不开的。[⑤] 可见，国家主体医疗卫生事业若奉行市场机制，则必然会导致"卫生事业的轴心偏离公正、人道的轨道"[⑥]，自然也就违背了中国近现代社会发展的客观逻辑和中国人民的根本利益。

(二)脱离了"解放思想、实事求是"的思想路线

"初级阶段的国情"是"市场论"者的常用武器，一句"不宜过分强调福利性的

① 张自宽：《漫谈经济体制转轨期的医院经营原则——学习中央〈关于卫生改革与发展的决定〉体会之四》，载《中国医院》1998年第2卷第2期，第5—6页。

② 姚诠等：《从医疗服务供需变化看医院改革的方向》，载《中国医院》1998年第2卷第2期，第11—14页。

③ 吴齐强、熊婷婷：《大病来袭谁"送炭"》，载《人民日报》2015年2月27日，第19版。

④ 刘鑫焱：《大病之痛难承受》，载《人民日报》2015年2月6日，第19版。

⑤ 黎江虹：《中国纳税人权利研究》，中国检察出版社2010年版，第171—172页。

⑥ 胡晓翔：《对"医患关系为普通民事法律关系"传统观点危害性的分析》，载《山东医科大学学报》(社会科学版)1998年第3期，第4页。

一面”“发挥市场的决定性作用”就把卫生事业的根本属性给扭曲了。

《中共中央、国务院关于卫生改革与发展的决定》指出：“卫生事业发展必须与国民经济和社会发展相协调，人民健康保障的福利水平必须与经济发展水平相适应。”只有实事求是地科学分析“初级阶段的国情”，才能深刻地理解、正确地把握这个指导思想，“让全体人民共享改革发展成果”。

我国城镇医疗保险制度经过多年的演变，到 20 世纪末形成了两种形式：公费医疗和劳保医疗。公费医疗由国家财政拨款，由原卫生部门负责管理；劳保医疗的经费来源于按企业工资总额的一定比例，连同职工福利基金一并提取，由企业自行管理。两者的覆盖面按人口计总共也不过 10%，[①]即中国广大的农村人口和大部分城镇人口均不在“国家包”的范围内，国家完全可以更进一步地扩大公费医疗的覆盖面，在医疗费用上为国民提供更多的保障。到 2012 年底，基本医保参保人数超过 13.4 亿，我国已实现基本医疗保险制度全覆盖，织起全球最大的一张基本医疗保障网。[②] WHO 提出卫生总费用应占 GDP 的 5%[③]，据国家卫生和计划生育委员会官网 2014 年 5 月 30 日发布的《2013 年我国卫生和计划生育事业发展统计公报》，2013 年全国卫生总费用预计达 31661.5 亿元，占 GDP 的 5.57%。可见，只要政府给予卫生问题以足够的重视，是完全可以在医疗福利上有更大的作为的。这就是真正的“初级阶段国情”。因此，《中共中央、国务院关于卫生改革与发展的决定》中明确地提出：“政府对发展卫生事业负有重要责任，各级政府要努力增加卫生投入……到 20 世纪末，争取全社会卫生总费用占国内生产总值的 5%左右。”这个论断是科学的、可行的。

（三）悖逆了社会发展主题

社会主义新中国建立以后，社会发展主题中所凸显的侧面是民富国强。

民富，前提首先是生存要有保障。在由自然经济支撑的社会中，人的生存是基于自然承载力的自给自足的生存，家庭是最基本的保障单位。随着大规模市场经济的形成和工业化、城市化的推进，这种情况发生了根本的变化，即借助政府和社会的力量，而不再单纯依靠家庭来提供保障，以保证人的生命的延续和再生产，保证人作为劳动者的机能得以健康延续，便成为市场经济正常运行的必要条件和社会稳定发展的必然要求。[④] 对此，19 世纪空想社会主义理论最重要的代表人物之一圣西门就已经精辟地指出过：“人们应当把自己的社会尽量组织得

---

① 叶振鹏等：《社会保障制度改革新论》，中国文史出版社 1997 年版，第 92、95 页。

② 白剑锋、李红梅：《医改：看病更省心更省钱》，载《人民日报》2013 年 11 月 10 日，第 2 版。

③ 冯蓉：《辉煌中的平实——话 1995 年全国卫生厅局长会议》，载《中国卫生政策》1995 年第 2 期，第 15 页。

④ 余逊达、陈旭东：《人权与社会保障》，载《新华文摘》1998 年第 2 期，第 23—24 页。

有益于最大多数人，以最迅速和最圆满地改善人数最多阶级的精神和物质生活，作为自己的一切劳动和活动的目的。”①因此，《发展权利宣言》(联合国大会 1986 年 12 月 4 日通过)就载明：“各国对创造有利于实现发展权利的国家和国际条件负有主要责任。各国应在国家一级采取一切必要措施实现发展权利，并确保除其他事项外所有人在获得基本资源、教育、保健服务、粮食、住房、就业、收入公平分配等方面机会均等。”何况，一国之公民，作为纳税人，保有公共产品的请求权和选择权，对于卫生医疗体系的请求权更是其中的重要一项。②

至于国强，和平环境下的竞争，主要体现为综合国力的竞争，由于健康保障是综合国力的重要组成部分，故在当今卫生改革风起云涌的历史时期，不管是什么政治体制、经济体制和卫生服务体制的国家，组织起更有效的卫生服务，为改善人民健康状况和提高人民生活素质服务，是社会经济发展到今天的必然结果与趋势。③

所以，《中共中央、国务院关于卫生改革与发展的决定》指明卫生事业必须“坚持为人民服务的宗旨，正确处理社会效益和经济效益的关系，把社会效益放在首位”，这样才能“有利于发展社会生产力、有利于增强综合国力、有利于提高人民的生活水平”。习近平则指出：“人民对美好生活的向往，就是我们的奋斗目标。”“在前进道路上，我们一定要坚持从维护最广大人民根本利益的高度，多谋民生之利，多解民生之忧，在学有所教、劳有所得、病有所医、老有所养、住有所居上持续取得新进展。”这就顺应了“解决富强这一中国社会发展的主题”的要求。

综上所述，国家主体医疗卫生事业若奉行市场机制，导致卫生事业的轴心偏离公正、人道的轨道，自然也就违背了中国近现代社会发展的客观逻辑和中国人民的根本利益，使“卫生保健”这个基本人权“因经济差异而差别很大”，人的基本保健和健康权利也就无从冲破财产的束缚而成为人人应享有的权利。经济上十分脆弱的人群不能享有基本的保健，只会加剧“因病致贫”“因病返贫”趋势，“怎么体现出社会主义的优越性”？社会主义若不能大力发展社会生产力，逐步消灭贫穷，不断提高人民的生活水平，又怎么能“守住民生底线，创造美好生活”？

---

① [法]圣西门：《圣西门选集》(第 3 卷)，商务印书馆 1985 年版，第 163 页。

② 黎江虹：《中国纳税人权利研究》，中国检察出版社 2010 年版，第 171—172 页。

③ 沈杰：《医疗服务的政策走向及政府角色》，载《中国卫生政策》1995 年第 6 期，第 18—19 页。

第三章　在人权保障背景下对医疗体制改革的思考

将国家主体医疗卫生事业当成普通商业行业的"市场论",集中体现了"政治上的反动""技术上的失误"和"文化上的错读"。健康权是人权的一个重要组成部分,政府必须承担起保障的责任。而且我国政府有足够的经济实力在公民的基本医疗保障上有更大的作为。

一、概述

前文谈到,把卫生事业全面推向市场的医疗体制改革观点,违背了中国近现代社会发展的客观逻辑和中国人民的根本利益,脱离了"解放思想、实事求是"的思想路线,悖逆了社会发展主题。这种"市场论"的观点集中体现了"政治上的反动""技术上的失误"和"文化上的错读",害莫大焉,必须加以抨击。

(一)"市场论"体现了"政治上的反动"

笔者此处所用的"反动"一词意指"背离现代文明潮流、世界发展趋势、人类共同理念"。"市场论"不但背离党中央、国务院的方针、政策取向,而且与国际通行价值取向相悖。

1.“市场论”背离党中央、国务院方针、政策的一贯取向

早在 2001 年《江泽民在庆祝中国共产党成立八十周年大会上的讲话》里,江泽民同志代表党中央向全世界再一次庄严承诺:"要尽快地使全国人民都过上殷实的小康生活,并不断向更高水平前进。坚持贯彻党的富民政策,在发展经济的基础上,努力增加城乡居民的收入,不断改善人们的吃、穿、住、行、用的条件,完善社会保障体系,改进医疗卫生条件,提高生活质量。坚持实施可持续发展战略,改善生态环境和美化生活环境,改善公共设施和社会福利设施。"①这一承诺明确了执政党的责任。朱镕基总理在 2000 年的政府工作报告中也郑重指出:"建立健全社会保障体系,关系到改革、发展、稳定的全局,意义重大,刻不容缓,必须切实抓紧抓好。"这阐明了政府的职责。朱总理在政府工作报告中以半个章节的篇幅述及了搞好社会保障体系建设的问题。建立社会保障制度非常重要,

---

① 江泽民:《在庆祝中国共产党成立八十周年大会上的讲话》,载《人民日报》2001 年 7 月 2 日,第 1 版。

它能够直接体现社会主义制度的优越性，让公民在年迈、被迫失业、身患疾病等情况下，顺利获得社会的帮助与救济。社会保障制度是保护基本人权——生存权的要求。①

新中国成立以来，特别是改革开放后，中国政府始终把解决人民的生存权和发展权问题放在首位。

旧中国人民享受不到最基本的卫生医疗服务。如今，医疗机构遍布城乡，医疗卫生服务体系基本形成。1949 年，全国的医疗卫生机构仅有 3670 家，医疗病床 8.46 万张，卫生技术人员 50.5 万人；每千人口拥有医疗床位 0.15 张、卫生技术人员 0.93 人、医生 0.67 人、护士（师）0.06 人。到 2013 年，全国卫生机构已达到 974398 家，床位 618.2 万张，卫生技术人员 721.1 万人；每千人口拥有医疗床位 4.55 张、卫生技术人员约 5 人、医生 2.06 人、护士（师）2.05 人。人民的健康水平大大提高。传染病防治方面，由 1949 年前的急性传染病发病率 2 万/10 万下降到 2013 年的法定传染病发病率 530.15/10 万。人口死亡率由 1949 年前的 33‰下降到 2012 年的 7.15‰。国民平均预期寿命已从 1949 年前的 35 岁提高到目前的 75 岁，达到中等发达国家的水平。

尽管在维护和促进人权的过程中遇到过波折，但是，不容置疑的基本事实是：经过不懈努力，中国人民主宰了自己的命运，甩掉了“东亚病夫”的帽子，过上了丰衣足食、文明健康的美好生活。改革开放以后，中国在总结历史经验和教训的基础上，找到了一条有中国特色社会主义的发展道路，从而也就找到了一条真正符合中国国情的促进和发展人权的道路。这就是，将生存权、发展权放在首位，在改革、发展、稳定的条件下，全面推进人权发展。这条道路的特点是：在发展人权的基本方向上，坚持发展生产力和共同富裕的原则，立足于改善全国人民的生活和促进全国人民人权的发展；在促进人权的轻重缓急上，强调生存权、发展权的首要地位，同时兼顾到公民的政治、经济、社会、文化权利和个人、集体权利的全面发展。②

2.“市场论”与国际通行价值取向相悖

2000 年 5 月 15 日开幕的第 53 届世界卫生大会上，WHO 总干事布伦特兰说：“我们不能接受科学已经发现并已能生产而且是有效的一些重要的药物，仅仅为少数人使用这个现实。我们不能接受数以百万计需要药物治疗的人们似乎被当成‘外星人’而得不到药物治疗的现实。”“各国领导，包括八国集团的领导，

① 侯召迅：《扶助弱者：社会保障必须立法——王利明代表一席谈》，载《法制日报》2000 年 3 月 7 日，第 3 版。

② 国务院新闻办公室：《中国人权发展 50 年》，载《人民日报》2000 年 2 月 18 日，第 5 版。

也在争论什么是我们世界面临的主要问题，卫生问题被放到了突出的位置。”①

在联合国人权司(后改为联合国人权中心)任职达30年之久的爱德华·劳森认为：“除非人们拥有使健康生活成为可能的条件，除非人们能够得到健康服务和卫生设施，否则，人们就不可能行使健康的权利。”②

正是在这样的理念影响下，欧美、日本等国家和地区在20世纪90年代末，用于医疗保健的“公共支出”基本上都超过GDP的5%。除美国外，公共支出占医疗保健总支出的比重均在80%左右。而美国的医疗私人部门大于公共部门的结构，并不等于说它忽视国家在医疗保健方面的责任，居民得不到基本的医疗服务。影响美国医疗机构的因素，并不是公共部门大大少于其他国家，而是其私人部门大大超出其他国家。③ 而联邦德国更是通过国家的统一法令和管理，形成了一个完整的医疗保险网，保证了每一个人都能够看得起病，在有病时能够得到及时的治疗。所有工人都享受义务医疗保险，收入低于最低界限的职员和其他的职业集团也享受义务医疗保险。毫无疑问，退休者、失业者、正在受教育的人也都属于享受义务医疗保险的人之列。他们必须缴纳的保险费用比较低，失业者之类缴不起保险费的人当然享受免缴保险费的优惠。义务医疗保险使他们都能够享受足够的医疗照顾。④ 2012年伦敦奥运会开幕式上，英国更是秀出了国家医疗服务系统(NHS)。

公共支出亦称公共财政支出，是指在市场经济下政府为实现其职能，取得所需物品和劳务而进行的财政资金的支付。⑤ 由欧美、日本等国家和地区公共支出在公民医疗保健中所起的作用可见，“市场论”与国际通行价值取向是明显相悖的。

(二)“市场论”体现了“技术上的失误”

近年来，国内学术界有一股盲目推崇“市场”之风，凡事均主张推给“无限神奇的市场”。《人民日报》讥之为“市场原教旨主义”，对此屡加抨击。

冷战后全球化的步伐随着市场万能论主导了世界经济体系，已慢慢地孕育出封闭社会封闭思维的另一种形态。索罗斯更直斥这种市场万能论为市场基本教义。他觉察到对市场根本缺陷的罔顾，已使市场基本教义成为全球资本主义的最大危害，也成为实现开放社会的最大障碍。市场基本教义对放任市场的盲

---

① 世界卫生组织：《向着伟大目标迈进——第53届世界卫生大会在日内瓦召开》，海萃译，载《健康报》2000年6月8日，第2版。

② [美]爱德华·劳森：《人权百科全书》，汪弥、董云虎等译，四川人民出版社1997年版，第692页。

③ 和春雷：《社会保障制度的国际比较》，法律出版社2001年版，第151—152页。

④ 左大培：《德美两国市场经济比较》，载中国社会科学院外事局：《国外市场经济运行考察与研究》，中国社会科学出版社1994年版，第32页。

⑤ 冯秀华：《公共支出》，中国财政经济出版社2000年版，第1页。

目信仰,是基于市场机制趋向均衡,而均衡即资源的最优配置这项假设的。实际上,所谓充分发展、无所不在的市场,并不会发挥神奇的看不见的手的作用去调节资源,达到合理的配置,因为均衡只在有限范围内出现,市场的本性,内含着的正是不均衡的大起大落。[①] 市场的配置作用是有限的,它并不能全面地实现社会资源配置,从而也不可能全面满足社会各类需要,同时市场配置本身也存在诸多固有的缺陷。如,市场配置是通过供求变化,以及由此引起的价格变化等信号,来刺激各个生产者的活动取向而实现的。这种市场信号的刺激,常常是滞后于实际的,只能在市场配置已经发生问题后,才会显示出来,这就会给社会再生产带来周期波动的损害。由于市场配置机制存在固有的弊端和失灵的情况,这就需要社会和政府承担起补充市场配置不足,纠正市场配置所带来的各种社会缺欠的责任。2014 年 5 月 26 日,习近平主持中央政治局第 15 次集体学习时强调:"使市场在资源配置中起决定性作用、更好发挥政府作用,既是一个重大理论命题,又是一个重大实践命题。在市场作用和政府作用的问题上,要讲辩证法、两点论,'看不见的手'和'看得见的手'都要用好,努力形成市场作用和政府作用有机统一、相互补充、相互协调、相互促进的格局,推动经济社会持续健康发展。"

18 世纪英国经济学家亚当·斯密在其《国民财富的性质和原因的研究》一书中提出:市场经济能够有效地配置资源,资本主义经济应由市场机制这只"看不见的手"来调节。这是资产阶级经济学家对国家职能和公共支出范围的最初规范。到了 20 世纪 30 年代,由于资本主义国家爆发了严重的经济危机,宣告了传统经济学的破产,以国家干预为基本内容的凯恩斯学派及其理论应运而生。凯恩斯认为经济危机和失业的根本原因在于有效需求不足,而有效需求不足是市场机制本身无法解决的,因此必须依靠政府干预、特别是运用财政政策来扩大政府开支,从而扩大有效需求,摆脱经济危机和失业的困境。[②] 可见,"市场论"体现了资源配置"技术上的失误"。

(三)"市场论"还体现了"文化上的错读"

西方文化符号体系中的"看不见的手",是"血淋淋的手",指的是一种对人类有毁灭性的、可怕的、不可知的力量,对应着神秘、乖张与不道德的意象。如,莎士比亚名剧《麦克白》中就有这样的对白:

来,使人盲目的黑夜,
用你那沾满鲜血的看不见的手,
铲除那使我畏惧的大绊脚石吧!(仁慈的国王班柯)

---

① 罗永生:《从开放社会到全球资本主义危机》,载《读书》1999 年第 5 期,第 57—59 页。

② 冯秀华:《公共支出》,中国财政经济出版社 2000 年版,第 2—4 页。

不仅如此，“市场论”还对政府正确决策及社会稳定危害极大。

社会保障是现代社会实现社会公平的基本要求，也是保障社会稳定的重要支柱。我国社会保障覆盖面偏低，远未达到市场经济发展对建立社会保障制度的要求。各项社会公益事业按性质划分属于公共经济部门，其服务属于公共产品范畴，因此理应由财政资金予以保障。但我国对此的投入偏少，影响了地方经济与社会事业的发展。①

如，国家在补偿方面，对医院的财政拨款相对下降，其业务收入约占总收入的90%。医院级别越高，财政拨款所占比例越低，个人卫生支出部分比重偏大。新医改走过多个年头，“看病贵”依然是社会各界热议的话题，不少人仍有看病贵、负担重的“痛感”。武汉协和医院院长王国斌等医学界的人大代表和政协委员们，在2015年的全国“两会”上都坦言，看病贵，的确是一个客观事实。国家卫计委统计公报显示，2013年全国卫生总费用达3万亿元以上，三四年时间上升了1万亿元，超过了居民收入的增速。现在，我国基本实现了人人有医保，这是历史的巨大进步。但是，医保看病，不等于自己不需要掏钱。

如今，我国居民的疾病结构悄然发生着变化。一些慢性非传染性疾病患病率有较大幅度的上升，已成为居民的常见病、多发病。从统计结果可以看出，流感、痢疾、肝炎及结核等慢性传染病，寄生虫病、妊娠分娩病、慢性支气管炎等慢性病患病率下降显著，而循环系统、肿瘤、糖尿病等疾病患病率急速攀升。②

农民就更是弱势群体了。民政部门一项有关农村社会保障制度的民意调查表明，在农民最担心的问题中，医疗保障居于首位。这说明农民的医疗卫生需求很高，但由于经济因素的制约，这种需求不能转化为有效需求。研究表明，推广合作医疗主要有以下困难：政策不配套甚至发生冲突；各级政府投入太低；缺乏有效规范的筹资手段，特别是特困人群无筹资能力；管理粗放，筹资和补偿水平的确定缺乏科学测算；一些地方的合作医疗群众参与程度低，农民对要尽什么义务、享有什么权利并不清楚；财务不公开，缺乏群众监督。③

鲁迅曾说：“煤油大王哪会知道北京捡煤渣老婆子身受的酸辛。”但愿鼓吹“市场论”的“公务员们”能有暇顾及吾等百姓，尤其是农民兄弟对生病的恐惧。

其实，在我国实行计划经济的几十年里，职工为国家创造了巨大的财富，但他们得到的薪水只是应得收入的一小部分，其中很大一部分变成了公费医疗、福

---

① 冯秀华：《公共支出》，中国财政经济出版社2000年版，第56—57页。

② 胡晓翔、姜柏生：《冷眼观潮：卫生法学争鸣问题探索》，东南大学出版社2001年版，第30页。

③ 王东兵：《农民医疗卫生有效需求不足 合作医疗应是启动医疗市场良方》，载《健康报》1999年12月22日，第1版。

利分房、退休金等承诺。随着改革的深入，企业甩掉了沉重的包袱，使上述承诺不能实现，成了国家对职工的"隐性负债"。[①] 也就是说，计划经济下长期实行低工资，实质等于已经把职工相当部分属于必要劳动价值的工资收入做了预先扣除，这一部分由企业工资成本转化为企业利润，全部上缴国家财政，再由财政投资形成了巨大的国有资产，这相当于全体职工和干部按照工龄向国有企业进行了投资，用经济学家杨帆的话说，他们是中国国有企业的"第一股东"或"第一债权人"。国家通过国有资产的积累和经营，形成财政收入，统一支付职工的食品补贴、医疗、住宅和子女学杂费，形成所谓的"铁饭碗"。如果在改革中政府放弃对职工的上述保障，那就需要加以应有的补偿。40 年的历史债务大约需要 10000 亿元。[②] 所以，即便从"债权债务"这个角度来看，政府的"公共支出"在公民医疗保健支出中不该是可有可无的，而应当达到足够的力度。

二、健康权是人权的一部分

对于这个问题，中西方人权理论均予以认可。

当代中国人权观认为，对于发展中国家来说，首要的基本的人权是生存权和发展权。生存权不仅指生命权本身，而且包括维持生命健康的各种必需的条件。[③] 健康权属于典型的人身权之人格权，也是法律人权的首要内容。人的健康权能否受到保障，直接关系着人的生存权能否切实享有，这在整个人权谱系中有着基本而重要的意义。[④]

于 1978 年 9 月 6 日—12 日由 WHO 和联合国儿童基金会共同发起，在苏联的阿拉木图召开的国际基本保健会议，通过了《阿拉木图宣言》(*Declaration of Alma Ata*)。该宣言指出："健康是一种基本人权，达到尽可能高水平的健康是一个世界范围的最重要的社会目标。"保健和医疗照顾的权利在联合国和世界卫生组织的基本文件中已得到广泛的承认。此项人权的构成因素经常在世界卫生组织的各种正式文件中得到确认。[⑤]

根据《世界卫生组织卫生保健基本战略》，学者们认为，健康权包括以下核心内容：

(1)在卫生保健方面，包括：母婴保健，计划生育，对主要传染病的免疫，对普

---

① 侯召迅：《扶助弱者：社会保障必须立法——王利明代表一席谈》，载《法制日报》2000 年 3 月 7 日，第 3 版。

② 徐俊：《社会发展策略》，红旗出版社 1996 年版，第 368—369 页。

③ 郑杭生、谷春德：《人权史话》，北京出版社 1995 年版，第 407、410 页。

④ 林志强：《健康权研究》，中国法制出版社 2010 年版，第 75 页。

⑤ [美]爱德华·劳森：《人权百科全书》，汪弥、董云虎等译，四川人民出版社 1997 年版，第 330、698 页。

通伤病的适当治疗，基本药物的提供。

(2)在健康所需的基本前提条件方面，包括：关于普遍的健康问题及其预防和控制方法的教育，食品供应和适当营养的促进，安全用水和基本卫生设备的充足供应。

这些方面的基本权利应当立即得到实现。在任何情况下，不论可以获得多少资源，国家都必须保证这些权利的实现。①

三、国家主体医疗卫生事业的非市场化取向是国际人权条约的要求

中国是联合国成员国，接受《联合国宪章》规定的人权条款，承认和重视人权在社会发展和人类进步中的重要价值。1997年，江泽民同志在《中国共产党第十五次全国代表大会的报告》中指出，中国将尊重和保护人权。② 2004年3月14日发布的《宪法修正案(2004)》第二十四条规定："宪法第三十三条增加一款，作为第三款：'国家尊重和保障人权'。"这一修正案的出台，得到了宪法学者们的普遍赞许，因为这标志着中国对"人权"的保护发展到了一个新的境界。

中国政府先后于1997年10月、1998年10月签署了《经济、社会及文化权利国际公约》和《公民权利和政治权利国际公约》，充分显示了中国政府开展国际人权合作的积极态度，也表明了中国促进和保护人权的坚定决心和信心。2001年2月28日，第九届全国人大常委会第20次会议做出了批准《经济、社会及文化权利国际公约》的决定。《经济、社会及文化权利国际公约》是最有影响的国际人权文书之一。迄今为止，全世界共有142个国家批准了这项公约。它与《公民权利与政治权利国际公约》一起，成为国际上公认的两个最重要的具有法律效力的人权文件。中国对此项公约的批准，表明了中国对国际普适性的人权观的尊重和承认，意义确实非常深远。③

对于已批准的国际人权公约，中国一贯认真对待，采取各种措施履行公约义务，并根据有关公约的规定及时提交公约执行情况的报告，接受有关联合国条约机构的审议。④

为《经济、社会和文化权利国际公约》所载的每一权利的实现提供最低限度

① 葛明珍：《〈经济、社会和文化权利国际公约〉及其实施》，中国社会科学出版社2003年版，第67页。

② 于安：《发展中国人权事业的重要步骤》，载《法制日报》2001年3月25日，第3版。

③ 邓科：《中国在人权领域采取重大举措——人权专家解析全国人大批准〈经济、社会及文化权利国际公约〉》，载《南方周末》2001年3月15日，第2版。

④ 国务院新闻办公室：《2000年中国人权事业的进展》，载《光明日报》2001年4月10日，要闻版。

的基本保障，是每个缔约国不可克减的核心义务。① 国家在健康权方面负有实现的义务，即有义务推行国家健康政策，并将可获得预算的足够比例用于健康保障；有义务提供必要的健康服务，或创造条件使个人有足够和充分的机会享受，特别是包括保健服务、清洁饮用水和适当的卫生设备在内的健康服务。②

国际法如何在国内贯彻实施，不同的国家有不同的做法，通常有两种：一是直接使用，就是把生效的国际法自动转为国内法的一部分，法官可以据此判案；二是间接使用，就是把国际法通过国内立法加以实施。我国法律对实施国际法没有明文规定，但根据现实情况和一些条文的精神来看，主要还是间接使用，即对现有法律进行补充和修改，使国际法得以贯彻实施。

一个国家一旦加入公约，就受到了一定制约，就有了实施公约、推进人权保护的义务。我国对这项公约的批准，意味着我国承认公约的法律约束力，承诺实现公约规定的各项权利和义务，同时还意味着我国要定期向国际人权组织报告实施公约的情况，接受它的检查监督。③

国家必然是国际人权法中最主要的权利享有者和义务承担者。对此，美国学者比尔德正确地指出："一般来讲，国际人权法和整个国际法一样，主要和直接适用于民族国家而非个人。"国家根据国际人权法，主要是国际人权条约，所承担的义务是多方面、多层次的，并根据所涉人权条约规定的不同而有所不同。具体来讲，根据不同的人权条约，缔约国根据国际人权条约所承担的义务一般包括四种类型，即提交报告的义务、接受相关人权委员会监督的义务、成为国家间指控和个人申诉对象的义务以及出席有关司法诉讼并履行司法判决的义务。

一个国家根据国际人权条约承担的义务是指向两方面的：在形式上是针对其他缔约国，但在实质上是针对"在其领土内和受其管辖的一切个人"。国际人权法主要涉及一个国家和其国民的关系。这一关系有两个方面的意义：首先，国际人权法的主要约束对象是国家，主要规定一个国家对待其国民的行为；其次，在人权的实现中，国家的所作所为起着关键的作用。因此可以总结为，为了实现国际人权法的目的，国家（主要由其政府代表）负有首要义务。

从实际来看，国家根据国际人权条约承担着人权方面的国际法律义务，主要有以下几方面。

首先是承认人权的义务。拥有人权是一个不争自明的事实，因而不需要依赖于任何其他事情。但享有人权却必须依靠法律。法律权利是享有人权的必要

①② 葛明珍：《〈经济、社会和文化权利国际公约〉及其实施》，中国社会科学出版社 2003 年版，第 66、76 页。

③ 邓科：《中国在人权领域采取重大举措——人权专家解析全国人大批准〈经济、社会及文化权利国际公约〉》，载《南方周末》2001 年 3 月 15 日，第 2 版。

条件，换言之，所有人权必须被转化为法律权利。以法律形式承认人权则是国家，或至少是人权条约的缔约国所应承担的国际法律义务。

其次是尊重人权的义务。

再次是保障和促进的义务。有一些人权的实现与保障要求国家的“积极作为”，即国家有义务以其当前可供利用的资源，采取一切可能的措施达成这些权利的实现和享有，这就为国家设立了保障和促进这些人权的义务。与绝大部分的经济、社会、文化权利相对应的义务都属于此类。比如，规定了健康权的《经济、社会及文化权利国际公约》第十二条，就等于是要求国家采取一切适当的措施，以保证和促进这一权利的实现和享有。

最后，更为重要的是保护的义务。

一个国家只有采取一切可能的措施，同时充分、善意地履行这四个方面的义务，才是全面地遵守了国际人权法的规定；也只有这样，国际人权法才能得到全面的实施和执行，人权也才能得到全面的实现。①

落实该项公约，我国目前有两个突出问题：一是社会保障问题。二是男女平等问题。②

发达国家与发展中国家之间以及各国内部人民健康状况现存的严重不平衡在政治、社会和经济上都是不能接受的。各国政府对其人民的健康负有责任，并只能通过提供充分的卫生和社会措施加以实现。1981 年，世界卫生大会一致通过《到 2000 年人类健康全球性战略》，要求各国政府和人民共同努力运用基本保健模式。基本保健模式的八个要素包括：有关流行的健康问题的教育；适当的食物和营养供应；安全供水和卫生设备；包括计划生育在内的母亲与儿童的保健；消除主要传染病；地方性疾病的预防和控制，对普通疾病和伤害的适当治疗；必要药品的供应。联合国大会于 1981 年 11 月 19 日核准了该全球性战略，并敦促所有会员和适当的国际组织与世界卫生组织全面合作，以实现该战略的各项条款。

如果一国政府在其能力和资源许可的范围内，向全体公民提供了尽可能好的服务，则不存在任何剥夺人权的问题。反之，如果不能平等地向每一位公民提供服务，如果某些群体在无正当理由的情况下比其他群体获益更多，那就无疑会产生抱怨并可能产生对人权的侵犯。③

---

① 孙世彦：《论国际人权法下国家的义务》，载《法学评论》2001 年第 2 期，第 91—95 页。

② 邓科：《中国在人权领域采取重大举措——人权专家解析全国人大批准〈经济、社会及文化权利国际公约〉》，载《南方周末》2001 年 3 月 15 日，第 2 版。

③ [美]爱德华·劳森：《人权百科全书》，汪弥、董云虎等译，四川人民出版社 1997 年版，第 331、694、698 页。

所谓基本医疗保健服务，指的是在特定社会经济条件下，人们普遍认同的、最起码的医疗保健服务项目及服务水平。为实现人人享有初级卫生保健的目标而制订的规划涉及12项量化指标，可以说是中国公民对20世纪末农村防疫防病、妇婴保健、常见病多发病治疗以及环境、饮水和食品卫生保障的最低要求，也是各级政府必须通过公共支持和干预手段所应达到的目标。

基本医疗保健服务领域之所以需要政府干预，是由于它实乃国民维持正常生存所必需，还是保护人力资源、改善劳动力整体素质，从而提高国家竞争力的需要。如，儿童低体重和生长迟缓患病率在国际上被定为21世纪衡量社会平等的一个标准，因为这两种发育状态反映的都是长期慢性营养不足的结果，而儿童营养不足的直接原因就是贫困。我国1998年食物和营养监测结果显示，城市5岁以下儿童低体重率和生长迟缓率分别为2.7%、4.1%，农村5岁以下儿童低体重率和生长迟缓率分别为12.6%、22.6%。[①] 这种贫困家庭的"特产"，靠"市场论"是根本就不能解决问题的。

四、现阶段的我国政府完全有经济能力在医疗卫生事业方面采取更有力的保障措施

《经济、社会及文化权利国际公约》与其他公约相比，有一个最大的特点，就是它承认"过程性"原则，允许"逐步"实现公约中所承认的权利。[②] 前文所述政府40年的历史债务大约10000亿元，由于是保险性质，并不需要一次付清，而是需要划出10000亿元的国有资产，变为社会保障基金，以其运营中的利润加以支付。其操作方式可以考虑不同类型：公开拍卖一部分竞争性行业的国有企业，可以吸收大部分游资；将拍卖所得货币形态的国有资产变为社会保障基金投入证券市场，作为长期投资以改变证券市场过度投机的倾向，并改善中国的经济结构；政府同时对富人征收特种税收，并让渡一部分土地增值收入，以财政力量为主，迅速建立社会保障制度。[③]

另外，从社会财富合理配置的角度来讲，我国政府更是大有潜力可挖。

根据历史记载，我国官民比例在汉代是1∶7948，唐代是1∶3927，明代是1∶2299，清代是1∶911，1949年是1∶294，而今天是1∶30。这是纵比。而横比，我国的官员数量仍"名列前茅"。以1999年为准，中国的官员比例是1∶30，印尼是1∶98，日本是1∶150，法国是1∶164，美国是1∶187。[④]

---

① 朱玲：《西部开发与农村公共卫生投资》，载《经济研究参考》2000年第110期，第3页。

② 于安：《发展中国人权事业的重要步骤》，载《法制日报》2001年3月25日，第3版。

③ 徐俊：《社会发展策略》，红旗出版社1996年版，第369页。

④ 陈鲁民：《"高薪养廉"要多高》，载《法制日报》2001年8月4日，第5版。

中国科学院、清华大学国情研究中心的一项有关腐败问题的研究显示，20世纪90年代后半期，我国腐败造成的经济损失和消费者福利损失估计平均每年在9875亿—12570亿元之间，占GDP的13.2%—16.8%。①

有人估计，在20世纪80年代，国有资产每年流失500亿元，而进入90年代以来，每年至少流失800亿—1000亿元。其实，每年流失1000亿元也仅仅是其中的一小部分。据报载，我国国有企业的呆死账及银行不良资产损失至少在12000亿元以上；每年偷漏税损失1200亿元以上；由于决策失误造成的浪费每年至少在1000亿元以上。②

"八五"期间中国中型以上的项目成功率是58%，不成功率是42%。战略的损失是最大的损失，决策的失误是最大的失误。42%的失败就是因为没有考虑到国际、全社会的背景，非理性、经济主义、小农意识在作祟。③

有人估计，1997年至1999年中国资本外逃规模达1000亿美元。④

季羡林曾颇为尖锐地指出：国家对教育的投入之所以严重不足，主要原因不是财政上有困难，而在于领导思想上对教育是立国之本这一点认识不足。往往是口号多，行动少，连《教育法》中都迟迟不肯将政府对教育的投入，按世界各国平均水平规定下来，这很令人失望。⑤

好在，我们欣喜地看到，我国立法机构及政府已经认识到问题的严重性、迫切性，并且为彻底解决困扰，展开了系列卓有成效的基础工作。比如，2005年7月公布的国务院发展研究中心课题组《对中国医疗卫生体制改革的评价与建议》，其"五、对未来中国医疗卫生体制的一个框架性设计"部分就明确指出："公共卫生服务，属于典型的公共产品，应由政府向全体社会成员免费提供。在基本医疗方面，以政府投入为主，针对绝大部分的常见病、多发病，为全民提供所需药品和诊疗手段的基本医疗服务包，以满足全体公民的基本健康需要。其间所发生的大部分成本由政府财政承担。政府直接举办公立医疗机构，其医务人员为公职人员。"《中华人民共和国初级卫生保健法》（2006年8月4日征求意见稿）中有"初级卫生保健是国家统一实施的所有公民享有的基本卫生服务，是国家必须予以保障的福利事业"（第二条第二款），"国家对初级卫生保健实行免费制度"（第三条），"国家将初级卫生保健全面纳入公共财政保障范围，初级卫生保健经费由县级以上人民政府依照本法规予以保障"（第三十九条第一款）等内容，更是

① 董少广：《根除"官场经济"》，载《南方周末》2001年7月26日，第20版。

② 陈剑：《流失的中国》，中国城市出版社1998年版，第1页。

③ 孟宪忠：《效率低下浪费巨大导致政府缺钱》，载《中国集体经济》1999年第2期，第45页。

④ 任惠：《中国资本外逃揭秘》，载《经济日报》2001年7月10日，第1版。

⑤ 叶隽：《〈留德学人与德国〉系列随笔——季羡林》，载《德语学习》2001年第1期，第19页。

较好地契合了现代社会文明伦理诉求，健康权理论的规范，以及有关国家公约的规制。据报道，2014 年 12 月 30 日上午，全国人大教科文卫委在人民大会堂召开基本医疗卫生法起草工作机构第一次全体会议暨基本医疗卫生法起草工作启动仪式，标志着由全国人大教科文卫委员会负责牵头起草的，也是社会普遍关注的《基本医疗卫生法》的立法工作全面启动。《基本医疗卫生法》是第十二届全国人大常委会立法规划第一类立法项目。张德江委员长十分关心《基本医疗卫生法》立法工作，2014 年 9 月，专门就《基本医疗卫生法》立法做出重要批示，要求全国人大教科文卫委员会发挥牵头作用，调动各方积极性，高质量完成《基本医疗卫生法》的起草任务。

第四章　医药卫生体制改革的思考

在医药卫生体制改革的宏观政策层面，改革开放30多年来，我们的价值取向，出现了失误，与现代文明潮流、世界发展趋势、人类共同理念“不贯通”，盲目推行“市场化机制”，导致了医改的不尽如人意，出现了今天医疗卫生界的许多弊端，增加了社会矛盾。我们必须找准医疗卫生体制改革的正确价值取向。健康权是人权的一个重要组成部分，政府必须承担起保障的责任，何况我国政府有足够的经济实力在公民的基本医疗保障上发挥更大的作为。作为国家主体医疗卫生事业，从其固有的特性及担负的社会重任出发，应当坚定不移地坚持其“公益性福利事业”的根本属性，通过强有力的政府行为促进自身的发展与改革，坚定恪守非市场化原则，始终把社会效益放在首位，于“市场经济”之外，保留一方特立独行的“净土”，这才是对“市场经济”积极、主动的“适应”。下一步，最紧迫、最重要的，是国家必须高调着手建立民众基本医疗卫生服务免费享受制度，公立非营利性医疗卫生服务机构定位为行政主体，其从业人员为国家公职人员。公立非营利性医疗卫生服务机构在法定服务领域形成的医患关系的法律属性明确定位为行政法律关系，其侵权损害赔偿适用国家赔偿法。与之相配套，我们必须颠覆性地重构和改造基本医疗保障制度，诸险合一，建立统一全民医保体系，恢复和重建分级分工医疗制度，把非基本的特需服务从公立非营利性医疗机构剥离，政府主导完善区域医疗资源规划，并调整布局。

一、概述

“有啥不能有病，没啥不能没钱”，这是普通民众的共同感慨。

成功、幸福的人生、家庭，自然是丰富多彩，而不幸的家庭和人生，虽各有其因，但往往是贫病交加，或者是因病致贫、因病返贫。

疾患伤病的发生有哪些特点？作为一名工作时间较长的医生，笔者认为，是“确定性”与“不确定性”并存。

所谓确定性，是说，每一个个体和家庭，都注定迟早要遭遇疾患伤病，要与医疗服务行业打交道。

所谓不确定性，是说，一个个体或家庭，何时何地罹患何种疾患伤病，需要花费多少钱，会是何样的结局，是不确定的，难以预测，更无法规划、控制。

这两个特性的挤压，给社会带来巨大的风险，产生强烈的医疗保障需求，给政府提出了紧迫的医改重任。

《法制周末》2014 年 4 月 16 日以《江苏县级医改很尴尬》为题报道说："病人称降价没感觉，医生称改不改没差别。"这个判断，可能有失偏颇、过于绝对，未必可信。但是，医改若干年，就全国而言，主要是卫生领域的单兵突进，民生保障层面的改革力度还不够大，医疗卫生服务体系"建机制"效果不明显，更多的是在医院或卫生事业管理的技巧性上做文章。于医务界，于卫生行政主管部门，已费大力，十分不易；而于医改大计，则毕竟还显浮浅。故此，社会有所不满，也属可以理解，"没感觉""没差别"这样的牢骚话并不意外。因此医患矛盾日益尖锐，冲突频发，实在是社会矛盾、医疗保障机制欠缺、实质性医改未启动等诸多问题在诊疗服务场所这个情绪洼地的"显性表达"而已。本书试图分析、归纳我国目前医疗卫生服务领域存在的问题，并针对性地提出"实质性医改"建议。

为借鉴西方国家医疗卫生保障事业的经验，为我国正在"进入深水区"的医改提供参考，笔者曾经参与江苏省卫生厅组织的对法国、意大利卫生系统的考察。在法国巴黎参观考察了阿赫帕朱医院(centre hospitalier d'arpajon)、全法私立精神病诊所联盟(union nationale des cliniques psychiatriques privees)。在意大利米兰考察参观了圣卡洛博罗米欧医院(azienda ospedaliera "ospedale san carlo borromeo")，在罗马考察参观了私立克劳迪亚医院(casa di cura privata-nuova villa claudia)。

我国多年来的"医改基本不成功"，"看病难、看病贵"，使得许多公民和家庭对未来没有稳定的安全预期，严重影响了我们的生活安定感，削弱了人生幸福感，侵蚀了社会和谐感，抵消了时代进步感。[①] 医患关系恶化，已经成为社会不和谐、不稳定的重要因素之一。因此，胡锦涛总书记在党的十七大主报告中阐明："健康是人全面发展的基础，关系千家万户幸福。"可谓一语中的。在此精神规约下，2009 年 4 月 6 日，中共中央、国务院出台了《关于深化医药卫生体制改革的意见》(以下简称"新医改方案")，明确了"摒弃市场化机制"的根本原则。而近 30 年来"市场原教旨主义"思潮的惯性，在社会各界根深蒂固，极大地阻碍着各地正确、全面、积极主动地贯彻新医改方案，以及正确领会党的十八大有关文献精髓。因此，我们有必要借鉴发达的市场经济体制国家的经验，看他们是如何认识和对待医疗卫生服务事业与市场、政府三者之间的关系的。为此，笔者拟定了三个核心关键问题，并以中、法、意、德多种语言对照打印，每到一个考察点，向翻译和接待单位人员书面提问，保证了关键信息的不遗漏和准确可靠。三个问

---

① 胡晓翔：《论国家主体医疗卫生事业的根本属性——我国医疗体制改革发展方向与模式的探讨》，载本书编委会：《构建与完善现代医疗保障体系》，东南大学出版社 2008 年版，第 10 页。

题是：

请问：公立医院的从业人员是否是公务员？

请问：公立医院的医患关系的法律属性，是否是行政法律关系？

请问：公立医院的侵权损害赔偿，是否是国家赔偿？

尽管法、意两国在体制的具体细节上并非完全相同，笔者提问的对象身份也各不一样，但是，对于上述问题，基本上提供的是共识性的信息。概括来说就是，举办和提供保障性的医疗服务事业是宪法规定的政府的责任，公立医院的设置、建设、管理都是政府公权力行为，原则上提供免费的基本医疗服务。公立医院的从业人员一般为公务员，在不同的医院，只要岗位相同，报酬就一样。公立医院医疗服务的医患关系是行政法律关系。公立医院医疗服务的侵权损害责任是国家赔偿责任，但是，通过购买医疗责任保险分散经济风险。

全法私立精神病诊所联盟的工作人员除口头解答外，还简明扼要地留下了书面答复：

问题 1：oui，dans les hopitaux publics，les employés sont des fonctionnaires.（是的，在公立医院，员工是公务员。）

问题 2：dans les hopitaux publics，il y a la relation avec le droit administratif et un peu de droit curl.（是的，在公立医院，是行政法律关系，还有其他的一些权利。）

问题 3：oui，c'est l'hôpital public qui est responsable（indemnisation publique）.〔是的，这是公立医院的责任（国家赔偿）。〕

二、分析与借鉴

笔者认为，造成今天政府基本医疗保障不到位，新医改精神贯彻阻力重重，党的十八大系列文献学习理解还有一些未尽准确之处，患者看病难、看病贵，医生也有怨气，医患关系不和谐的尴尬局面的原因，可以归纳为“四个失误”。

第一是伦理价值取向上的失误。

在医药卫生体制改革的宏观政策层面，改革开放 30 多年来我们的价值取向，出现了严重的失误，盲目地处处推行“市场化机制”，曾经逼迫公立医疗机构“断奶”，“下海谋生存”。[①] “民进国退”“不办医院管医院”“不找市长找市场，立足自身求发展”成了喧嚣一时的全国性的政治流行语。更有甚者，以改制或出卖的名义“消灭”公立医疗机构，以虚化政府责任。

基本价值理念的失误，直接导致了政府决策的偏差，结果，一来盲目鼓吹“大

① 胡晓翔：《国家主体医疗卫生事业的根本属性：公益性福利事业》，载胡晓翔、姜柏生：《冷眼观潮：卫生法学争鸣问题探究》，东南大学出版社 2001 年版，第 19 页。

力发展民营医院”,什么“几个不限”“与公立医院平分天下”“让市场决定他们的优胜劣汰”等违反医学伦理底线的“训示”,居然可以用红头文件层层“贯彻落实”,严重扰乱了医疗行业秩序,至今此类隐患比比皆是。尽管原卫生部于2008年6月以《卫生部关于医疗机构审批管理的若干规定》强令各地限期清理整顿,但,习若忘非、积重难返,谈何容易!另一方面,对公立医疗卫生机构财政投入严重不足,公立医疗行业只能“以药养医”“以医疗服务谋自身生存”。人性中劣的共性,经过体制失误的放大器,加之社会各界无意的误导和有意的诱导,导致了今天医疗卫生界的许多弊端和社会矛盾的加剧。

第二是卫生立法方面的失误。

在卫生立法层面上,我们的卫生法制体系建设,只注重了速度和数量,而没有应有的基础理论研究和立法技术含量。即,我们的卫生立法工作,与卫生法学基础理论研究、基础法理学规则以及立法技术“不衔接”,失误连连,“制造”了大量的卫生法律法规的“残次品”,甚至“废品”,不能正常地规范和服务医疗卫生领域的有关各方。

迄今,关于"公立非营利性医疗卫生机构在法定业务范围内形成的医患关系的法律属性”这个卫生法学最最基本的课题,居然被卫生法学理论界忽略,基本上没有认真的研究和见解,轻率地一致认为“当然是民事法律关系”。也没有被实务界注意,医管界和司法界皆不假思索地陈陈相因理解为“民事法律关系”,并由此导致所谓的“法律适用二元化”乱象。

替代《医疗事故处理办法》(以下简称《办法》)的《医疗事故处理条例》(以下简称《条例》),遗漏溯及力条款,埋下适用的隐患。其关于“医疗事故”的定义,采四要素说,“形式上的违法性”亦作为构成要件,不合理地缩窄了“医疗事故”这个概念的外延。[①] 其配套文件《医疗事故分级标准》,居然错漏医源性胎儿/新生儿损伤条款![②]

而所谓的“医疗侵权诉讼举证责任倒置”的规定,来自于《最高人民法院关于民事诉讼证据的若干规定》第四条第一款第八项的规定,其实却是个既非法又悖理的条款![③]

第三是行业管理方面的失误。

在行业管理层面上,由于改革理念的宏观性、整体性失误,公立医疗卫生体

---

① 胡晓翔:《浅析〈条例〉贯彻实施中亟待解决的几个问题》,载《法律与医学》2002年第4期,第193页。

② 胡晓翔:《关于医源性“胎儿(新生儿)”伤害的医疗事故鉴定定级问题的探讨》,载《南京医科大学学报》(社会科学版)2003年第2期,第128页。

③ 胡晓翔:《医疗侵权诉讼举证责任倒置若干问题评议》,载《医学与哲学》2002年第10期,第37—38页。

系经受了太多不应有的干扰，不得不以求生存为第一要务，难以顾及行业行为的规范化管理，使得行业从业人员与行业的核心制度、规范（技术性规范、伦理性规范）脱节，全国的卫生系统出现了轻重不等、表现各异的“疏于管理”的现象。这也导致了原卫生部主导的“医院管理年活动”的轰轰烈烈出台和延续。

同时，更加严重的隐患是，出于种种运作的原因，行之有效、简便易行的传统的基本核心制度的贯彻、落实日益淡化，而华而不实、荒诞不经的许多所谓“新管理理念”在“公款出国考察”和“公款攻博”的背景下被盲目引进、强制推行，工业流水线的机制，与个性化的为人的服务，将丝综麻、方凿圆枘，危机四伏！

第四是服务、沟通方面的失误。

在服务层面上，医疗机构内汇聚了社会各个领域的矛盾和冲突，社会矛盾和保障欠缺导致的猜忌、纷争、冲突不合理地丛集于医疗机构，加之我们人文关怀意识淡薄，医患沟通的技巧也不够娴熟，不擅与媒体共舞，使得医患之间情感上对立，原本“同一战壕的战友”互不信赖、互相防范，矛盾、龃龉、纠纷抵牾不断。

三、对策与建议

有鉴于此，我们必须借鉴发达市场经济体制国家的经验，结合我国实际，有针对性地采取以下四个方面的措施，消除上述“四个失误”。

首先，我们必须找准医疗卫生体制改革的正确价值取向。

发展医疗卫生事业是现代社会文明进步的重要标志，是维护政治稳定的重要因素，是和谐医患关系构建的基石。当代国际社会中许多国家，都把向全民提供医疗保障作为政府行为，而不是个人行为。

我国政府先后于 1997 年 10 月、1998 年 10 月签署了《经济、社会及文化权利国际公约》和《公民权利和政治权利国际公约》，充分显示了中国政府开展国际人权合作的积极态度。2001 年 2 月 28 日，第九届全国人大常委会第 20 次会议做出了批准《经济、社会及文化权利国际公约》的决定。中国政府对此项公约的批准，表明了中国对国际普适性的人权观的尊重和承认，意义确实非常深远。[①]那么，为《经济、社会及文化权利国际公约》所载的每一权利的实现提供最低限度的基本保障是缔约国不可克减的核心义务。国家在健康权方面负有实现的义务，即有义务推行国家健康政策，并将可获得的预算的足够比例用于健康。有义务提供必要的健康服务，或创造条件使个人有足够和充分的机会享受包括保健服务、清洁饮用水和适当的卫生设备在内的健康服务。

生存权是最重要的人权，生存权不仅仅指生命权本身，还包括维持生命健康

① 邓科：《中国在人权领域采取重大举措——人权专家解析全国人大批准〈经济、社会及文化权利国际公约〉》，载《南方周末》2001 年 3 月 15 日，第 2 版。

的各种必需的条件，因此，生存权必然导出生命健康权，也就必然要求政府确保“基本医疗卫生服务保障权”。

中国是联合国成员，接受《联合国宪章》规定的人权条款，承认和重视人权在社会发展和人类进步中的重要价值。党的十五大报告指出，中国将尊重和保护人权。

所以，胡锦涛总书记在党的十七大主报告中一以贯之地要求：“坚持公共医疗卫生的公益性质，强化政府责任和投入。”这其实就是在政府兴办的保障性医疗卫生服务领域“去市场化”的宣言。

何谓公益？公益就是大公无私或先公后私。

公益即“社会的公共利益，对公众有益的事”。唯其如此，卫生事业才能够“坚持以社会效益为唯一原则，正确处理社会效益与经济效益的关系，始终把社会效益放在首位”。可见，公益性与福利性两者间并无根本矛盾，就“非市场性”“非营利性”角度而言，两者是完全一致的！所以，在外文中，“公共福利”与“公益”是同一个词(组)：public welfare(英)、das Gemeinwohl(德)。①

公益属性表明了政府兴办的保障性医疗卫生服务事业的目的、路径。

福利性，是实现这样的公益事业的手段、方法。

“为群众提供安全、有效、方便、价廉的医疗卫生服务”是人权保障的具体措施，是政府行为，绝非个人行为，不能推向市场。

这是医药卫生体制改革的基准点，也是设计医改方案的金标准。

面对市场经济，国家主体医疗卫生事业固然有个“适应”的问题，但那种不问基本卫生工作本身的伦理特点及任务，简单化地视卫生工作为“市场经济”的“适应”法，是一种消极、被动的适应，其实质为“迷信、迎合、取媚”。这种“适应”，集中体现了“政治上的反动”“技术上的失误”和“文化上的错读”，害莫大焉，必须立即拨乱反正！

健康权是人权的一个重要组成部分，政府必须承担起保障的责任，而且，我国政府有足够的经济实力，可以在公民的基本医疗保障上有更大的作为。国家主体医疗卫生事业，从其固有的特性及担负的社会重任出发，应当毫不动摇地坚持其“公益性福利事业”的根本属性，通过强有力的政府行为促进自身的发展与改革，坚定恪守非市场化原则，始终把社会效益放在首位，于“市场经济”之外，保留一方特立独行的“净土”，这才是对“市场经济”的积极、主动的“适应”，②也是

① 邓科：《中国在人权领域采取重大举措——人权专家解析全国人大批准〈经济、社会及文化权利国际公约〉》，载《南方周末》2001年3月15日，第2版。

② 胡晓翔：《在人权保障背景下的思考》，载胡晓翔、姜柏生：《冷眼观潮：卫生法学争鸣问题探究》，东南大学出版社2001年版，第24页。

贯彻、落实十六届六中全会《关于建设社会主义和谐社会若干重大问题的决议》(2006 年 10 月 18 日)精神，胡锦涛 2006 年 10 月 23 日重要指示精神，国务院发展研究中心葛延风调研组《关于中国医疗卫生服务体制改革的评价与建议》(2005 年 7 月 29 日)精神，十七大主报告(2007 年 10 月 15 日)精神，以及十八大《中共中央关于全面深化改革若干重大问题的决定》(2013 年 11 月 12 日)精神的必然要求。

令人欣喜的是，2009 年 4 月 6 日公布的中共中央、国务院《关于深化医药卫生体制改革的意见》明确地体现了非市场化的正确价值取向。

在“指导思想”上强调“坚持公共医疗卫生的公益性质，……强化政府责任和投入，……建设覆盖城乡居民的基本医疗卫生制度，……促进社会和谐”。

在“基本原则”上明确“坚持以人为本，把维护人民健康权益放在第一位。……以保障人民健康为中心，……从改革方案设计、卫生制度建立到服务体系建设都要遵循公益性的原则，把基本医疗卫生制度作为公共产品向全民提供，……努力实现全体人民病有所医。……强化政府在基本医疗卫生制度中的责任，加强政府在制度、规划、筹资、服务、监管等方面的职责，维护公共医疗卫生的公益性，促进公平公正。……从全局出发，统筹城乡、区域发展，兼顾供给方和需求方等各方利益，注重预防、治疗、康复三者的结合，正确处理政府、卫生机构、医药企业、医务人员和人民群众之间的关系”。

在“总体目标”上定位为“到 2011 年，基本医疗保障制度全面覆盖城乡居民，……城乡基层医疗卫生服务体系进一步健全，基本公共卫生服务得到普及，……明显提高基本医疗卫生服务可及性，有效减轻居民就医费用负担。……到 2020 年，覆盖城乡居民的基本医疗卫生制度基本建立。普遍建立比较完善的公共卫生服务体系和医疗服务体系，比较健全的医疗保障体系……人人享有基本医疗卫生服务，基本适应人民群众多层次的医疗卫生需求”。

“加快建设医疗保障体系”“进一步完善医疗服务体系。坚持非营利性医疗机构为主体、营利性医疗机构为补充，公立医疗机构为主导、非公立医疗机构共同发展的办医原则，建设结构合理、覆盖城乡的医疗服务体系”“全面加强公共卫生服务体系建设。促进城乡居民逐步享有均等化的基本公共卫生服务”等主要改革措施，以及“3 年内政府投入 8500 亿”的明确承诺，都是十七大主报告精神的体现，也是政府勇于担责、体现宪法责任之举，这是新医改成功的最可靠保障，也是“科学发展观”在医改领域的具体体现。

当然，新方案的出台，还仅仅是在医疗卫生体制改革正确的价值取向上迈出的第一步，今后，还有一系列配套的重大举措需要缜密论证、精心构思、审慎布局，顶层设计并统筹实施“实质性医改”工程。

当前最紧迫、最重要的，是国家必须高调地宣示着手建立民众基本医疗卫生服务的免费享受制度，将公立非营利性医疗卫生服务机构在法定服务领域形成的医患关系的法律属性明确定位为行政法律关系①，其侵权损害赔偿适用国家赔偿法②。

这是医改近期的“锚固性目标”，政府应当尽快出台分期实现的时间表。这个目标的锚固锁定，是医改真正成功、快速成功、避免倒退、规避反复的保证。这个目标，一定要，也一定能够达到，因为这是人类普适的文明价值取向的要求和十七大、十八大精神的深刻内涵、深远意旨。同时，改革开放已经使得社会拥有了雄厚的经济实力，获取了足够的财富积累，政府、国家公权力架构与人民共享改革经济成果的时机已经成熟。这是政府、国家公权力架构向权源——人民大众的反哺与报恩，就医疗卫生体制改革来讲，是拨乱反正之举！

为此，与之相配套，我们必须颠覆性地重构和改造基本医疗保障制度，诸险合一，建立统一全民医保体系。③

政府供给、市场供给这两种疾病风险分担机制，有其一致性和互补性，但是，仍有多个方面的差异。④ 加之目前我国商业医疗保险行业的社会形象还不够完美，社会感召力还比较弱小，因此，有必要在名称上，对两者加以区分。⑤

同时，与医疗卫生保障工作有关的一切部门的从业人员要切实提高执政能力，要多读书、勤思考和精辩理，切实把握人类普适文明伦理准则、宪政要义和有关领域的专业科学规律，并以之指导、规范实践工作，不说、少说外行话，不做、少做疯狂事，少些唯上，多些唯实，少些盲目跟风，多些民主决策，少些朝令夕改，多些科学作为，少些一意孤行，多些依法行政。

其次，在正确的医疗体制改革价值取向的基础上，深入开展卫生法学基础理论研究，严肃、认真、慎重地着手卫生法律法规的废、改、立工作，打造高质量的卫生法律法规体系。这是卫生法学事业在正确轨道上大发展的黄金时机。这方面最重要和基础的工作，就是明了“国家主体医疗卫生事业中公立非营利性医疗卫生服务机构，在基本医疗卫生服务过程中建立的医患关系的法律属性”的定位问

---

① 胡晓翔：《再论国家主体医疗卫生事业中的医患关系的法律属性：兼驳两个错误观点》，载《山东医科大学学报》（社会科学版）1999年第1期，第36页。

② 胡晓翔：《国家主体医疗卫生事业中医疗机构的医疗事故侵权损害赔偿应适用国家赔偿法》，载胡晓翔、姜柏生：《冷眼观潮：卫生法学争鸣问题探究》，东南大学出版社2001年版，第215页。

③ 胡大洋：《全民医保目标下的制度选择》，载本书编委会：《构建与完善现代医疗保障体系》，东南大学出版社2008年版，第2—3页。

④ 王建翔：《政府、市场在医疗保障体系建设中的角色定位》，载本书编委会：《构建与完善现代医疗保障体系》，东南大学出版社2008年版，第27—28页。

⑤ 胡晓翔：《关于〈全民医保目标下的制度选择〉的点评》，载《江苏保险》2009年第1期，第39页。

题。这个问题不解决或者产生认识偏差，则一切卫生法制工作就都是无的放矢的“迷踪拳”和“醉拳”。笔者多年来力排众议，顶住各方压力，始终坚持认为，这个关系应当精确定位为：行政法律关系类权力关系型特别权力关系属公法上的营造物利用关系。① 它的法律属性不是民事法律关系，而是行政法律关系。② 这种服务过程中的医事损害侵权赔偿，应当适用国家赔偿法。

再次，医疗卫生行业要集中精力，狠抓行业内部的管理。在财政保障的前提下，切实落实核心规章、制度，提供规范、安全、高质量的公益性医疗卫生服务。

最后，注重和要求人性化服务。要注意掌握医患沟通技巧，与患者和社会各界情感互通、换位思考的同时，提供便捷、节省、合理的人性化服务，与社会各界一道，营造良好的医患共处环境。

四、十八大精神与医改构思

实质性医改，是和谐医患关系的基石。

医改，枢纽在于公立医院的改革。公立医院的改革，上承保障机制，下达服务对象，整个医改的“应力”，全集中于此。公立医院改革，必须有“顶层设计”。经过前期的探究与尝试，简便易行的举措已经实施，医院管理、卫生事业管理的技巧性效能已经充分发挥。再进一步的探索，将进入改革的深水区，也就是“建机制”，则整体性、系统性、协同性显得特别重要，再俯身摸石头已不合适，应高屋建瓴地进行顶层设计。

如何设计公立医院改革的基本思路和具体方案？当然要以《中共中央关于全面深化改革若干重大问题的决定》（以下简称《决定》）为指南。中国卫生经济学会会长高强 2013 年 12 月 31 日在《健康报》刊文《深化医药卫生体制改革》，指出：“《决定》虽然对深化医药卫生体制改革的表述文字不长，但是，字字讲改革、句句有力度，含金量很高，涉及的几个方面集中反映了深化医药卫生体制改革的新思路、新要求、新政策和新举措，有着特别重要的意义。”作为划时代的重要文献，因其意义重要，内蕴深刻，切忌囫囵吞枣、风风火火地解读，必须细嚼慢咽，务求准确理解。例如，一见“混合经济”四个字，很多地方就认为，公立医院改革也要“混合经济化”，似乎不如此就不是改革了。其实，这是误读。

《决定》提出的“发展混合所有制经济”，有范围的限制。“发展混合所有制经济”出现在《决定》的第二部分“坚持和完善基本经济制度”里：“积极发展混合所

① 胡晓翔：《国家主体医疗卫生事业中医疗机构的医疗事故侵权损害赔偿应适用国家赔偿法》，载胡晓翔、姜柏生：《冷眼观潮：卫生法学争鸣问题探究》，东南大学出版社 2001 年，第 209 页。

② 胡晓翔等：《论国家主体医疗卫生事业中医患关系的法律属性》，载《中国医院管理》1996 年第 16 卷第 4 期，第 13—14 页。

有制经济。……国有资本投资项目允许非国有资本参股。”可见，其针对的是“国有资本”的投资项目，并非直接针对公立医院改革。且最该坚持公益性的公立医院，其运转的成本，该由财政保底，怎会是“国有资本的投资项目”！

而“推进公共资源配置市场化”出现在“推动国有企业完善现代企业制度。……根据不同行业特点实行网运分开、放开竞争性业务，推进公共资源配置市场化”，也不是直接针对医药卫生服务领域的。故此，高强会长阐明，应明确公立医疗机构是以提供基本医疗服务为主，属于人民公平享有的医药卫生服务，应由政府承担责任、提供保障，坚持社会公益属性，不能照搬企业改革的做法，不能以营利为目的，更不能市场化。

“购买服务”也是有限制的。“购买服务”出现在《决定》的第四部分“加快转变政府职能”里：“全面正确履行政府职能……推广政府购买服务，凡属事务性管理服务，原则上都要引入竞争机制，通过合同、委托等方式向社会购买。”

何谓“事务性管理服务”？通常认为指日常行政工作的文员及后勤类工作，这类工作通常不需要某个领域的专业技能和知识。像收发快递、保证办公室卫生、接打电话和送文件等比较基础，但很烦琐，很需要耐心和时间的工作项目。从社会服务的广义角度来说，事务性工作指的是社会服务性质的非行政类政府或半政府行为。譬如劳动力转移，人才市场的人才服务，各种公益互助行为，等等。总之，与医疗卫生服务并无直接关联。

《决定》对公立医院改革中政府的职责做了明确规定。首先，在第一部分“全面深化改革的重大意义和指导思想”里规定：“政府的职责和作用主要是保持宏观经济稳定，加强和优化公共服务，……弥补市场失灵。”

这是改革的总纲和基调。在第四部分“加快转变政府职能”里规定：“全面正确履行政府职能。政府要加强发展战略、规划、政策标准等制定和实施，……加强各类公共服务提供。”公益性的医药卫生服务显然属于“各类公共服务”里的重要部分，理当“加强提供”。

在第十二部分“推进社会事业改革创新”里规定：“深化医药卫生体制改革。落实政府责任……建立科学补偿机制。鼓励社会办医，优先支持举办非营利性医疗机构。”也就是说，要加强政府投入的力度，彰显公益属性。

在这个背景之下，我们再来理解“去行政化”就有了准头。

第四部分“加快转变政府职能”里规定：“全面正确履行政府职责。……推动公办事业单位与主管部门理顺关系和去行政化，创造条件，逐步取消学校、科研院所、医院等单位的行政级别。”

笔者对此理解认为，公立医疗卫生服务机构，改革的维度有二，不可偏废：

一是强行政化。这是就政府职责和体制而言的。这是医改意见和这次十八大的《决定》多处明文规定的，即“加强各类公共服务提供”“加强和优化公共服务”“落实政府责任”等，也是《宪法》和《经济、社会及文化权利国际公约》赋予的缔约国政府的法定责任。因此，刘延东副总理2014年3月26日在省部级干部医改座谈会上强调：“坚持把基本医疗卫生制度作为公共产品向全民提供的基本理念，推动医改、医保、医药联动改革，破除以药补医，合理把控公立医院规模，建立分级诊疗制度，确保优质医疗资源合理布局。”①

二是去行政化。这是就具体的管理手段和决策方法而言的，即与主管部门理顺关系，逐步取消行政级别，实则是为减少行政官员的岗位和职数、职级，以便推行民主治院、专家决策和制衡式管理，从而提高医院运行效率。也就是说，强行政化为体，去行政化为用。两相比较，前者更加重要。

所谓的“社会资本进入公立医院”，在《决定》中也规定了前提。

“社会资金可……多种形式参与公立医院改制重组。”意即社会资金进入公立医院需得“参与公立医院改制重组”。笔者以为，这就是说，只有那些超需求发展的、已经不宜再继续保持公立非营利性医院定位的公立医院，在“退出”而改制重组时，社会资金才可“多种形式参与”。高强会长对此阐述道：“属于高端、特殊的医药卫生服务，应由市场提供，实行市场机制。积极鼓励社会办医，为居民提供多样化服务。……应按照政府与市场的责任划分，对某些以提供非基本医疗服务为主的公立医院，有计划、有步骤地鼓励社会资本参与改制重组。……必须科学规划，做好深入细致的工作。”

资金本身是好资源，但一旦入错了门，逐利的社会资金穿上“公立非营利性”的马甲，那就是怪胎与毒瘤了。

五、构思与建议

关于实质性医改顶层设计，笔者初步建议如下。

(1)顶层优先，抓住核心，着眼高远，自上而下。

全国人大尽快完成《基本医疗卫生法》立法，以法律形式高调地宣示国家确立全体民众基本医疗卫生服务免费享受制度的保障目标，明确公立非营利性医疗卫生服务机构定位为行政主体，其全职从业人员为国家公职人员，其在法定服务领域内形成的医患关系的法律属性明确定位为行政法律关系类权力关系型特别权力关系属公法上的营造物利用关系。它的法律属性不是民事法律关系，而是行政法律关系。这种服务过程中的医事损害侵权赔偿，应当适用国家赔偿法。在此基础上，才能顺利破除公立医院以药补医的状况，明确政府办医职责，全面

① 《用中国式办法破解医改这个世界性难题》，载《人民日报》2014年3月28日，第4版。

落实政府在公立医院的基本建设、设备购置、重点学科发展、公共卫生服务、离退休人员费用和政策性亏损补贴等六个方面的投入政策，以此落实政府的责任，彰显公立医院的公益性。

江苏，作为国内发达地区之一，改革理念、经济实力，以及现代管理能力和医疗卫生服务能力，均处于全国先进行列，理当先行先试。建议江苏省委、省人大争取中央和全国人大授权进行试点，由省人大立法规范上述事宜，使得江苏成为实质性医改领域的领路者。

(2)整体关联，全局视野，系统建构，通盘设计。

一是必须颠覆性地重构和改造基本医疗保障制度。具体有两件事是重点：

首先，诸险合一，建立全民统一医保体系。政府提供的有关医疗卫生服务保障的现状为险种林立、多头管理、制度摩擦、管理成本增加，且缺乏总体规划、缺乏相互衔接、缺乏公平机制、缺乏管理效率，因此，合并山头、诸险合一，促成医保体系由繁杂、低效向统一、高效转变，最终形成覆盖城乡全体居民的统一医疗卫生服务保障制度，是基本医疗卫生服务保障制度建设的主要任务。对此，《人民日报》2013 年 11 月 16 日第 17 版《共享发展　畅想改革》栏目里刊发的《人人都能病有所医》一文阐述说："我国公费医疗、职工医保、居民医保、新农合等制度，筹资水平、支付水平差距较大，有的能够报销的范围有限，导致自付的比例较高。要不再按区域身份来划分保障层次，而是按照年龄、收入等要素，建立更加公平、合理的政府医保资源分配体系，给予困难人群更多的支持。"目前，新农合与城镇居民基本医疗保险、城镇职工基本医疗保险的统合工作正在全国范围内推进。

其次，在名称上，有必要对不同性质的两种医疗经济风险分担机制加以区别。政府供给的医疗保障机制，可以命名为"社会健康照护"，对应的英文译名可以用 Health and Social Care。商业性医疗保险服务仍用"医疗保险"一词，英文译名对应用 Social Health Insurance。建议今后在制定文件和废、改、立有关法律法规时，注意区分使用。

二是要尽快恢复和重建分级分工医疗制度。

公益性服务资源的利用，必须有序有限。服务体系本身的建设，也要依据分级分工，在严密论证之后，依据服务需求和保障层次确定发展方向和服务内容，围绕此方向和内容的实现，确定规模、配置资源。目前的无序就诊，是看病难、怕看病、恶化就医感受、激化医患矛盾的根源之一。目前的各级各类医疗卫生服务机构的建设与配置、发展，同样呈现一定程度的无序化态势，不顾分级分工，也不紧扣社会的服务需求，往往取决于医院掌权者的个人好恶，浪费严重的同时，却又服务能力不足，不能满足罕见病、传统治疗手段的需求，也就虚化了"保基本、强基层"的医改目标。习近平总书记在江苏镇江世业镇卫生院了解基层医疗改革和服务情况时，得知这里实现了双向诊疗常态化，对此给予了肯定。他指出，人民群众对医疗服务均等化愿望十分迫切。像一些大城市的大医院，始终处于“战时状态”，人满为患，要切实解决好这个问题。

(3)要把非基本的特需服务从公立非营利性医疗机构里剥离。

政府举办的非营利性医疗机构专职提供基本低价乃至于免费医疗卫生服务，特需服务空间让渡给社会资本举办的医疗机构。功能与项目错位，就是最好的分级分工医疗基础，也厘清了公益性国有资产与其他性质资产的运行规则，分类监管，透明有序。从公立非营利性医疗机构剥离的特需服务资源(包含场地、设备设施、资质、人员等)，依法改制，参与混合经济的改革，可以被社会资本收购，也可以独立设置新的医疗机构。

(4)政府主导，科学制定区域卫生资源规划，尤其是做好其中的医疗机构设置规划。

通过规划引领和掌握资源的科学合理配置与良性适度竞争，引导社会资本办医的理性经营。以政府行为强力调整现行不尽合理的医疗机构位点，分区划片组建医疗卫生服务网络，完善多级指导、有序转诊就医体系。清理整顿公立医疗机构目前庞杂纷乱的合作、指导事务和自行组建的集团、公司，以及擅自出让院名的行为，由卫生行政部门统一规划和安排院际合作与支援。

六、结束语

38年前，我们整个社会经历了“实践是检验真理的唯一标准”那场大讨论。

我们追求、辨别、检验真理的目的何在？因为真理是指导、评判、约束、规范实践的金标准。我们在度过了追求、辨别、检验真理的蒙昧期之后，现在，至关重要的，是尊重和践行真理。

而在医药卫生体制改革领域，人类普适的文明准则、伦理规范是罹患疾病伤痛的个体不因经济原因被延误诊治！诚如我们在米兰考察时，接待人员一开口，就自豪地宣称：我国宪法规定，税收的一部分用来为国民提供免费的基本医疗服务！

中国医药卫生体制改革的转折点已经出现，这个转折主要体现在观念上的转折，即在个别特殊的社会事务领域，必须摒弃市场化机制这个“常例”，强调政府的责任，顺应人民群众期盼保障和改善民生这个“常情”。

总之，发展医疗卫生事业是现代社会文明进步的重要标志，是维护政治稳定的重要因素。否则，就会如鲁迅先生所言，“只有外国人说我们不问公益，只知自利，爱金钱；却还是没法辩解”①。也唯有大力发展保障性医疗卫生事业，坚持公共医疗卫生的公益性质，才能够厘清卫生法学最基础课题——医患关系的法律属性的定位思路，重构卫生法学体系，政府依法办医，部门依法管医，行业依法行医，医患双方依法维护自身权益，促进医疗卫生事业与社会经济和人的协调全面发展和科学的、可持续性的发展。

① 鲁迅：《准风月谈·外国也有》，《鲁迅全集》第5卷，人民文学出版社1981年版，第345页。

第五章　医疗卫生事业中的医患关系的法律属性

国家主体医疗卫生事业，是实际负责兑现向全民提供医疗保障的政府行为等职能部门。医患关系不具备民法调整的平等主体间的横向经济关系的三大特征，不是民事法律关系，而是行政法律关系。

一、概述

现代文明社会，是法制的社会。尤其是改革开放以来，市场经济飞速发展，对法制的渴求，成为全社会的共同愿望，十八届四中全会更是提出了建设法治国家的要求。我们建设的是有中国特色的社会主义国家，则其法制建设也应是具有中国特色的社会主义初级阶段的法制建设。那么，卫生法制建设也就不可能不打上这一烙印。因此，我们既不能生搬硬套外国的东西，对前人遗产也不可萧规曹随、一成不变。真正具有蓬勃旺盛生命力的中国卫生法制体系，只能是以《宪法》精神为准绳，以对社会主义初级阶段国家主体医疗卫生事业的深入透彻分析、研究为基础，创造出具有新（契合发展，富于创见）、特（符合国情，实事求是）、灵（切合需要，行之有效）特色的卫生法制体系。其中的一个基本课题，就是我国国家主体医疗卫生事业中医患关系的法律属性问题。若此项不能解决，则卫生法学建设就是在某种程度上无的放矢，将导致事倍功半，甚至带来负面影响。

二、国家主体医疗卫生事业中的医患关系并非民事法律关系

目前的理论探讨及实际工作中，有一种将医疗卫生事业视为市场经济体制中的普通服务业，将医患关系当成市场经济中普通的买卖关系的错误倾向。如有人认为："医疗卫生事业必须纳入市场经济体系，应将卫生立法纳入整个市场经济立法体系，以市场经济为指针进行卫生立法的立、改、废，以构建卫生法的新框架。"①医疗纠纷"公了"的最高形式，也是医患双方走上"民事法庭"，以《中华人民共和国民法通则》（以下简称《通则》）、《中华人民共和国侵权责任法》为适用

① 吕美行、顾帮朝：《社会主义市场经济与卫生立法》，载《法学天地》1995年第5期，第35—36页。

法律解决经济赔偿纠纷。

其实,《通则》第二条对我国民法调整的对象做了明确的规定,即"中华人民共和国民法调整平等主体的公民之间、法人之间、公民和法人之间的财产关系和人身关系"。即,民法调整的是平等主体间的财产关系和人身关系,主要是横向的经济关系和人身关系。民法调整的这种平等主体间的横向经济关系具有三大特征:

(1)这种关系的主体处于平等地位,而不能是管理与被管理、监督与被监督的关系。

(2)必须是在双方自愿的基础上发生的商品自由让渡关系,而不能基于行政隶属关系而发生。

(3)等价有偿、互惠互利,而不能是不等价的交换与无偿的调拨。①

而国家主体医疗卫生事业中的医患关系,恰恰不具备民法调整的平等主体间的横向经济关系的三大特征。首先,医、患双方不处于平等地位。其次,医患关系一般而言,不是建立于"自愿"基础上的②(后文另有补充论述)。最后,医患关系具有"不等价"的特点。

医疗收费是劳务收费中事业性收费的一种。所谓劳务收费,指以一定的场所、设备、工具和服务性劳动提供服务所收取的费用,又称劳务价格或服务收费。在中国,劳务收费通常按收费性质不同分为以营利为目的的经营性服务收费、不以营利为目的的事业性服务收费与行政性服务收费这三类。经营性收费由服务成本、利润和税金构成。事业性收费一般只计算服务成本或弥补事业经费不足部分,主要包括医疗收费、教育收费、检验检疫收费、科研与技术服务收费、调解服务费、代理费、基础设施使用费、资源使用费这八类。凭借行政管理权收取的手续费称为行政性收费,包括注册登记费、证照费和管理费三类。③ 医疗收费系向就医者收取的费用,主要有门诊挂号费、住院床位费、手术费、化验费、检查费、治疗费和药品费等。新中国成立以来,一直强调医疗卫生事业的福利性,国家开办的医疗诊所实行低收费政策,收费低于成本较多。1979 年经济体制改革以来,各地不同程度地调整了医疗收费标准。对使用新技术、新设备进行医疗服务的项目,实行按不含工资的成本收费。④ 所以,医院政策性亏损严重,大量的病

① 李由义:《民法学》,北京大学出版社 1988 年版,第 9—13 页。

② 胡晓翔:《浅议〈民法通则〉在医疗事故经济补偿中的适用》,载《健康报》1995 年 3 月 8 日,第 2 版。

③ 中国大百科全书出版社编辑部:《中国大百科全书·财政税收金融价格》,中国大百科全书出版社 1993 年版,第 279 页。

④ 胡晓翔、罗思培:《关于医源性"胎儿(新生儿)"伤害的医疗事故鉴定定级问题的探讨》,载《南京医科大学学报》(社会科学版)2003 年第 2 期,第 128—130 页。

房治疗工作处于亏本经营状态。① 那么,这种“不等价”现象是偶然地暂时出现,还是必然地永远存在呢?回答是后者:等价交换原则与全心全意为病人服务的医德原则有矛盾。全心全意,就要讲奉献,把病人利益放在首位,医患关系不能只是一种等同的价值量的交换关系。② 且医院亦非纯粹的经济实体,医院的根本性质决定了其改革的取向不可能是市场取向。当然,我国医疗卫生事业的改革,也包括对福利性的改革,但并不是要取消福利性,而是克服过去对福利性的片面理解,在正确认识的前提下,进一步完善福利性,使之与我国当前的经济发展状况相适应。随着我国经济的不断发展,医疗卫生事业的福利性也必然会不断增强,最终实现全社会的免费医疗。③ 随着国家经济的发展,逐年增加用于医疗卫生事业的国家预算拨款,政府加强对医疗卫生事业的支持,是国家注重社会保障的重要体现。我国在该方面的投入在国家预算中所占比例还不高,今后应进一步增加。至于医疗服务市场化,完全放开价格以“断奶”的设想,在理论上和实践中都是行不通的。④

所以说,无论过去、现在,还是将来,国家主体医疗卫生事业中的医患关系都不是民事法律关系。

三、国家主体医疗卫生事业中的医患关系是行政法律关系

(一)国家主体医疗卫生事业的本质、医疗单位的性质及医疗服务的特征

世界卫生组织总干事中岛宏在 1995 年 3 月 6 日至 10 日召开的社会发展世界首脑会议预前会开幕式上说:“没有卫生就不可能有社会发展和经济增长。卫生是社会发展目标的基本目标,它也为政治稳定提供土壤。为了预防贫穷、失业和增进社会团结,在发展战略中必须把卫生作为行政的核心。”⑤即国家主体医疗卫生事业的本质是“实际负责兑现向全民提供医疗保障的政府行为的职能部门”。

作为具体承担、实施“向全民提供医疗保障”这种政府行为的职能部门,国家主体医疗卫生事业中的各级各类医疗业务单位,必须以保护人民健康为己任,满足人民基本的医疗卫生需求,而不是以营利为目的。其宗旨是全心全意为人民服务,实行救死扶伤的革命人道主义。国家不仅不向医院征税,医院不用上缴利

① 陈兴宝等:《部分病种收费与成本分析》,载《中华医院管理》1993 年第 9 卷第 9 期,第 539 页。

② 廖继尧:《浅议市场经济与医德建设的关系》,载《中华医院管理》1993 年第 9 卷第 9 期,第 520 页。

③ 马振江:《关于医院改革取向的理论思考》,载《中华医院管理》1993 年第 9 卷第 10 期,第 586 页。

④ 吴明江:《改革中亟需明确的几点认识》,载《健康报》1995 年 7 月 12 月,第 2 版。

⑤ 《中岛宏在社发首脑会议上强调:卫生是社会发展的核心》,海萃译,载《健康报》1995 年 3 月 23 日,第 2 版。

润，而且每年都要从国民收入中有计划地拨款兴建或资助医院，以使全体社会成员享有基本医疗保健的保障。这是社会主义个人消费品按劳分配的补充形式。但是，这种分配不与劳动者为社会提供的劳动量相联系，而是按照不同对象的医疗保健实际需求、医学科学发展水平及国家、社会在一定阶段的经济担负能力这三者形成的动态平衡下的标准，即所谓“基本的医疗卫生保健”尺度，有计划、有组织地进行分配。这个分配活动，表现为医事活动，即行医过程中的诊断、治疗、康复，也是不断探明具体社会成员保健实际需求，结合医学科学发展水平及国家、社会一定阶段的经济负担能力这两个因素，确定、修正其“基本的医疗卫生保健”尺度，从而据此“分配”卫生福利的过程。所以，医院实质上是由政府部门延伸、派出的基层专业行政职能部门。

由于病人和医生不是相互独立的，医生不仅仅是供方，他的服务对病人来说还具有主观决定性，则需求者的被动性和供给者的主动性、决定性，导致了医疗卫生服务供给的高度专业性，以及行医许可制度形成的医疗卫生服务市场的封闭性和进入障碍，此为医疗服务的两大特征。① 因此，在医患关系中，医方处于主导地位，他与患方通常处于命令和服从的不平等地位。有时，如对传染病人的“分类管理”，对精神病人的管理，更是极具强制性。绝大多数诊疗处置措施都是医方单方面决定的。至于少数风险过大的措施，虽然有征求病属签字同意的形式，但由于医疗服务的两大特征，患方很难自主决策，大多只能“言听计从”，实质上，还是医方单方面说了算。另外，医患关系的确立，一般并不需要双方“自愿”，任何患者都有就医的权利，急诊更是如此，医院一般而言是不可“自愿”选择病人的，“三首负责制”决定了转诊病人必须严格遵循相关的法规运作。此两点亦与民事法律关系格格不入。医疗服务中纠纷的解决，有完整严密的法定程序及相应的机构，如各级医学会组织的医疗事故技术鉴定。此亦为医疗服务区别于其他服务行业的特征。

(二)行政法律关系的特征

行政法律关系有如下特征：(1)行政法律关系的一方总是国家行政机关，或由法律、法规授权的其他行政法律关系主体。(2)在行政法律关系中，行政机关处于主导地位，它与其他主体之间通常处于领导和被领导、命令和服从的不平等地位。(3)行政法律关系的产生只需要行政法律关系主体一方表示就可成立。(4)行政纠纷的解决都要通过法定程序。②

由前述可见，医患关系的特征，同行政法律关系的特征基本吻合，所以，国家主体医疗卫生事业中的医患关系是行政法律关系。

---

① 刘赟：《试论社会主义医疗卫生服务市场》，载《中华医院管理》1993年第9卷第10期，第596页。

② 陈天池、张世信：《中国行政法辞典》，上海人民出版社1991年版，第7页。

第六章　对两个错误观点的评析

国家主体医疗卫生事业中的各级各类医疗单位，系国家行政机关的一个类别，亦是各种卫生行政法律、法规的“被授权人”，具备行政主体资格。其医患关系，是行政法律关系。

一、概述

医务实践既是关乎政治安定的社会事务，时刻离不开法律的规范，又是人命攸关的高科技专业活动，必须以博大精深的专业知识、技能和实践经验为基础。所以，卫生法学的研究，也必须强调公共法学理论与实践同医学理论与实践的有机结合、协调。任何一方面的短缺，都会使卫生法学的研究走入褊狭的死胡同，不能兼顾两者的卫生法学理论，就会成无根之木、无源之水，没有生命力。如眼下，由基本上无医学专业知识、技能和实践经验的专业法学家们编撰的卫生法学专论、专著的发表、出版，层出不穷、蓬勃兴旺，而同时，医、患、法院三方却又都日甚一日地痛感“无法可依、无理论可循”，原因正在于此。故，广大医疗第一线的医管工作人员，是可以并应当有所作为的。因此，笔者不揣鄙陋，提出关于“医疗事故经济补偿纠纷不适用《民法通则》第一百一十九条”①和“国家主体医疗卫生事业中的医患关系不是民事法律关系，而是行政法律关系”②的新观点。法学界的不同看法随之产生，举例如下：

(1)有律师认为：“医院和患者系服务与被服务关系，患者支付费用，医院提供诊疗护理服务，(故)二者法律地位完全平等。”③

(2)有法官认为：“只有国家行政机关的行政行为才能引起行政法律关系的产生、变更、消灭，医疗单位不是国家行政机关，与患者之间是不可能产生行政法律关系的。”④

---

① 胡晓翔：《论医疗事故经济补偿纠纷不适用〈民法通则〉第 119 条》，载《中国卫生事业管理》1996 年第 12 卷第 4 期，第 216 页。

② 胡晓翔、邵祥枫：《论国家主体医疗卫生事业中医患关系的法律属性》，载《中国医院管理》1996 年第 16 卷第 4 期，第 13、14 页。

③ 张晨：《医疗事故能用民法来调整》，载《服务导报》1995 年 12 月 15 日，第 15 版。

④ 采飞：《医疗事故能用民法来调整》，载《服务导报》1995 年 12 月 29 日，第 15 版。

二、医疗单位具备行政主体资格

众所周知，行政法律关系的主体由行政主体和与其相对一方的非行政主体构成。行政主体可以是依法行使行政职权并对其承担责任的国家行政机关。[①]而国家行政机关，是统治阶级为行使国家权力而组成的管理机关，为国家机构的重要组成部分。按照职权性质，国家行政机关可分为一般权限的行政机关和专门权限的行政机关。前者在其管辖的行政区域内统一领导各行政机关的工作，其行政活动带有全面性和综合性；后者是同级政府领导下负责管理某一方面行政事务的职能机关。[②] 国家行政机关为行使法律规定的职权而设置的工作机构即职能机构，主要职责是承担经办某项特定事务。其法律地位按隶属机关级别来确定：(1)隶属于一级政府的职能机构，具有独立的法人资格。(2)隶属于政府工作部门的职能机构，属于机关内部的职能部门，无独立的法律地位，不具备法人资格。(3)部、委、厅、局派在基层工作的职能机构，是它们的代表机构，具有独立的法律地位，如公安局下属的派出所。[③] 国家行政机关根据需要，依法经过批准而在其本部机关之外设立的代行其部分职权的工作机构，叫派出机关。派出机关可分三类：(1)县级以上的地方各级人民政府的派出机关。(2)人民政府工作部门的派出机关，即设在最基层的行政区域内负责具体执行任务的工作机构，如公安派出所。(3)一级政府派驻在辖区外的代表机构。[④] 作为一级政府的国家行政机关在我国分五级：①中央人民政府。②省、自治区、直辖市的人民政府。③自治州人民政府和设区、县的市人民政府。④县、自治县、县级市、市辖区的人民政府。⑤乡、民族乡、镇的人民政府。[⑤]

由上可见，国家主体医疗卫生事业中，隶属于卫计委、厅、局(市局、区局)的各级各类医疗单位，作为具体承担、实施“向全民提供基本医疗保障”这种政府行为的职能部门，无疑是国家行政机关的派出机关的第二类，即“人民政府工作部门的派出机关，即设在最基层的行政区域内负责具体执行任务的工作机构”。它们的主要职责是承担经办“向全民提供基本医疗保障”这项特定事务，是部、厅、局派在基层工作的职能机构，是部、厅、局的代表机构，并具有独立的法律地位，属于有具体专门权限的行政机关，系国家行政机关的一个类别，完全具备行政主体的资格。

---

① 罗豪才：《中国行政法讲义》，人民法院出版社1992年版，第12页。

② 陈天池、张世信主编：《中国行政法辞典》，上海人民出版社1991年版，第14—15页。

③ 同上，第18页。

④ 同上，第17页。

⑤ 同上，第15页。

此外，和平环境下的竞争，主要体现为综合国力的竞争，由于健康保障是综合国力的重要组成部分，故也成为政府的重要职责与政治承诺。在当今卫生改革风起云涌的历史时期，政府的作用日益加强，不管是什么政治体制、经济体制和卫生服务体制的国家，总体上说，政府在推动卫生事业发展中的主导作用越来越重要；组织起更有效的卫生服务，为改善人民健康状况和提高人民生活素质服务，正越来越明确地成为政府能否合格地代表人民利益的重要标志之一。同时，这也是社会政治经济发展到今天的必然结果与趋势。[①] 所以，国家主体医疗卫生事业中，各级各类医疗单位的行政主体资格，系由其本身固有的特性与任务所决定，并不因"患者支付费用"而消失。否则，报户口、申领身份证、车辆办牌照……这些同样伴有"支付费用"的"服务与被服务关系"，难道都变了性质？再者，若认定医患关系为"花钱买服务的"的"二者法律地位完全平等"的普通买卖关系，那么，对身无分文的危、急、重病人的推诿、拒绝治疗，便合(民)法化了，使其充其量也只是个道德问题，从而规避了法律责任，岂不荒谬！

三、关于授权与委托

撇开是否为国家行政机关不谈，换个角度而论，国家主体医疗卫生事业中各级各类医疗单位的行政主体资格，依然不容抹杀。因为行政主体的概念不完全等同于行政机关，由法律、法规授权的组织也是行政主体。[②] 即，行政主体既可以是依法行使行政职权并对其承担责任的国家行政机关，也可以是经授权行使行政职权并对其行为承担责任的组织。[③] 被授权人和被委托人可以是社会组织、团体、专业公司和其他企事业单位、基层群众性自治组织、各种技术检验与鉴定机构、群众性治安保卫组织等[④]，可见，并非"只有国家行政机关的行政行为才能引起行政法律关系的产生、变更、消灭"。也就是说，国家行政机关仅是成为行政主体的充分条件[⑤]，而非必要条件[⑥]。"医疗单位不是国家行政机关，与患者之间是不可能产生行政法律关系的"的观点，无视"授权""委托"的途径，混淆了充分条件与必要条件的区别，显然是错误的。

国家主体医疗卫生事业中各级各类医疗单位的运作及其从业人员的工作，

---

① 沈杰：《医疗服务的政策走向及政府角色》，载《中国卫生政策》1995年第6期，第18—19页。

② 陈天池、张世信：《中国行政法辞典》，上海人民出版社1991年版，第7页。

③ 罗豪才：《中国行政法讲义》，人民法院出版社1991年版，第12页。

④ 同上，第73—76页。

⑤ 充分条件：当有事物情况p，就必定有事物情况q时，p就是q的充分条件，载傅季重：《哲学大辞典·逻辑学卷》，上海辞书出版社1988年版，第188页。

⑥ 必要条件：当没有事物情况p，就没有事物情况q时，p就是q的必要条件，载傅季重：《哲学大辞典·逻辑学卷》，上海辞书出版社1988年版，第115页。

除了受上级行政机关委托的临时或长期专业工作（如征兵体检、高考体检、驾驶员体检等），几乎都处于卫生行政法律的规范之下。各医疗单位及其从业人员，皆是从如食品安全管理、药品管理、国境卫生检疫管理、传染病防治管理、妇幼保健管理、爱国卫生运动管理、计划生育管理等各方面的法律、法规中获得相应的职责、权力。即各单位在绝大部分正常业务工作范围内，都是被授权人，具备行政主体的资格。

综上所述，国家主体医疗卫生事业中的各级各类医疗单位均具备行政主体资格，其医患关系是行政法律关系。

第七章　析传统观点的逻辑错误

人们在思维活动中，不能违背形式逻辑基本规律的逻辑要求，否则，就不可能正确地认识和反映客观事物及其规律性。“医患关系是普通民事法律关系”的传统观点，违背了同一律、矛盾律和充足理由律的逻辑要求，是逻辑错误的产物。

一、概述

目前的医疗纠纷处理，呈现相对“无序”的状态，“闹”与“不闹”皆有，“公了”和“私了”并存。无休止地扯皮消耗了医、患、法三方大量的时间、精力，医院深感出力不讨好，患方抱怨受损难补偿，法院受理也难了断。而随意性较大的结果，自然往往未必科学、合理，引致三方互相指责、猜忌，甚至屡屡出现恶性伤医案件。笔者认为，认定国家主体医疗卫生事业中的医患关系是普通民事法律关系的传统观点，包含着明显的逻辑错误，这是造成现状的主要原因。在这众口一词，俨然已成为“定论”的传统观点上大做文章，并非笔者节外生枝，而确是结合医学临床与管理工作实践学习法理之后的一孔之见。

二、传统观点的逻辑错误分析

在思维过程中，特别是在表达和交流思想的论证过程中，由于思想与思想之间的联系违反形式逻辑规律和规则的要求而产生的错误，叫逻辑错误(logical fallacy)①。在传统形式逻辑所研究的概念(concept)、判断(judgment)、推理(inference)等思维形式中起主导的、决定性作用的那些规律叫形式逻辑的基本规律(fundamenta law of formal logic)，主要指同一律、矛盾律和排中律，还有充足理由律。这些规律是人们在运用概念，做出判断，进行推理和论证时所必须遵守的最起码的思维准则。②

形式逻辑的基本规律如同其他领域的一切规律一样，其作用具有不依人们意志为转移的性质，人们在思维活动中，只能遵守和运用它们，而不能改变和废除它们，也不能违背它们的逻辑要求(logical rule)。如果违背了，思维的确定性(certainty of thinking)就会受到破坏，思维就会发生混乱，从而思维也就不可能

①② 傅季重：《哲学大辞典·逻辑学卷》，上海辞书出版社 1998 年版，第 422、222 页。

正确地认识和反映客观事物及其规律性。因此,形式逻辑的基本规律对人的逻辑思维(logical thinking)具有强制的规范作用和制约作用。遵守它的要求是正确思维,包括正确地进行辩证思维的必要条件。而"医患关系是普通民事法律关系"的传统观点恰恰违背了这些形式逻辑基本规律的逻辑要求。

同一律(law of identity)的基本内容是,在同一思维(即对同一对象的同一方面的思维)过程中,任何一个思想(概念或判断)其自身是同一的,可用逻辑公式表示为 A 是 A(或 A→A),A 表示任何一个概念或判断,"→"表示蕴涵(implication)。同一律是对正确思维的确定性的逻辑概括,它的逻辑要求是:在同一思维过程中,每一个概念或判断必须保持自身的同一,亦即保持思维的确定性。违反同一律的逻辑要求就会犯混淆概念或偷换概念(就概念而言)、转移论题或偷换论题(就判断而言)的逻辑错误。因此,遵守同一律的逻辑要求,是一切正确思维的必要条件。① 众所周知,使公众普遍受益的卫生事业具备社会公益的特征,这是卫生事业的根本属性。我国通过对卫生事业的经常性投入,发展卫生服务的供给系统,使人民群众得到低价或免费的卫生服务,并通过建立城镇职工、居民医疗保险、新型农村合作医疗和发展多种形式的医疗保障制度,使公民享有基本的医疗卫生服务,这又体现了社会分配的福利特征。卫生事业的这种性质,决定了卫生事业的发展模式应以国家办、集体办为主,提供基本的卫生服务;医疗卫生服务不以营利为目的,不承担社会积累的义务。② 这就充分表明,医患间经济关系根本不具备民法调整的平等主体间横向经济关系所具备的三大特征。"传统观点"秉持者在无法否定,或默认,或不反对,乃至赞同这一点的同时,却又坚持"医患关系是普通民事法律关系",尤其是在一些急诊病人因现金不够而错误地被延误诊治的医疗纠纷案件中,他们往往一边抨击医方"未担负起救死扶伤的重任,未给公民提供基本的医疗保障",一边却又要用只能调整以"平等、自愿、等价有偿"为特征的平等主体间的横向经济关系的《民法通则》《侵权责任法》《合同法》《消费者权益保护法》等等只适用于民事法律案件的条款来惩罚医方,思维在"行政"和"民事"两个法律体系间跳跃,这就违背了同一律的逻辑要求。用战国时期名家的主要代表人物公孙龙的话说,就是思维飘忽摇摆,必将造成"彼此名实相滥"③,破坏思维的确定性,犯混淆概念或转移论题的逻辑错误。

矛盾律(law of contradiction)的基本内容是,在同一思维过程中,一个思想及其否定不可能都是真的,其中必有一个是假的,可用公式表示为:A 不是非 A。其逻辑要求是:在同一思维过程中,思想必须首尾一贯,不允许自相矛盾,即不允

① 傅季重:《哲学大辞典·逻辑学卷》,上海辞书出版社 1998 年版,第 144 页。

② 卢宗正:《孙隆椿阐述卫生事业基本属性》,载《健康报》1996 年 4 月 16 日,第 1 版。

③ 王琯:《公孙龙子悬解·名实论第六》,中华书局 1992 年版,第 90 页。

许同时承认一个思想及其否定都是真的。违反矛盾律的逻辑要求就会犯自相矛盾的逻辑错误。因此，遵守矛盾律的要求，保持思想的前后一贯性、不矛盾性，是正确思维的一个必要条件。[①] 这就是春秋战国之际的逻辑学家墨子所说的："辩或谓之牛，谓之非牛，是争彼也，是不俱当。"[②]传统观点秉持着主动或被动的同时，又容受"卫生事业是社会公益性事业，不能主要依靠市场机制，而要依靠政府来组织、管理、协调和支持"的观点。甚至，在民事法庭上，由于医疗服务的本身属性及特征导致患方无法举证而不能遵循"谁主张，谁举证"的民事诉讼原则时，就总是一味地让医方负"举证"之责，甚至追求"举证责任倒置"。实质上，这就放弃了思想的前后一贯性、不矛盾性，违反了矛盾律的逻辑要求，在自相矛盾的逻辑错误中苦苦挣扎。

充足理由律(law of sufficient reason)的基本内容是，在论证过程中，一个判断被确定为真，总是有充足理由的。其公式是：A 真，因为 B 真，并且 B 能推出 A。按此，其逻辑要求是：(1)理由必须真实。(2)理由与推断之间要有必然的联系。如果违反这两条要求，就会犯"虚假理由"(empty reason)和"推不出"(non sequitur)的逻辑错误。[③]

传统观点秉持者们所能坚持的理由一般有：

(1)患者看病须花钱。

(2)医院不是行政机关。

(3)挂号就是订合同。

实际上，迄今，他们根本没有一篇文章能系统科学地证明医患间的经济关系具备平等主体间的横向经济关系的三大特征，也无法在正确运用行政法学相关理论的前提下否定"医患关系是行政法律关系"的论断。综上(1)(2)与"医患关系是民事法律关系"的推断无必然联系，因为，"花钱"并不等于"等价有偿"，"不是行政机关"也不意味着不能成为行政主体(有关混淆"充分条件"与"必要条件"和"充分必要条件"的错误，恕不赘述)。理由(3)更属想当然(对此，将另文详述)。

可见，"医患关系是普通民事法律关系"的传统观点，又是"虚假理由"和"推不出"的逻辑错误的产物。

---

① 傅季重：《哲学大辞典・逻辑学卷》，上海辞书出版社 1998 年版，第 123 页。

② 孙诒让：《墨子闲诂・经说上第四十二》，载《诸子集成》(第 4 册)，上海书店 1986 年版，第 209 页。

③ 傅季重：《哲学大辞典・逻辑学卷》，上海辞书出版社 1998 年版，第 188 页。

第八章　析传统观点的由来及危害

民事和行政的实体法与程序法在我国都产生得较晚，理论研究薄弱，司法实践有限，且行政诉讼法学与民事诉讼法学的法源最近，关系最为密切，这些是造成司法实践中适用法律失误的主要原因。误认为医患关系为普通民事法律关系的观点，毒化社会风气和医德医风，践踏公正原则、干扰政府决策和阻挠政府兑现政治承诺，破坏司法秩序，不利于维护医患双方的合法权益。

一、概述

认为国家主体医疗卫生事业中医患关系为普通民事法律关系的传统观点，产生于当代中国，有其深远的历史渊源和法律文化背景：自古以来，我国民事实体法和程序法皆依附于刑法，致其理论幼稚孱弱，怎能在实践中科学地适用呢！而行政实体法和程序法更晚出现，并曾附庸于民法，其理论于国人而言，不啻化外神谈！所以，对两者概念理解模糊、条文适用错误，实不足奇！

“民法”一词最早源于古罗马的“市民法”(jus eivile)。公元6世纪，在东罗马帝国皇帝查士丁尼主持下，罗马法整理编纂为《查士丁尼法典》，因主要内容属于调整公民之间关系的民事规范，故又称《民法大全》。1804年的《法国民法典》，是拿破仑以罗马法为基础制定的。1900年实施的《德国民法典》也是仿效罗马法的，但有革新与补充，使民法体系逐步趋于完备。在此前后，资本主义各国大都制定了民法典。1922年《苏俄民法典》突破了传统民法的界限，建立了社会主义民法的新的内容和体系。而我国古代无民法概念，只是清末曾有三次“民律”草案。1928—1930年，国民党政府仿效德、日等国民法制定了民法典。新中国成立后，迟至1986年4月12日，才由第六届全国人民代表大会第四次会议通过《中华人民共和国民法通则》。① 由于我国古代长期以来刑民不分、实体法与程序法不分，民事诉讼法学直到清朝末年民国初期才独立形成。所以，谈到中国法律文化的特点，日本学者浅井虎夫在其所著《中国法典编纂沿革史》(陈重民译本)第十四章就有批评说：“……私法(约相当于‘民法’——笔者注)的规定少而公法的规定多也。”②从新中国成立到1982年3月《民事诉讼法(试行)》的颁布，

① 李由义：《民法学》，北京大学出版社1993年版，第9—11页。

② 杨鸿烈：《中国法律发达史》，上海书店1990年版，第3页。

我国民事诉讼法学尚处于创立阶段。从1982年起，新中国才有了一门比较独立的民事诉讼法科学。①

行政法作为一个专门的法律部门，产生于18世纪欧洲资产阶级革命时期。最早在英国J.洛克的《政府论两篇》(1690)中提出分权论时就有了萌芽，及至法国孟德斯鸠在《论法的精神》中创立三权分立说后，行政权已成为政府独立行使的国家权力。② 从历史角度看，行政法的产生，是资产阶级工业革命的发展和资产阶级国家加强其政权统治的产物，也是民主法治思想的必然要求。18世纪末、19世纪初，洛克、孟德斯鸠创立的“天赋人权”和“三权分立”原则得到大力提倡。这种民主法治思想的影响和工商业自由竞争的实际需要，极大地促进了行政法的基本原则和基本制度的确立，现代意义的行政法由此产生。20世纪60年代以后，司法审查制度的确立和完善，是西方国家行政法成熟的基本标志。现代意义的行政法在我国产生较晚。1946年11月在南京召开的“国民大会”，通过了所谓“宪法”，并据之颁布了一些行政管理法规。这些法规，有的抄自德、法、日，有的沿袭封建旧制，致使旧中国行政法名为奉行孙中山先生遗教，实则是封建制国家和资本主义国家行政法的混合物。我国产生真正具有现代意义的行政法，应该是中华人民共和国成立以后。1949年到1956年为新中国行政法创建时期，1957年到1966年为削弱时期，1966年到1976年为破坏时期。③ 我国统一完整的行政诉讼法的制定时间更晚，司法实践也比较有限，行政诉讼法学尚在初创时期。尽管新中国成立之后的有关宪法性文件或宪法，原则上确认了行政诉讼制度，其中包括行政赔偿，但是缺少可操作的具体规定。而要使行政诉讼制度建立并良好运作，是离不开具体的法律法规的，1982年3月8日公布的《中华人民共和国民事诉讼法(试行)》才开始满足了这个客观需要，这是我国行政诉讼制度正式建立的标志。1989年4月4日七届人大二次会议审议通过并于1990年10月1日起实施的《中华人民共和国行政诉讼法》，是我国历史上最完备、最具民主性的行政诉讼法，它标志着行政诉讼制度终于在我国完善地建立起来。④

行政诉讼法学与民事诉讼法学的法源最近，关系最为密切。行政诉讼法在许多国家都是从民事诉讼法中逐步分离出来的，在行政诉讼法制定之前，行政诉讼活动往往作为民事诉讼的一个特别部分，适用民事诉讼法的规定。⑤ 我国在试行民事诉讼法时期，是以民事诉讼法来审理行政案件的；英、美、法等国也是运

---

① 常怡：《民事诉讼法学》，中国政法大学出版社1994年版，第1页。

② 张友渔：《中国大百科全书·法学卷》，中国大百科全书出版社1990年版，第672页。

③ 陈安明、沙奇志：《中国行政法学》，中国法制出版社1992年版，第54—63页。

④ 应松年：《行政诉讼法学》，中国政法大学出版社1994年版，第20、41—42页。

⑤ 同上，第11页。

用民事诉讼法审理行政案件的。[①] 当单独的行政诉讼法制定时，便直接吸取了许多民事诉讼的程序规则，行政诉讼法为了在立法上更简练，通常只重点规定行政诉讼活动所具有的特殊问题，对一些行政诉讼与民事诉讼相同的程序问题则简略化了，并通过相应的法律条文或司法解释说明行政诉讼在处理这些问题时，适用或参照民事诉讼法的相应规定。我国的行政诉讼法就属于这种情况。如开庭审理的程序、送达等，对于这些问题，行政诉讼可参照民事诉讼法的相应规定办理，由此，民事诉讼法的这类规定在适用于行政诉讼时，同时也属于行政诉讼法规范，成为广义行政诉讼法的一个组成部分。[②]

但是，行政诉讼与民事诉讼终究是两种性质不同的诉讼活动，由此决定了行政诉讼法和民事诉讼法是两种不同性质的诉讼程序法，它们在立法宗旨、所规定的诉讼当事人、举证责任和审判方式等方面都有很大差别。[③] 因此，当前行政审判方式改革的重点内容，就是按照行政诉讼法的规定，摆脱民事诉讼法传统对行政审判的影响，确保对被诉具体行政行为审查的合法性、公正性和效益性，建立科学的行政审判的运行机制。[④]

二、传统观点的危害

法律关系，久悬不决，违反法律之安定性，公私利益，两受损失[⑤]，简直就是今天医疗纠纷处理工作的生动写照。认为国家主体医疗卫生事业中医患关系为普通民事法律关系的传统观点，不仅存在于司法界、医务行政主管部门、患者中，而且也日益浸渍医疗卫生单位，给社会风气、政府政治承诺的兑现、司法秩序的严肃性及医患双方的合法权益带来极大的危害，兹分述于下。

1. 毒化社会风气和医德医风

民事行为的基本原则有“平等、自愿、等价有偿”，医事行为既然是普通民事行为，那么，治病救人就成为“在双方自愿基础上的商品自由让渡行为”，如此：(1)无钱不救就很“合(民)法”。(2)有钱畏难、嫌烦而推诿、延误也“合(民)法”。总之，在传统观点的基础上，见死不救、认钱不认伤病等不为社会主义医德所允许的行为皆“合(民)法”化了，至多是不够仗义、不够大度、不够完美，但肯定“合(民)法”，又何谈约束与制裁！如某医院，产妇S产后子宫出血，家属无足够的现金，医方强调了所谓的“交钱制度”，未及时输血致S死亡。从行政法律角度而言，此系不作为的渎职犯罪，理当追究行政和相关刑事责任。若医务人员不受传

---

① 常怡：《民事诉讼法学》，中国政法大学出版社1994年版，第8页。

②③ 应松年：《行政诉讼法学》，中国政法大学出版社1994年版，第5、11页。

④ 蔡绍祥、谢春璞：《行政审判方式改什么》，载《人民法院报》2000年6月22日，第3版。

⑤ 李士彤：《死亡宣告制度之研究》，载《学原》1947年第1卷第9期，第55页。

统观点的蒙蔽，此悲剧就根本不会发生。反之，以传统观点来辩解，即“商品自由让渡”，一手交钱、一手交货，天经地义，你又岂奈我何！而且，将神圣的医事混同于普通民事行为的第三产业服务行为，那么，收受“红包”，不就是侍应生的“小费”，无伤大雅了吗？再者，既然“医患关系是普通民事法律关系”，那么，为医事行为所需的“原材料”——血液、器官、遗体等，就是普通商品，完全可以“放在秤盘”上讨价还价，以“平等、自愿、等价”地交易，又有何理由要求人们“无偿”献血，“捐献”器官、遗体？这将给中国举步维艰的“无偿献血”“器官、遗体捐献”等活动设置了不可逾越的障碍！

2. 践踏公正原则、干扰政府决策和阻挠政府兑现政治承诺

即使是资本主义市场经济高度发达的美国，1945 年以来，“卫生服务是公民的权利，而不是特权”的观念，也得到了广泛的传播和普遍的接受，并为法律所认可。1980 年美国成立了“卫生和人类服务部”，该部的预算仅次于国防部，居第二位。美国的卫生经费，1965 年只占国民生产总值的 6%，而到 1993 年已占 14%，高达 8842 亿美元，到了 2000 年，比值上升到 18%。① 反观中国，卫生总费用占 GDP 的比重迟至 2012 年才刚过 5%。WHO 提出的就是 5%。② 政府对卫生的经济投入方面出现此种“迟缓运作”的错误决策，尽管有多种原因，但，将医患关系当成普通民事法律关系，从而企图让医院“断奶”，逼其在市场中“等价有偿”地进行“等同的价值量的交换”以自谋出路，显然是其主要的理论动力！

放眼世界，人类用越来越健康的身心向新的世纪迈进，时代的潮流推动我们向世界卫生组织做出承诺。③ 我国政府承诺的有关卫生方面的国际性行动计划，需要我们做进一步的努力去完成。根据我国国民经济和社会发展总目标，我们必须形成具有中国特色，适应国民经济与社会发展，满足人民基本需要，包括医疗预防保健服务、健康保障与卫生监督执法三位一体的社会主义卫生服务体系，使全体人民都能获得与社会经济发展不同的战略阶段相适应的基本的卫生保健服务，满足人们不同层次的医疗保健需求，提高人民健康水平。这一总目标包括三个要点：一是坚持从国情出发，具有中国特色；二是首先要保证全民性的基本卫生服务需求，同时要满足不同层次人群的多层次需求；三是建立卫生服务、健康保障、卫生监督相统一的体系。这三方面必须兼备，不能有片面性。④ 而在“等价交换”的普通民事行为原则下，“使全体人民都能获得与社会经济发展不同战略阶段相适应的基本的卫生保健服务”和“首先要保证全民性的基本卫生服务

---

① 周传章：《美国卫生一瞥（一）》，载《中国卫生政策》1995 年第 10 期，第 36 页。

②③ 冯蓉：《辉煌中的平实——话 1995 年全国卫生厅局长会议》，载《中国卫生政策》1995 年第 2 期，第 15 页。

④ 陈敏章：《在全国卫生厅局长会议上的报告》，载《中国卫生政策》1995 年第 2 期，第 9—10 页。

需求”的目标，怎么可能达到？

陈慕华曾经指出：“妇女发展问题是当今世界关注的重大社会问题之一。我国党和政府历来十分重视妇女工作，……与实现《中国妇女发展纲要》目标相关联的职能部门，必须明确责任、分类立项，解决好……如何建立健全妇幼卫生保健机构，进一步提高妇女的健康水平。”①所以，在卫生方面，至今政府已承诺的主要有《扩大计划免疫》《2000 年人人享有卫生保健》《儿童生存、保护和发展宣言》等内容，这些都与保护妇女儿童的健康密切相关，我国妇幼卫生工作承担着相当艰巨的任务。目前国际公认的评价医疗卫生综合效果和居民健康水平的重要指标，如人均预期寿命、孕产妇死亡率、5 岁以下儿童死亡率等，都同妇幼卫生工作效果直接关联。当今世界，保护妇女、儿童的健康已成为国际社会普遍关注的重大问题，我国政府在卫生领域对国际社会的承诺也大多与妇幼卫生工作相关。② 正因为“等价交换”的普通民事行为准则对以上任务的完成无益且有害，所以，陈敏章同志指出：“实现妇幼卫生规划目标的基本策略：第一，强化政府职责，动员全社会参与。第二，贯彻《母婴保健法》，依法保护妇女儿童的健康。第三，加强妇幼保健网络建设，提高妇幼卫生服务能力。第四，采取正确的技术对策，全面落实规划目标。第五，重点加强农村妇幼卫生建设，大力扶助贫困地区妇幼保健事业。第六，进一步深化妇幼卫生改革。”③ 其中完全排除了“市场”的干扰，对传统观点秉持者无疑是当头棒喝！

霍乱、病毒性肝炎、结核病、性病、艾滋病等已被列为国家重大疾病，国家将展开重点防治，我国政府必须认真履行向国际社会做出的承诺，如期消灭“脊灰”、新生儿破伤风、麻风病等疾病；有效预防和控制霍乱、病毒性肝炎、结核病、性病、艾滋病等重大疾病；全面提高对突发事件、新发疾病和不明原因疾病的应急能力；积极探索慢性传染病的防治策略和方法；初步建立功能完整、规模适度、房屋适用、设备适中、技术适宜、人员适应、与科学管理配套的卫生防病防疫体系，逐步完善卫生防疫防病系统的经费投入办法、高效运行机制和持续发展机制，使整个疾病控制工作步入良性和惯性运行轨道。“作为国家重大疾病控制的对策与保证措施”，应强化政府职责，积极进行卫生防疫防病管理体制改革，完善补偿机制，加强卫生防疫防病法制建设，促进全社会参与。④ 同时也理智地回避了“等价地花钱买健康”的误区！

---

① 蔡旭：《促进妇女发展是全社会共同责任——实施〈中国妇女发展纲要〉动员大会举行》，载《健康报》1996 年 5 月 14 日，第 1 版。

②③ 陈敏章：《在全国卫生厅局长会议上的报告》，载《中国卫生政策》1995 年第 2 期，第 4、6、7—8 页。

④ 郑灵巧：《卫生部确定重大疾病控制目标》，载《健康报》1996 年 5 月 12 日，第 1 版。

3.破坏司法秩序的严肃性

这主要表现在扰乱举证责任的分担上。

中国古代民、刑诉讼，没有截然的分野，严格来说，其程序不具备诉讼上的实质。因清末变法以来，继受现代诉讼理论，其后民国时期分别制定民事及刑事诉讼法，虽在审判程序上采用不告不理原则，但对当事人举证责任含混不明。新中国成立后，长期没有制定颁布民事诉讼法，因此，在民事审判程序上不重视当事人举证责任。1982年试行民事诉讼法后才明确规定"当事人对自己提出的主张，有责任提供证据"。举证责任，是指民事诉讼当事人对自己提出的主张，负有举证证明的责任。在民事诉讼中，原告对自己提出的主张，应举证证明。原告起诉必然提出诉讼请求、事实理由，并且需要对其主张和维护主张的根据提供相应的证据加以证明。这就是"谁主张，谁举证"的民事诉讼基本原则。当然，这只是举证责任分担的一般原则，在实体法律规定的情形下，可能发生举证责任的倒置。所谓举证责任的倒置，是指原告提出的侵权事实，被告否认的，由被告承担举证责任。根据民法通则和有关法律的规定，最高人民法院发布的指导民事诉讼的规范性文件《关于适用〈中华人民共和国民事诉讼法〉若干问题的意见》第七十四条规定以下六种情形"举证责任倒置"：(1)因产品制造方法发明专利引起的专利侵权诉讼；(2)高度危险作业致人损害的侵权诉讼；(3)因环境污染引起的损害赔偿诉讼；(4)建筑物或者其他设施以及建筑物上的搁置物、悬挂物发生倒塌、脱落、坠落致人损害的侵权诉讼；(5)饲养动物致人损害的侵权诉讼；(6)有关法律规定由被告承担举证责任的情形。① 但在医疗服务过程中，由于医学的高度专业性(外行看不懂，无法监督)，以及手术室、抢救室等诊治场所的封闭性(不同于众目睽睽的大庭广众前，无人可监督)，还有诊疗资料的专业管理，都使患方很难科学、全面地了解"服务"的质量，遇有"不满意"，几乎无法"举证"。由于医患关系被误定为普通民事法律关系，在民事诉讼过程中，传统观点秉持者只得削足适履，不顾医事行为根本不符合前述"举证责任倒置"的(1)—(5)五种情形，以及没有任何一部法律规定必须由医方承担举证责任的客观现实，而令举证责任一律由被告医方承担。诉讼中，医院必须举出证据证明其具体的诊疗行为是正确的，否则将承担败诉的后果，即，将不能举出证据证明自己主张而要败诉的风险，莫名其妙地都由作为被告的医方承担。患方只要"不满意"就可以搅、吵、告，且并不因为举不出证据证明其所接受的具体的诊疗行为的违法性而败诉。这就混淆了民事诉讼和行政诉讼的质的区别，破坏了司法秩序的严肃性。

---

① 常怡:《民事诉讼法学》，中国政法大学出版社1994年版，第164—167页。

4.不利于维护患方的合法权益

如前所述,民事诉讼奉行“谁主张,谁举证”的原则,患方连弄清医务事实真相都很困难,何从举证?更遑论“切实有效地维护自身的合法权益”!而在行政诉讼中,恒由医方这个被告负举证之责,医方必须配合法庭为原告解疑释惑。一旦对某一具体诊疗举措提不出可靠依据,则视其后果,必须承担相应的责任,这才能不依赖于司法者的“关照”而使“患方的合法权益”确有保障。

5.不利于维护医方的合法权益

医学行业具有高风险性及投入与结果之间的不确定性的特征,那么,剥夺医方自愿选择“服务对象”的权力的同时,在医疗纠纷中又要求其与患方“平等”地受“民法”的调整,使医方进退维谷,在战战兢兢中过日子,这种“双重标准”的做法,显然有失公允。医疗收费的“福利性”和医疗赔偿的“等价性”并列,也是对医方经济利益的严重侵犯。另外,由于患方举证的困难,不论有理无理,医方一律被原告差使得团团转,忙于举证的现象十分普遍,严重冲击了正常的医疗工作秩序!

第九章　医患关系是否符合民事合同契约关系

国家主体医疗卫生事业是公益性福利事业，医患关系是行政法律关系而非民事法律关系。医疗服务的全过程都不具有民事合同的一般属性，收治病人的过程不是合同签订的过程。

一、概述

“人类必须先获得文明的一切要素，然后才能进入文明状态。”①保障“人人享有卫生保健”的国家主体医疗卫生事业，显然是“文明的一切要素”中极为重要的组成部分。一个不能或者不愿承担“对社会成员中病、残、老、弱的照顾”责任的社会，绝不是“文明的社会”。当然，在原始社会，公社对成员中病、贫、老的照顾也是应尽的责任。而在历史各个时期，由于人与人之间不同类型的关系逐渐发展——主人与奴隶、地主与农奴、主人与仆人，从属者之福利，渐由其主人来承担。随着商业革命及工业革命，发展起工资阶级和雇主阶级，因而出现关于福利事业应为政府职责还是由雇主负责等各种不同见解，从此福利规划的发展比较复杂。在此“蒙昧”阶段，视医疗业为普通商业并无大过。但 19 世纪末，大部分欧洲国家及美国接受了福利事业应由公共机构负责的观点。近代社会福利的基石是由政府以各种规划提供各种基本经济保障。德国俾斯麦曾于 1883 年制定疾病产孕救济法，1884 年制定工伤救济法，1889 年制定老年、残疾及死亡救济法。欧洲各国竞相效仿。至 1910 年，一个广泛的社会福利纲领开始出现。至 20 世纪 70 年代初，123 个国家都有形式各异的社会保障规划。最初的社会福利规划是为有工作的人们创办的，今日愈来愈多的人认为社会保障应扩展到任何无助的人。② 其实，社会福利是社会劳动力总价值一部分的转化形式，所有个别劳动力价格的总和，小于社会劳动力的总价值。这两者之间差额的很大一部分，通过税收等方式集中到国家手中，由国家以社会福利的形式进行再分配。即社会福利并不是什么无偿收入或“额外”收入。③ 所以，1978 年世界卫生组织制定

---

① 路易斯·亨利·摩尔根：《古代社会》(上册)，杨东莼等译，商务印书馆 1992 年版，第 28 页。

② 《简明不列颠百科全书》(第 3 卷)，中国大百科全书出版社 1985 年版，第 215 页。

③ 许涤新：《中国大百科全书·经济学卷》(1)，中国大百科全书出版社 1988 年版，第 175 页。

了“2000年人人享有卫生保健”的全球目标，并确定以实施初级卫生保健为达到这一目标的基本途径，体现了卫生工作的公正和可及性原则。因此，“使我国医疗系统和广大医务人员能公平地向我国每位公民提供基本的医疗服务，特别是要保障九亿多农民的基本医疗需要，为实现‘2000年人人享有卫生保健’的目标而努力”，就成为我国现阶段深化医疗改革的首要目标。①

“卫生事业是保障人的生命健康权的必要条件”②，发展医疗卫生事业是现代社会文明进步的重要标志，是维护政治稳定的重要因素。即使在封建社会，也不轻率地把医疗业等同于普通商业，“不为良相，便为良医”，形象地阐明了医疗的重要性；“悬壶济世”“杏林春暖”，都对医疗业提出了比普通商业更高的道德规范和目标追求。时至20世纪末，居然在中国法学界卷起了一股鼓吹“国家主体医疗卫生事业为普通商业行业”“医患关系为普通民事法律关系”的理论热潮。在此基础上，有人提出：“患者因病到医疗单位就诊，医疗单位接受并为其治疗，这一过程就是一个民事合同签订的过程。”

一、国家主体医疗卫生事业中医患关系并非民事合同契约关系

合同，又称契约。狭义专指双方或多方当事人（自然人或法人）关于建立、变更、消灭民事法律关系的协议。其法律特征：①合同是双方的法律行为，即需要两个或两个以上当事人互为意思表示。②双方当事人意思表示须达成协议，即意思表示的一致。③合同系以发生民事法律关系为目的。④合同是双方依照或符合法律规范要求而达成的协议，故为合法行为。③

第一，国家主体医疗卫生事业因其固有的特性及担负的社会重任，必须毫不动摇地坚持其“公益性福利事业”的根本属性，通过强有力的政府行为促进自身的发展与改革，坚定恪守非市场化原则，始终把社会效益放在首位。④“在总体上不实行市场机制”是我国医疗改革必须遵循的基本原则之一。⑤况且，患者就医并得到基本的医疗卫生保健保障，是每一个公民的基本人权保障的内容之一，我国政府在新中国成立伊始便已高度重视并已有效保障了公民的这一权利。可见，国家主体医疗卫生事业中，就总体而言，医患之间的关系在医疗业务范围内，

① 于宗河：《关于进一步深化医疗改革走出困境的对策与建议》，载《中华医院管理杂志》1995年第11卷第6期，第323页。

② 国务院新闻办公室：《中国的人权状况（三、四部分）》，载《人民日报》1991年11月3日，第5版。

③ 张友渔：《中国大百科全书·法学卷》，中国大百科全书出版社1990年版，第275页。

④ 胡晓翔：《论国家主体医疗卫生事业的根本属性》，载《中国卫生事业管理》1996年第12卷第6期，第287页。

⑤ 于宗河：《关于进一步深化医疗改革走出困境的对策与建议》，载《中华医院管理杂志》1995年第11卷第6期，第324页。

根本不存在私下“设立、变更、终止民事关系”的可能性，“合同说”真不知从何谈起！

第二，国家主体医疗卫生事业中的医患关系为行政法律关系，并非民事法律关系，[①]这与“合同系以发生民事法律关系为目的”的合同法律特征不符。[②]

第三，提供“人人享有卫生保健”保障，是国家主体医疗卫生事业肩荷的社会重任，哪里有疫情，哪里有灾害，哪里就有党和政府主动、及时、有力的医疗卫生照护；急诊病人哪怕身无分文，甚至“无名无姓”，也必须收治，何需“两个或两个以上的当事人互为意思表示”！

第四，“双方当事人意思表示一致”这一合同的法律特征，在医患业务交往中，基本上是不存在的。国家主体医疗卫生事业向公民提供的仅是“基本的”医疗保障，国家投入的有限，医学理论和技术水平提高速度的有限，与人们主观需求欲望的急剧增强间的矛盾，使得医患双方恰恰多处于“意思表示不一致”的状态。由于社会人群医疗保健知识水平的限制，对有些预防医疗措施常识持不合作乃至抵制态度，如禁烟、食碘盐等等，都得依靠行政手段克制住“意思表示不一致”而贯彻执行。至于对传染病人的“分类管理”、精神病人的收容管理等，更是极具强制性。

第五，《民法通则》第八十八条规定：“合同的当事人应当按照合同的约定，全部履行自己的义务。”而医疗卫生工作有其自身的特殊规律：

(1)医疗需求的大部分不是由病人而是由医务人员决定。

(2)医疗价格一般不受或很少受供需关系的调节。

(3)医疗成本(物资和劳务)消耗同效果(效益)之间的关系，存在着不相应性和不确定性。[③]

以上规律，就使得医疗服务无法明确“约定质量、期限、地点或者价款”，且极难找一条“通常标准”来参照。如，“上感”究竟该几天治愈？“胃溃疡”究竟是该胃次全切除，或神经阻断，还是根本就不手术？阑尾切除一定不会死人？一种顽症花了巨款、辗转多家大医院未必收效，而或许会被几分钱、几角钱草药除了根，谁是谁非？人体结构、机能复杂，而对生命现象及人体的研究实在是有限！我们可以欢呼“阿波罗号”飞船登月，但生物学界、医学界至今还搞不清“挥手致意”这一“简单”动作的全部生理机制(关于肌肉收缩的阐释，目前也仅止于20世纪50

---

① 胡晓翔：《论国家主体医疗卫生事业中医患关系的法律属性》，载《中国医院管理》1996年第16卷第4期，第13—14页。

② 胡晓翔：《论医疗事故经济补偿纠纷不适用〈民法通则〉第119条》，载《中国卫生事业管理》1996年第4期，第215页。

③ 董炳琨：《警惕医疗卫生工作走入误区》，《中华医院管理杂志》1993年第9卷第10期，第577—578页。

年代 Huxley 提出的“滑行假说”)。现代医学,依然是“经验医学”,诊疗工作也大多脱不了“试探”的性质,这又如何事先明细地坐实当事人的“全部义务”呢?既然“全部义务”根本无法事先“约定”,又何来“合同”呢!何况,看病时若需如上菜场那样“平等互利、协商一致、等价有偿”一番,不贻误病情才怪!所以,从医疗服务的全过程来看,都不具有民事合同的一般属性。患者就诊的过程,根本就不是一个合同签订的过程!

第十章　析医患关系是行政合同关系

国家主体医疗卫生事业不可实行市场机制，卫生法制的研究与建设必须符合现代社会文明规范，契合未来世界发展态势，紧密结合医疗卫生事业本身特有的规律。医患关系并非民事法律关系，而是行政法律关系范畴中的行政合同关系，并有其自身的特点。

一、概述

人权（human rights）作为一个实际问题和理论问题，是近代资产阶级启蒙思想家针对中世纪的神权统治和封建特权提出的。17 世纪英国资产阶级革命被称为第一次人权运动。英国思想家 J. 洛克（John Locke）系统地论述了“天赋人权”（men natural right）的原则，将资产阶级自由、平等的思想进一步发展成为社会契约论（social contract theory）和人民主权论（theory of ultimate popular sovereignty）。“天赋人权”论认为，人人生而平等；人权是人的本性要素，不可转让、放弃和剥夺；人权的根本内容是人的自由、生存和财产等“自然权利”（natural rights）。西方各国资产阶级夺取政权后，人权被明确载入各国宪法，成为资产阶级民主制度的重要内容。1945 年联合国成立，维护人权作为宗旨之一列入《联合国宪章》（*Charter of the United Nations*）。

1948 年，联合国大会通过的《世界人权宣言》（*Universal Declaration of Human Rights*）宣布了生命权（right of life）、人身安全权（right of personal safety）等个人权利和政治权利，同时也规定了社会保障、适度生活水平等经济、社会、文化权利。[①] 鉴于此，福利和安全保障规划（*welfare and security programs*），即政府保护公民使之免于经济上的风险所作之规划，日益为西方各国政府所重视。[②] 近四十年来，发达资本主义国家各级政府所实施的社会福利项目日益增多，范围已涉及生、老、病、死、伤、残、孤、寡、失业和教育等各个方面，政府的社会福利开支及其在政府总开支中所占的比重越来越大。到 20 世纪 70 年代末 80 年代初，许多发达资本主义国家的社会福利开支，有的已占本国政府总开支的 1/2 至 2/3，约占本国国内生产总值（Gross Domestic Product，GDP）的

① 张友渔：《中国大百科全书・政治学卷》，中国大百科全书出版社 1992 年版，第 298—300 页。
② 姜椿芳：《简明不列颠百科全书》（第 3 卷），中国大百科全书出版社 1985 年版，第 215 页。

1/5以上。①

1949年,中华人民共和国的建立,实现了国家的独立,使中国人民成为国家的主人,为中国人民的生存和发展创造了基本条件。中国共产党和中国政府领导人民建设社会主义,发展生产力,基本解决了人民的生存权(right to exist)问题。中国的人权具有三个显著的特点:一是广泛性。享受人权的主体不是少数人,也不是某些阶级和阶层的一部分人,而是全体中国公民。二是公平性。三是真实性。人权首先是人民的生存权,没有生存权,其他一切人权均无从谈起。《世界人权宣言》确认:人人有权享有生命、自由和人身安全。② 卫生事业是保障人的生命健康权(right of life and health)的必要条件。医疗卫生和防疫工作的开展极大地提高了中国人民的健康水平。世界卫生组织(World Health Organization,WHO)驻中国代表基思博士说:"中国保健制度取得了惊人的成就。如果只看预期寿命(life expectancy)、婴儿死亡率(infant mortality)、死亡原因(cause of death)这些统计数字……几乎不可能看出这是发展中国家。"③为了保持乃至扩大这个"骄人的成果",国家主体医疗卫生事业(state-owned regular medical institutions)的改革必须遵循以下基本原则:(1)坚持预防为主。(2)坚持以社会效益为唯一原则,正确处理社会效益与经济效益的关系,始终把社会效益放到首位。(3)坚持巩固完善城乡三级医疗预防保健网,建立和完善分级医疗体系,坚持以医院为中心扩大预防的方针,坚持医院与社区密切结合,支持和参与初级卫生保健的工作模式。(4)我国医疗服务在总体上不实行市场机制。④尤为重要的是,作为国家主体医疗卫生事业,从其固有的特性及担任的社会重任出发,应当毫不动摇地坚持其"公益性福利事业"(public welfare)的根本属性,坚定恪守非市场化原则(nonmarket principle),于市场经济(market economy)之外,保留一方特立独行的"净土"。⑤ 理由在于:第一,为了体现卫生工作的公正和可及性原则(principle of justice and feasibility),保证全体公民均能享受基本医疗保健(primary health care),医疗资源不可以价格为取向进行配置。第二,市场机制下的竞争,必将使医疗成本急剧增高,医疗费用上升,广大群众将不堪承受。第三,医疗价格不宜随病人需求量增大而提高,否则,医疗机构不仅会对常见病、多发病的诊治提高收费,而且还会选择人群、病种,"以经济价值为取

① 许涤新:《中国大百科全书·经济学卷》(3),中国大百科全书出版社1988年版,第174页。

② 国务院新闻办公室:《中国的人权状况(三、四部分)》,载《人民日报》1991年11月2日,第5版。

③ 国务院新闻办公室:《中国的人权状况》,载《人民日报》1991年11月3日,第5版。

④ 于宗河:《关于进一步深化医疗改革走出困境的对策与建议》,载《中华医院管理杂志》1995年第11卷第6期,第324页。

⑤ 胡晓翔:《论国家主体医疗卫生事业的根本属性》,载《中国卫生事业管理》1996年第6期,第287页。

向”,不赚钱和少赚钱的就会受到冷遇,甚至拒之门外,造成公民的生命健康权失去保障。第四,医患双方地位不平等,不能构成市场中供方、购方的正常关系,病人缺乏自主能力,走向市场则势必会出现医方损害患方利益的现象,救死扶伤的根本宗旨就无法体现。何况,医疗事业拒绝市场机制已成为世界上绝大多数国家的做法,作为社会主义中国的医疗卫生事业改革,更应遵循自身特殊规律,顺应发展潮流,高倡公民意志,理直气壮地走该走的非市场化道路。非如此,中国人权的“广泛性”“公平性”“真实性”这三大显著特点就无从体现!这就是我们从事卫生法学(theory of health law)研究和建设工作的立足点。

“民本,法也。”医务领域更是不可须臾无法。但是,卫生法的研究、建设工作格外复杂、困难,必须立足于对国家主体医疗卫生事业根本属性深入探讨的基础之上,并必须将法学理论同医学理论和实践与时俱进地动态结合起来。那种疏离医学理论与实践、漠视医学新进展而向壁虚构的“不卫生的”卫生法学理论是毫无实际益处的。研讨卫生法学理论,不可忘“经世致用”的目的:“所谓‘经世致用’,谓学问所当讲求者,在改良社会增进其幸福,所谓‘国计民生’者是也。”即,在卫生法学的研究与建设中,我们万万不可忽视“法律对社会生活的调整,合乎时宜的才有效果。正确的立法决策,需要了解社会未来发展趋势,还需要有对社会生活各方面在发展中可能构成的动态关联的综合态势有所预测”①。面对人类社会进步潮流中医疗卫生事业根本属性的演进嬗变,再照搬“医疗服务是第三产业中普通的民事行为”的陈词,则难免胶柱鼓瑟之讥了!

由国家制定或认可,并由国家强制力保证实施的,旨在调整卫生活动中形成的社会关系的行为规范的总和,统称为“卫生法”(health law)。它还包括国家组织或者几个国家共同制定或者签订的有关卫生方面的公约、条约、协定等具有约束性的规范性文件。

卫生法有广义和狭义之分。狭义的或严格意义上的卫生法,特指由最高国家权力机关或立法机关按照法定权限和程序制定颁布的有关卫生方面的法律规范。广义的卫生法指一切有权的国家机关依据法定职权和程序制定颁布的有关卫生方面的法律规范。在中国则指由全国人民代表大会及其常务委员会制定颁布的卫生方面的法律,国务院制定颁布的卫生行政法规,地方人民代表大会和地方人民政府制定颁布的地方性卫生法规和规章,国务院各部委以及国务院各直属机构制定颁布的卫生行政规章等。现代各国和国际的卫生法,主要涉及以下几个方面的问题:公共卫生(包括职业卫生、劳动卫生);初级卫生保健;卫生管理;卫生服务与卫生资源(包括卫生人力资源,卫生机构和设施,卫生经费等);疾

---

①　谷安梁:《立法学》,法律出版社1993年版,第118页。

病控制和药物治疗；口腔保健；家庭卫生；生育和人口控制；老年人保健和康复；精神卫生；控制吸烟、饮酒、吸毒(包括麻醉剂、精神药物等)以及滥用药物；生命伦理问题和职业道德问题；死亡和有关问题(包括尸体解剖、尸体处理、死亡诊断和安乐死等)；卫生统计；劳动保护、劳动标准、工伤(劳动伤害)事故及死亡分类、劳动伤害保险、健康安全；卫生保险、健康保险、儿童福利等。① 可见，国家主体医疗卫生事业中各级各类单位的日常业务工作，除医疗美容等极少数非基本医疗项目外，其职权、职责均生发于以上各方面的卫生行政法律和法规(administrative law and regulation ofhygiene)的相关规定。鉴于此，笔者以为，国家主体医疗卫生事业中的医患关系(relationship between physician and patient)，并非民事法律关系(civil relation)，而是行政法律关系(administrative legal relationship)范畴中的行政合同关系(relation of administrative contract)。

二、行政合同与医患关系

在我国确实存在一种不同于一般民事合同(civil contract)和经济合同(economic contract)的行政合同(administrative contract)，并且用一般合同的理论无法对它做出科学的解释，所以，有必要将其纳入行政法学(administrative jurisprudence)的范畴进行研究。行政合同是行使国家行政权(administrative power)的行政主体(administrative subject)为履行职责与公民(citizen)、法人(corporation)或其他组织相互意见一致而达成的协议(consensus)。这是根据行政合同的特点和法学理论关于合同的一般原理所确定的概念。其基本概念为：(1)行政合同体现的是行政法律关系，一方当事人必定是行使国家行政权力的行政机关(administrative organ)，以及某些具有行政管理职能而行使特定的国家行政机关职责的单位(统称“行政主体”)。(2)签订行政合同是一种行政行为(administrative act)，其目的是行使行政主体的职能，这是行政合同成立的前提条件。(3)行政合同是双方当事人(client)意思表示一致的协议。(4)行政合同的内容是设立(establish)、变更(commutation)或终止(cadere)相互权利(right)、义务(obligation)关系的协议。②

首先，医患关系是行政法律关系，医方的职责、职权来自卫生行政法律、法规的相关规定或上级行政机关的委授(delegatio and authorization)。医方与患方形成医患关系的目的是落实、实施“向全民提供基本医疗保障”这一政府职责(government duty)，这就具备了行政合同成立的前提条件。其次，社会得以运

① 吴阶平：《中国大百科全书·现代医学卷》(2)，中国大百科全书出版社 1993 年版，第 1352—1353 页。

② 罗豪才：《中国行政法讲义》，人民法院出版社 1991 年版，第 186—198 页。

作靠的是一种契约，而法律就是一种契约书。[①] 卫生法的内容本身就是潜在的双方当事人通过人民代表大会及其他渠道意思表示一致的协议产物，双方的一切职责、职权、义务关系的设立、变更、终止，源出于卫生法的立、改、废。

行政合同具有双重性质，它既是一种合同，又是一种特殊的行政行为，表现出下述特点：(1)行政合同主体有特殊限制，即必定有一方是行政主体，这是与一般民事合同和经济合同的明显区别。(2)订立行政合同的直接目的是履行行政主体的职能。这是区别于民事、经济合同的又一特点。行政主体与行政合同中另一方当事人的公民，双方所追求的目的是不同的。行政主体是为了履行职责，完成行政管理(executive command)目标，而公民一方在服从行政管理目标的情况下，是为了追求法律或合同所规定获得的经济权利(economic right)和民事权益(civil rights and interests)。可见，在这种情况下，合同双方当事人所追求的目的是不同的，有时甚至是冲突的。(3)行政合同双方当事人的法律地位(legal position)不平等，是领导与服从的关系。合同的成立一般基于管理与被管理的关系。与适用(application)《民法通则》(General Principles of the Civil Law)和《合同法》(Contract Law)等调整(adjustment)平等主体(subjects with egual status)间关系的法律法规的民事合同、经济合同不同，行政合同依据的是行政法规范，它调整行政主体在行使管理职责过程中产生的关系，双方当事人的法律地位不平等。(4)民事合同和经济合同是以自愿(voluntariness)为前提，可以自愿选择当事人，确定合同的种类和内容，而行政合同在这几方面均受限制。从行使国家行政权的一方来说，必须严格依照法律和职责选择行政合同的另一方当事人，确定合同内容，不得随意处理行政合同的有关事项，而非行使国家行政权的一方无权决定就某特定事项签订行政合同，这种权力只能由行使国家行政权的一方掌握。总之，民事合同和经济合同是以契约自由(freedom of contract)为前提，行政合同是以契约不自由为前提。(5)一般行政行为是由行政主体单方意思表示即告成立。行政合同则不同，是一种双方行为。尽管行政机关一方居于主导地位，但如果仅是一方的意思表示，行政合同亦不能成立。这是行政合同区别于一般行政行为的主要特点。(6)有些具体的行政行为不一定以书面形式出现，而行政合同则必须以书面形式为要件。[②]

国家主体医疗卫生事业中的医方，是“实际负责兑现向全民提供基本医疗保障的政府行为的职能部门”[③]，这就使医患关系中必有一方为行政主体，从而与

① 刘世炜：《从显而易见的问题谈起》，载《法制日报》2001年5月22日，第5版。

② 罗豪才：《中国行政法讲义》，人民法院出版社1991年版，第186—198页。

③ 胡晓翔：《论国家主体医疗卫生事业中医患关系的法律属性》，载《中国医院管理》1996年第16卷第4期，第14页。

一般民事合同和经济合同关系有了明显区别。医患双方所追求的目的亦是有区别的:作为行政主体的医方是为了履行职责,完成其通过行医工作中的诊断、治疗、康复过程"不断探明具体社会成员医疗卫生保健实际需求,并结合医学科学发展水平,及国家、社会一定阶段的经济担负能力这两个因素,而确定、修正其'基本的医疗卫生保健尺度',据以'分配'卫生福利"的"行政管理目标";而公民一方是为追求卫生法所规定获得的卫生福利权利和生命健康权益。那么,医患双方当事人所追求的目的的不相同,是十分明显的,这就是"由于患者过高的期望不能被满足而导致的医患冲突"占了医疗纠纷中相当大部分的原因。医患关系的成立一般是基于"医疗福利分配"这个行政管理与被管理的关系,所以,除了医疗美容等极少数部分领域,或者是作为国家主体医疗卫生事业的补充角色的私有医疗商业领域,医患双方的法律地位是不平等的。医患关系成立与否,不以"双方自愿"为前提,在政府卫生资源区域规划配置的任务范围内,医方必须无条件接受患者,哪怕随着诊治发现"力有不及"的患者,依据"三首负责制"的规范,也不可一推了之,而是必须依据法规履行或转院或请会诊等的职责;而非行使国家行政权的患方,则不能脱离具体病情,如选择娱乐、餐饮业服务项目那样"自发"地享受医疗卫生服务。即,医患关系的建立是以契约不自由为前提的。当然,一般行政行为是行政主体单方意思表示即告成立,医患行政合同关系则不同,诊断、治疗、康复都离不开双方的行为配合,医方尽管居于主导地位,但除了少数需依法采取强制措施的传染病人等外,患方是可以拒绝而导致医患行政合同关系不建立,或是诊治中途"放弃治疗,自动出院"而中断医患行政合同关系的。

行政合同的作用在于:

(1)有利于保障行政主体更好地履行职责,顺利实现行政管理目标。行政合同是行政主体进行行政管理的一种手段,它以法律形式将这种管理具体化、固定化。依法行政(administration according to law)要求行政管理的目标、手段、程序都做到法制化,而行政合同正是将这三者以法律形式融为一体。由于有明确的法律形式规定了行政主体的权利和义务,因此能进行更明确、更有效的管理。

(2)有利于法人和公民更好地发挥积极性和创造性。①

《宪法·序言》中"国家的根本任务是,沿着中国特色社会主义道路,集中力量进行社会主义现代化建设"的规定,是医学现代化建设的根本保障。《宪法·总纲》第二十条中"国家发展自然科学和社会科学事业,普及科学和技术知识,奖励科学研究成果和技术发明创造"的规定,是医学科学进步的根本动力。《宪法

① 罗豪才:《中国行政法讲义》,人民法院出版社1991年版,第186—198页。

·总纲》第二十一条中“国家发展医疗卫生事业，发展现代医药和我国传统医药，鼓励和支持农村集体经济组织、国家企业事业组织和街道组织举办各种医疗卫生设施，开展群众性的卫生活动，保护人民健康”的规定，是对国家主体医疗卫生事业发展的根本要求。据根本大法的以上诸精神所制定的各级各类卫生行政法律法规，全面地规范、明确了国家主体医疗卫生事业中各级各类单位的职权、责任、义务，将“医疗福利分配”(distribution of medical benefit)这种行政管理具体化、固定化，使医疗能够进行更明确、更有效的管理，从而更好地发挥积极性和创造性。

1.行政合同的缔结

行政合同的特点决定了行政合同在缔结时有一定的限制条件(restrictive condition)：

(1)主体资格(capacity as a subject)。缔结(conclusion)行政合同，当事双方都有一定的限制条件。

行政主体一方必须具有一定的权限(power)。一般认为，行政主体只能在自己管辖事务的权限范围内缔结行政合同。同时，要求非行使国家行政权的一方当事人必须具有承担合同任务的资格(capacity)。

(2)缔结合同的依据(proof)。一般来说，缔结行政合同的依据是法律、行政法规或是行政机关的决定(decretum)、命令(jubere)。

(3)行政合同的形式。一般应采用书面形式(written form)。①

医患行政合同关系的缔结，亦有“主体资格”的限制，即，作为行政主体的医方，一般只能在自己管辖事务的权限范围内建立医患关系，如，各专科在权限明确的疾病范围内一般不应任意“跨科收治”，各类专科医院在范围明确的病种上一般亦不可任意“拉”病人(以上均不包括紧急状态下的临时应急性处置)。而患方多数也得在“不健康”的前提下才能接受具体的“基本医疗服务”，且一般应专科对口(常规例行体检、健康教育、防疫等服务例外)。

2.行政合同的履行

行政合同的履行(complete)具有以下三个特点：

(1)在行政合同的履行中，双方当事人的地位不平等，行使行政权的一方当事人起着主导作用。

(2)行政合同的履行特别强调实际履行(specific performance)的原则。

(3)在行政合同的履行过程中，非行使行政权的一方当事人有要求经济补偿(economic compensation)的权利。该方在履行行政合同中，出于自己以外的原

① 罗豪才：《中国行政法讲义》，人民法院出版社 1991 年版，第 186—198 页。

因而受到不能预见的重大损失时，即使行政主体一方没有过错（error），也有权要求行政主体承担补偿责任，以保障其经济利益。

3.行政合同的终止

行政合同终止的原因大致有以下几方面：

(1)合同规定的各项权利、义务履行完毕。

(2)经双方当事人协商同意解除。

(3)由于不可抗力导致合同不可能履行或履行已成为不必要。

(4)经法院裁决，解除合同。①

病人“痊愈”出院，即完成在该病方面的权利、义务履行，从而终止就该病而缔结的医患关系。对一些特定的病人（如濒临死亡的晚期恶性肿瘤病人等），医患双方当事人也常见经协商并签字后以“自动出院”的方式终止医患关系的情形。不可抗力（force majeure）的作用也可能导致医患关系的终止，大面积的长时期停电，就可能导致一些择期手术的取消。“安乐死”（euthanasia）未来也或许可能成为“经法院裁决，解除合同”从而终止医患关系的一种途径。

三、医患行政合同关系的特殊性

由上可见，医患关系与“行政合同关系”大体是相符合的，但无须回避的是，它也有其自身不能用行政合同的一般理论来解释的特殊性。

首先是合同形式的多样性（multiplicitas）。医患行政合同的内容，不但体现在各级各类卫生法律法规的规范中，也体现在据法律法规原则而制定的各种制度（institution）、规程（rule and regulation）、常规（routine）中，而一般不采用个别的“契约状”（charter）形式。至于“挂号”的形式，仅是便于分诊、统计（门急诊量统计、病种统计等）等行政管理的手段，与“合同”和“行政合同”均无关，所以，“路倒”的病人一送入医院就进入“履约”状态，并不因“无法挂号”而得不到救治，因为其“行政合同”内容已体现在完善的“卫生法”的相关条文中了。

其次，医患行政合同关系具有“不确定性”（uncertainty）。

(1)一个人在何时、何地，成为何种病的患者，从而需建立医患行政合同关系，一般而言，是不可远期预见的，具有突发性、偶然性，无法事先精确安排（健康教育、体检等例外）。

(2)生了病的人，是否就医，何时、何地就医，都因人而异（个别需采取强制措施的传染病人除外），患方在“医患行政合同关系”建立中的随意性，导致此种关系的建立具有不确定性。

---

① 罗豪才：《中国行政法讲义》，人民法院出版社1991年版，第186—198页。

(3)患者个人体质的差异,医师和医院技术水平与设备的差异,疾病本身的多样性,理论流派的歧义等因素,都可导致患者接受处置过程的细节和结局不一致,甚至很不相同,形成医患行政合同履行内容的相对不确定性。

最后,医患行政合同履行的过程中,患方尽管“有要求经济补偿的权利”,但必须依据相关卫生法律、法规行事。医方无过错时,一般不可被要求承担对患方的经济补偿责任。

综上所述,国家主体医疗卫生事业中的医患关系,总体而言,可归于行政合同关系范畴,但又有其自身的特点。对此种“特殊的行政合同关系”的科学探索,将有助于丰富、深化、完善“行政合同”这一行政法学理论,更科学、准确地把握医患关系的本质、特点,从而为卫生管理奠定科学的、有生命力的法学理论基础,有利于“向全民提供基本医疗保障”这一“政府职责”的履行,以及“社会福利再分配”这一行政管理目标的实现!

第十一章　医疗事故经济补偿纠纷是否适用《民法通则》第一百一十九条

医疗事故纠纷中，患方“要价”越来越高，司法界也愈益倾向于引用《民法通则》第一百一十九条处医院方以高额经济赔偿。笔者认为，贸然引用民法的有关规定来调整国家主体医疗卫生事业中的医患财产关系，将妨碍、削弱医学生产力的发展，有悖于社会主义法制建设的根本原则；医患财产关系不具备民法调整的平等主体间的横向经济关系的三大特征，不适用民法调整。

一、概述

随着全社会市场经济意识的觉醒、强化，在医疗事故索赔纠纷中，患方日益注重“经济因素”，往往突破现行有关处理规定的额度索求高额经济补偿。司法界也有越来越多的人士认为，现行的医疗事故处理规定的经济补偿额“太低”，应全面转向引用《民法通则》的有关条款处理此类纠纷。《民法通则》第一百一十九条规定：“侵害公民身体造成伤害的，应当赔偿医疗费、因误工减少的收入、残废者生活补助费等费用；造成死亡的，并应当支付丧葬费、死者生前扶养的人必要的生活费等费用。”①若照此办理，则动辄产生数万、十数万甚至数十万元经济偿付，这必使各级各类医疗机构不堪重负，严重影响医疗事业本身的生存和发展。且就法理而言，《民法通则》也并不适用于医疗事故领域，即以《民法通则》的条款来调整医患双方间的财产关系，是错误的。

二、社会主义立法原则及《民法通则》的适用调整对象

社会主义社会的根本任务是发展生产力，尤其是在初级阶段，要把发展生产力作为全部工作的核心，是否有利于发展生产力，应当成为我们考虑一切问题的出发点和检验一切工作的根本标准。我国《宪法》在《序言》中明确规定：“今后国家的根本任务是集中力量进行社会主义现代化建设。”并在《总纲》中还规定了发展生产力的根本途径。这就从根本大法上首先体现了发展生产力这一基本原则，其他法律、法规也都贯彻这一原则的精神。②

① 法学教材编辑部：《中华人民共和国常用法律大全》，法律出版社 1992 年版，第 202 页。

② 孙国华：《法学基础理论》，江苏人民出版社 1989 年版，第 149—150 页。

我国民法调整的对象：《民法通则》第二条对我国民法调整的对象做了明确的规定，即“中华人民共和国民法调整平等主体的公民之间、法人之间、公民和法人之间的财产关系和人身关系”。民法调整的这种平等主体间的横向经济关系具有三大特征：

(1)这种关系的主体处于平等地位，而不能是管理与被管理、监督与被监督的关系。

(2)必须是在双方自愿的基础上发生的商品自由让渡关系，而不能基于行政隶属关系而发生。

(3)等价有偿、互惠互利，而不能是不等价的交换与无偿的调拨。①

三、医疗事故纠纷中医患双方的经济关系不适用《民法通则》调整

第一，若引用《民法通则》第一百一十九条处理医疗事故的经济纠纷，则如本章概述部分所述，必将阻碍、破坏医学生产力的发展，如此则有悖于社会主义法制建设的根本原则。

第二，医患关系不具备民法调整的平等主体间的横向经济关系的三大特征：

首先，医患双方不处于平等地位。

医患关系具有管理与被管理、监督与被监督的性质，有时甚至是强制的。病人自入住病区那一刻始，即在相当程度上丧失了自由，不但在诊疗方面，连生活上，如饮食、起居、会客、散步，甚至着装，都得遵守严格的约束，处于严格的管理与周密的监督之下，医方稍有懈怠，便是失职，必须承担相应的责任。至于对传染病人等的督责，更是极具强制性。

医患关系不是普通买卖关系，而是一种社会福利，这种关系的运作是单方向的。任何病人都理当受到医方的认真诊治，医方不得以任何理由推诿、刁难病人，尤其在急诊，哪怕病人身无分文，甚至“无名无姓”，也一样应得到尽力救治。

其次，医患关系一般而言，是不建立于“自愿”基础上的。

公费患者均为“定向挂钩”就医，转院手续繁杂，一般不可能任意自愿选择医院。

自费患者似乎可以“无限制”地任意选择医院，但实际上，人在“患病”时，一般不能如逛商店一样地“货比三家”，而只能就近就医(急诊更是如此)，实际上依然不是完全“自愿”的。

由于社会主义医疗道德及相关法规的约束，医院一般而言是不可“自愿”选择病人的，转诊病人必须遵循相关的法规运作。

---

① 李由义：《民法学》，北京大学出版社1993年版，第9—13页。

最后，医患关系具有不等价的特点。

长期以来，我国强调卫生事业的福利性，实行低标准收费，医疗服务价格严重背离价值。近年来，收费标准虽有所提高，但现行标准不是按实际消耗成本核定的，医院的收支逆差得不到全额补偿，政策性亏损严重，大量的病房治疗工作处于亏本经营状态。[①]

此外，医疗属高风险行业，诊疗活动具有知识密集型与劳动密集型行业的双重特性，若贸然引用民法，则必将导致从业人员的大规模“转行”，从而摧毁国家的医疗卫生事业。再者，在医疗的社会福利属性这个根本背景上，即使强行运用《民法通则》调整医患的经济关系，也会因为医疗单位确实不具备巨额经济偿付能力而导致“法律的尴尬”。

---

① 陈兴宝等:《部分病种收费与成本分析》，载《中华医院管理杂志》1993年第9期，第539页。

第十二章 《消费者权益保护法》不适用于调整国家主体医疗卫生事业中的医患关系

一、概述

近年来就“医疗纠纷投诉”是否应纳入“3·15”活动，医患纠纷是否适用《消费者权益保护法》调整等热点讼争迭起，引起媒体广泛关注。综观各方的言论，笔者觉得大家在“消费者”这个核心关键词的内涵把握上，均有欠严谨，实有一探究竟之必要。

二、“消费”“消费者”“消费者权益保护法”的内涵

“消费”一般是指“为了生产和生活需要而消耗物质财富。也泛指开销、耗费”，亦有“消磨、浪费”之义。① 那么，何谓“消费者”？国际标准化组织消费者政策委员会1978年5月10日在日内瓦召开的第一届年会上把“消费者”定义为：“为个人目的购买或者使用商品和服务的个体社会成员。”②从这个定义可以看出，其中的限制词——“消费”的内涵已经明显变化，涵盖面缩减为仅是“个体社会成员”“为了个人目的”而“消耗物质财富”。但是，这个“消费者”享受的“服务”显然不但包括了具有“平等、自愿、等价有偿”三大特征的民事性服务，而且包括“单向性”的公益性、行政性“服务”(管理型服务)。即这个“消费者”包含了“平权法律关系型消费者”和“隶属法律关系型消费者”。正因为如此，在这个层面上，我们理当将“消费者权益保护法”定义为：“调整因保护消费者在购买、使用商品和接受服务的正当权益而发生的社会关系的法律规范的总称。”它自然就不拘泥于民事法律，而是涉及了众多的民事、行政和刑事法律、法规。我国自改革开放以来，在物价、质量、标准、计量、食品、药品、商标、广告及商业管理等方面的法律规范中，规定了一系列保护消费者权益的措施，③ 它们均属于广义的“消费者权益保护法”。国务院法制局法规编纂室编写的《消费者权益保护法律指南》一书“共收现行有效的有关消费者权益保护的法律法规106件，分为十九类，涉及产品质量、价格、标准、计量、卫生医药、商标、广告、城乡市场、打击假冒伪劣商品、

① 罗竹风：《汉语大词典》(第5卷)，汉语大词典出版社1990年版，第1206页。

②③ 曾庆敏：《法学大辞典》，上海辞书出版社1998年版，第1471页。

运输、邮政、咨询、储蓄、旅游、环境保护、公用事业、诉讼等方面内容”①。在这个层面上，几乎没有任何一个部门可以说哪个行业的纠纷应当不受“消费者权益保护法”调整。

三、“3·15”活动的由来、《消费者权益保护法》的法律属性

1983年，国际消费者联盟组织(简称IOCU)确定每年的3月15日为“国际消费者权益日”，中国自1988年起每年的这一天都举行大规模的纪念活动。

国际消费者联盟组织曾提出消费者的八项权利，其中第二项权利为：“消费者应得到公平的价格和选择。”②这项权利规定再明显不过地表明，国际消费者联盟组织所涉及的这个“消费者”享受的“服务”仅包括具有“平等、自愿、等价有偿”三大特征的民事性服务，而排斥了“单向性”的公益性、行政性服务(管理型服务)，即这个“消费者”仅是“平权法律关系型消费者”。也就是说，“3·15”活动仅仅是民事法律体系内的一项宣传活动。

1993年10月31日颁布的《中华人民共和国消费者权益保护法》(以下简称《消法》)所定义的“消费者”是“为生活消费需要购买、使用商品或者接受服务”的个体社会成员。从这个定义看不出《消法》的法律属性，但其第四条规定：“经营者与消费者进行交易，应当遵循自愿、平等、公平、诚实信用的原则。”第九条规定：“消费者享有自主选择商品或者服务的权利。”第十条规定：“消费者享有公平交易的权利。”这就明确无疑地表明，这里的“消费者”是“平权法律关系型消费者”，《消法》是一部民事法律规范。《消法》仅是众多“消费者权益保护法”中的一部而已。因此，有些省(自治区、直辖市)制定的“《消法》实施办法”中涉及“医疗服务”的内容，就只能是指“非国家主体医疗卫生事业”，如个体医、社会办医等，否则就是违法条款。

《消法》与《民法通则》是特别法与普通法的关系。

民事法律体系中的契约关系是一种自由合意的关系。所谓自由，主要是指缔约伙伴的自由。所谓合意，主要是指对交换内容及其条件的商定，必须经过当事人的认可，任何一方都不能把自己的意志强加给另一方，而必须达成一致。否则，就不是一种合意关系，而是一种服从和被服从的关系。也就是说，民法调整的财产关系是平等主体的财产关系，最强调“平等”，这个“平等”指“法律地位的平等”。客观现实中，确有不但法律地位平等且事实地位也平等的社会关系，但也常常有仅仅法律地位上平等而事实地位悬殊的社会关系，如消费者与经营者

---

① 国务院法制局法规编纂室：《消费者权益保护法律指南》，法律出版社1994年版，前言第1—2页。

② 曾庆敏：《法学大辞典》，上海辞书出版社1998年版，第1471页。

相比，是公认的“弱势群体”，就需制定特别法加以保护，如《消法》就重在保护弱势的消费者。

而作为具体承担、实施“向全民提供基本医疗保障”这种政府行为的职能部门，国家主体医疗卫生事业中的各级各类医疗卫生单位不以营利为目的，不缴税，其与患者之间的财产关系不具有“平等、自愿、等价有偿”的民事法律关系中的财产关系的特征[①]，国家主体医疗卫生事业中的医患关系根本就不是普通民事合同契约关系[②]，实质上是行政合同关系[③]。因此，中国消费者协会新闻发言人武高汉先生才能认为：“中国政府及其他各国政府都采取强制措施来保证就医看病这种‘必需的消费’，即病人有钱没钱都必须得到服务。”[④]这个“消费者”享受的“服务”显然不是具有“平等、自愿、等价有偿”三大特征的民事性服务，不存在“自由合意”问题，而是“单向性”的公益性、行政性“服务”(管理型服务)。至此，我们可以顺理成章地说：“国家主体医疗卫生事业中的‘消费者’——‘患者’，是‘隶属法律关系型消费者’，不是《消法》所保护的那个‘平权法律关系型消费者’；这个‘医患关系’不属于《民法通则》《合同法》《消法》的调整范围；针对国家主体医疗卫生单位的医疗纠纷投诉活动确实不应纳入‘3·15’活动。”

至于往往有人将不同法律属性的“消费者”“服务”概念混为一谈，实在令人遗憾！

---

① 胡晓翔：《医疗事故经济补偿纠纷是否适用〈民法通则〉第119条》，载《上海法制报》1995年5月24日，第3版。

② 胡晓翔：《医患关系不是合同契约关系》，载《法制日报》2000年2月23日，第3版。

③ 胡晓翔：《三论国家主体医疗卫生事业中的医患关系的法律属性：析医患关系为行政合同关系》，载《中国卫生事业管理》1997年第2期，第105页。

④ 姚芃：《中消协新闻发言人指出：患者就医是消费行为》，载《法制日报》2000年3月16日，第3版。

第十三章 国家主体医疗卫生事业中的医疗机构的医疗事故侵权损害赔偿应适用国家赔偿法

国家赔偿与公共利益关系密切，其主体为国家，赔偿费用由国家财政列支并纳入各级财政预算，这与民事责任由侵权的民事主体承担是不相同的。① 在我国目前的司法实践中，是不把国家主体医疗卫生事业中的医疗机构的医疗事故侵权损害赔偿纳入国家赔偿范畴的。笔者认为，这是对国家主体医疗卫生事业中的医患关系的法律属性判断错误的结果，严重侵害了医患双方的合法权益。国家主体医疗卫生事业中的医患关系的法律属性，可以精确定位为行政法律关系类权力关系型特别权力关系属的公法上的营造物利用关系。无论是大陆法系国家，还是英美法系国家，均把国家主体医疗卫生事业中的医疗机构的医疗事故侵权损害赔偿纳入国家赔偿范畴。我国的国家赔偿法律法规并没有明确排斥公立医院由于侵权给公民、法人和其他组织的合法权益造成的损害在国家赔偿范围内的考虑。即便在目前的法律框架内，公立公益单位的侵权损害赔偿纳入国家赔偿也并没有法律障碍。

一、概述

国家赔偿法是指有关国家承担侵权赔偿责任的法律规范的总称。它有广义和狭义之分。狭义的国家赔偿法指国家赔偿法典，在我国，是特指第八届全国人民代表大会常务委员会第七次会议通过、自 1995 年 1 月 1 日起施行的《中华人民共和国国家赔偿法》。广义的国家赔偿法除国家赔偿法典外，还包括其他的有关国家赔偿的法律规范。

国家赔偿是一种独立的法律制度，无论在实体上还是在程序上，都与民事责任制度不同。

二、医患关系的法律属性为行政法律关系类权力关系型特别权力关系属的公法上的营造物利用关系

国家主体医疗卫生事业中的医患关系的法律属性，并非民事法律关系，而是

① 薛刚凌：《国家赔偿法教程》，中国政法大学出版社 1997 年版，第 9 页。

行政法律关系，对此不做赘述。但是，这种行政法律关系究竟应如何细化归类、有何特点，尚有待进一步论述。

行政法律关系可分为权力关系与非权力关系。在德国和日本，传统学说往往将权力关系分为一般权力关系和特别权力关系。特别权力关系指非依据一般统治关系而产生的权力关系，它是根据特别的法律原因而发生的特别权利义务关系，表现为一方有强制命令的权利而他方有服从义务的支配性法律关系。根据日本室井力先生的概括，特别权力关系的具体情形有以下几种：(1)公法上的供职关系（公务员的任职关系）。(2)公法上的营造物利用关系（公立学校的学生在校关系、公立医院的患者住院关系、服刑者或拘禁者的收容关系）。(3)公法上的组合关系（土地改良区与互助员的关系等）。(4)公法上的特别监督关系（电或煤气等所谓国家对特许企业者的监督关系）。①

我国国家主体医疗卫生事业中，隶属于卫计委、卫生厅、卫生局（市局、区县局）的各级各类医疗卫生机构是公立公益单位，作为具体承担、实施“向全民提供基本医疗保障”这种人权保障的政府行为的职能部门，实质上是国家机关的“派出机关”的第二类，即“人民政府工作部门的派出机关，也就是设在最基层的行政区域内负责具体执行任务的工作机构”。它们主要承担经办“向全民提供基本医疗保障”这项人权保障特定事务，是委、厅、局派在基层工作的职能机构，是委、厅、局的代表机构，并具有独立的法律地位，本质上属于具体专门权限的行政机关，系国家行政机关的一个类别，完全具备行政主体的资格。② 在德国行政法学领域，把医院、预防性质的机构、学校、博物馆等归类为“公共机构”（Öffentliche Anstalten），与机关、公法上的团体、公法财团、按私法组成的行政救济机构一同组成“行政单元”，共同分担国家各类行政职能。③

因此，笔者认为，国家主体医疗卫生事业中的医患关系的法律属性可以细化归类、精确定位为“行政法律关系类权力关系型特别权力关系属的公法上的营造物利用关系”。

国家主体医疗卫生事业中的医疗卫生机构的这种本质属性，以及国家主体医疗卫生事业中的医患关系的法律属性，在现代文明发达国家，不论具体社会制度为何，均得到了空前一致的共识。

---

① 杨解君、温晋锋：《行政法律关系新论》，载《南京大学法学评论》1998 年第 1 期，第 166 页。

② 胡晓翔：《再论国家主体医疗卫生事业中的医患关系的法律属性：兼驳两个错误观点》，载《山东医科大学学报》（社会科学版）1999 年第 1 期 ，第 36 页。

③ [德]平特纳：《德国普通行政法》，朱林译，中国政法大学出版社 1999 年版 ，第 19 页。

三、国外情况

在西方,行政赔偿指因行政主体及其公务人员在行使职权的过程中给他人造成损害而引起的国家赔偿。关于这方面的国家赔偿责任已经细化为四种:

(1)因行政机关及公务员违法而引起的行政赔偿。

(2)因公务机关及公务人员或国有企事业单位执行非权力性公务违法而引起的行政赔偿。如国家邮政、铁路、医院等提供的公共服务活动违法侵权造成损害而引起的行政赔偿等。

(3)军事赔偿。

(4)因国有公共设施的设置或管理欠缺而引起的国家赔偿。①

法国是大陆法系中最有代表性的国家。在世界各主要国家中,人民受到国家行政机关的侵害,都能够依法得以赔偿,这不能不首先归功于法国。

当然,并非在所有存在过错的情况下,国家都负赔偿责任。法国的诉讼理论和司法实践,考虑到不同公务的特殊性及不同公务领域内各自的特点,把过错责任原则中的"过错"区分为"简单过错"和"严重过错"。其中,严重过错通常包括"明显过错"和"特别重大过错"。在一般情况下,对于不同种类过错的要求取决于公共服务的难易程度。某些公共服务的复杂性及特殊性,给这些服务的实施者造成了很大困难。如果在只存在简单过错的情况下,即令行政部门承担经济责任,就必然带来两方面的弊端。一方面,会使公共服务的费用提高,这实际上加重了公民的负担(因为这些费用要通过税收从公民身上收取);另一方面,会使行政领导因害怕承担责任而放松对具体实施行政工作的人员的督促,降低行政效率。因此,最高行政法院确认的原则是,当一项服务的完成显得十分重要并且特别困难时,只有发生了严重过错,才会涉及行政责任问题。例如,精神病医院的服务、公共建筑服务以及税收等公共服务,均要求以严重错误为负行政责任的基础。其他公共服务则只以简单过错为条件。②

在法国国家赔偿制度中,行政主体的赔偿责任可分为公务过失责任和公务非过失责任两种类型。对于一些特殊的、难度大的行政活动来说,承认公务过失责任的存在的前提不但是过失的存在,而且是重大过失的存在。对于一些小的过失采取容忍态度,以鼓励和支持人们完成艰巨的任务。法国的行政司法实践把重大过失的适用范围谨慎地限制在监狱管理、消防工作和医疗活动等几种困难的公共活动中。③

---

① 王景斌:《西方国家赔偿制度历史发展简介》,载《日本学论坛》1997年第4期,第62页。

② 林准、马原:《外国国家赔偿制度》,人民法院出版社1992年版,第63—71页。

③ 皮纯协、冯军:《国家赔偿法释论》,中国法制出版社1996年版,第369—370页。

在德国的行政体系中,“公立学校、医院、城市设施、博物馆、墓地等”均为公法设施。①

在近两个世纪中,德国法承认为了整个社会的利益对某一个人强加的特别负担,国家有责任赔偿他所受到的损失。伴随着基本财产权利的确立,及其后来发展到包括准征用的权利,这些负担的最初的责任现在被限制在非金钱权利方面。当某人的非金钱权利如生命、健康、身体、个人自由等遭受国家公权行为侵害,以及为了公共利益对个人强加的特别负担的时候,个人就有权利对这些特别负担或者牺牲提出权利要求。国家的这一公权行为是否合法以及在行使这一公权行为时是否有过错无关紧要。在同样的案件中,国家的责任是基于 1794 年《普鲁士法典》第七十五条所规定的平等原则。这一原则是指:必要时,为了公共利益,个人必须牺牲其权益,同时,社会必须从其设立的一般资金中对个人予以补偿。德国联邦法院根据社会福利国家这一概念也支持了这一原则。该原则的适用可以从以下案例中得到说明。

在 1953 年 2 月 19 日的一个重要判决中,法院允许给一个在童年时期由于注射防治天花的牛痘疫苗而致终身残疾的妇女予以赔偿。根据同样的原则,德国法院推翻了帝国法院早期的一个判决。法院根据 1794 年《普鲁士法典》第七十五条和习惯法认为,从公民和国家及宪法对公民固有的权利(即生命权、健康权、自由权、财产权)保障的关系来看,为了公共利益所采取的行为对个人造成的损害应该由公众来负担,而不应由个人来负担。法院进一步强调,既然根据公平原则,国家征用了个人财产,个人可以得到赔偿,那么,当个人的生命和健康遭受侵害时,同样应该得到国家赔偿。

在另一个案件中,原告由于身患梅毒依照法律规定不得不做手术,但手术造成他的双腿瘫痪了。在他要求损害赔偿的诉讼中,法院根据上述的天花案例认为,在一个以法治为根据的社会福利国家中,为了社会的利益,个人做出的牺牲必须以整个社会公平地分担这个损失的方式由国家进行赔偿。原告同意做手术,对这一原则没有任何影响,因为他是根据法律的要求进行手术的。同样道理,由国家有关当局强制送入精神病院的患者,在治疗期间,被其他精神病人致伤,该精神病人有权得到国家赔偿。

在上述案例中,法律对原告都有一个强制性的要求。在 1959 年 11 月 23 日判决的肺结核案件中,法院认为,即使没有法律上的强制性要求,只要国家或其官员为了公众的利益,有劝说原告采取身体检查等医疗措施的建议,就足以使国家承担责任。在德国的一个案件中,原告接受国家的建议注射了一种预防肺结

① [德]哈特穆特·毛雷尔:《行政法学总论》,高家伟译,法律出版社 2000 年版,第 578 页。

核的针剂，结果双腿瘫痪。法院支持了原告的权利要求。法院认为一个社会福利国家并不总是颁布命令或禁令；国家同时为了人民的福利担当其作为顾问的责任。如果个人为了公众的利益，根据国家的建议实施某种行为遭到损害，他必须得到赔偿。然而，只有当个人被迫遭受特殊的损害，而国家并不要求出于同样情况下的其他人遭受这一损害的时候，就特殊牺牲提出的损害赔偿的要求才会得到承认。如果个人遭受的损失是公众所面临的风险的一部分，他就不能以做出牺牲为由要求赔偿。

但是，《1910年联邦德国责任法》第五条对国家赔偿的责任范围也做了两项限制，第一项就是：对于有收取费用（手续费）的公务员的职务行为所造成的损害，国家不负赔偿责任。但有职务上的补偿费用的，则不在此限。所谓有收取费用的职务行为的公务员，是指公证人、执行人员等，并包括已经是公务员，有工资收入，但因其执行特殊职务又要酌情收取费用的人员，如以诊疗行为收取费用的医生、兽医等。①

此外，《德国基本法》第三十四条明确规定：国家或公共团体只有在其被委任行使公务的人员，违反对第三人应负的职务上的义务时，才承担赔偿责任。因此，国家对任何官员在履行职务以外的行为所造成的损失不承担任何责任。例如，国家应该对由其官员在履行职务时造成的交通事故负责，无论车辆是个人的还是国家的，因为该官员驾车是为了履行公务，而不是为了个人目的。例如，一位医生用他个人的小汽车在履行公务时造成了损害，国家也应对此负责。②

德国国家赔偿制度由1910年颁布的《联邦责任法》奠定了基础。联邦德国国家赔偿法修正案自1968年德国法学会公法组提出修正建议以后，至1981年6月26日公布，并于1982年10月19日由西德宪法法院以联邦缺乏立法职权而宣判无效，前后经历10多年。这一法律在西德有关国家赔偿法演进史中占有重要的地位。虽然现在已经废止，但作为针对现行国家赔偿法的弊端的修正立法，它所反映的德国国家赔偿制度发展的新趋势，不会受到原则性的影响。关于“国家赔偿的权利义务主体”，该法第一条第一项规定：“公权力违反其对于他人应执行之公法上义务时，其主体对该他人因此所生之损害，应依本法负赔偿责任。”据此规定，国家赔偿义务人为公权力主体，包括具有全部或一部分权利能力的公法上的权力主体，如联邦、邦、乡镇，公法上的社团、财团或营造物。所谓营造物，系指行政主体为了达到特定的行政目的，所设置的一定设备，如公立的学校、医院等。当公权力授予个人或私法人行使时，根据该法第十二条的规定，由授予公权

① 林准、马原：《外国国家赔偿制度》，人民法院出版社1992年版，第102—105页。

② 同上。

力的公法人负赔偿之责。[①]

美国的国家赔偿司法实践情形是，“联邦医院因实施错误的医疗行为，导致病人病情恶化因而受到损害，国家负赔偿责任”[②]。

英国自认为是世界上医疗保健制度比较完善的国家，但该国的医疗部门却发现，它们面临着越来越多的医疗事故赔偿问题。英国国家审计局的负责人约翰·伯恩斯发表的一份报告中指出：“国家卫生局面临的主要挑战就是因疏忽大意而造成的医疗责任事故。”他的报告还指出，尚未得到裁决的赔偿要求可能会使国家卫生局花费大约 49 亿欧元，因为在过去 10 年中，患者对医生提出的诉讼比原来增加了 13 倍。[③]

爱尔兰政府曾发表声明，对之前发生的大规模血液污染事件做出了最后的赔偿决定。政府允诺向因“使用不洁血液制品”而感染肝炎或是艾滋病的患者支付足够和适当的赔偿金。政府终于做出了赔偿的决定，这对受害人来说应当是一种安慰，但他们仍然要求对有关责任单位和个人予以惩处。爱尔兰地区法官阿尔森透露，法庭就上述医疗事故主要的肇事机构进行公开的法庭听证会。[④]

四、我国国家赔偿法并未排斥公立公益单位的侵权损害赔偿，以及国家赔偿立法的未来动向

笔者认为将国家主体医疗卫生事业中的医疗机构的医疗事故侵权损害赔偿纳入国家赔偿体系，是贯彻宪法规定，完善我国卫生法制建设的应有之义。我国目前的司法实践中不把国家主体医疗卫生事业中的医疗机构的医疗事故侵权损害赔偿纳入国家赔偿范畴，实在是没有法律依据和学理依据的。

国家赔偿包括立法赔偿、行政赔偿、司法赔偿三部分。国有公共设施设置或管理欠缺而引起的国家赔偿属于行政赔偿的范畴。《中华人民共和国国家赔偿法》属于广义上的国家赔偿法。[⑤]

我国国家赔偿的法律条件是：

《中华人民共和国宪法》第四十一条第三款：“由于国家机关和国家工作人员侵犯公民权利而受到损失的人，有依照法律规定取得赔偿的权利。”

其中的“依照法律规定”主要体现为“国家赔偿法”。

《中华人民共和国民法通则》第一百二十一条规定：“国家机关或者国家机关工作人员在执行职务中，侵犯公民、法人的合法权益造成损害的，应当承担民事

---

① 林准、马原：《外国国家赔偿制度》，人民法院出版社 1992 年版，第 108—113 页。

② 皮纯协、冯军：《国家赔偿法释论》，中国法制出版社 1996 年版，第 361 页。

③ 曲华：《英国医疗事故诉讼多》，载《健康报》2001 年 5 月 13 日，第 5 版。

④ 曲笑：《输血事故终有说法》，载《健康报》2001 年 5 月 8 日，第 5 版。

⑤ 林准、马原：《外国国家赔偿制度》，人民法院出版社 1992 年版，第 65 页。

责任。”

《民法通则》的这一规定，主要依赖于国家赔偿法的实施，并且由国家赔偿法予以深化。

《中华人民共和国国家赔偿法》第五条规定：“属于下列情形之一的，国家不承担赔偿责任：(一)行政机关工作人员与行使职权无关的个人行为；(二)公民、法人和其他组织自己的行为致使损害发生的；(三)法律规定的其他情形。”

1997 年 4 月 29 日的《最高人民法院关于审理行政赔偿案件若干问题的规定》(法发〔1997〕10 号)第六条对此做了必要的补充：“公民、法人或者其他组织以国防、外交等国家行为或者行政机关制定发布行政法规、规章或者具有普遍约束力的决定、命令侵犯其合法权益造成损害为由，向人民法院提起行政赔偿诉讼的，人民法院不予受理。”①

而《中华人民共和国国家赔偿法》第七条规定：法律、法规授权的组织在行使授予的行政权力时侵犯公民、法人和其他组织的合法权益造成损害的，被授权的组织为赔偿义务机关。受行政机关委托的组织或者个人在行使受委托的行政权力时侵犯公民、法人和其他组织的合法权益造成损害的，委托的行政机关为赔偿义务机关。

以上规定尽管没有明确肯定“公立医院”乃至“公有公共设施”“公共营造物”的国家赔偿范围，但是，也没有明确排斥“公立医院、公有公共设施、公共营造物由于管理失当给公民、法人和其他组织的合法权益造成损害的应在国家赔偿范围内”的考虑。因此，即便在目前的法律框架内，公立公益单位的侵权损害赔偿纳入国家赔偿也并没有法律障碍。至于不把国家主体医疗卫生事业中的医疗机构的医疗事故侵权损害赔偿纳入国家赔偿范畴的司法实践现状，完全是基于对国家主体医疗卫生事业的根本属性误判断，继而对国家主体医疗卫生事业中的医患关系的法律属性误判断而导致的。

对于这个法学理论、司法实践的全局性重大失误，许多敏锐的大师级学者已经有所怀疑，有的已经有所“觉悟”。

中国政法大学教授马怀德认为：“国家赔偿法立法的宗旨就是维护公民的合法权益、对无辜受害者予以补偿。”②

马怀德认为，公有公共设施致害也应纳入国家赔偿范围内，对公有公共设施的设置与管理上有瑕疵也应由国家进行赔偿。袁曙宏认为，公共设施设置或管理有瑕疵致人损害的，因此“明显不当”行为致公民、法人和其他组织受到损失或

① 熊文钊：《现代行政法原理》，法律出版社 2000 年版，第 563 页。

② 储皖中：《赔偿法不仅仅是一个象征》，载《法制日报》2001 年 2 月 22 日，第 2 版。

损害的，国家应当予以赔偿。[①]

应松年呼吁，对于国家设立并由政府直接管理的，如公共道路、公园等，仍需由国家负责赔偿。[②]

我国现行行政法救济体系的一个重大缺陷，是缺乏对公共事业组织管理活动的有效监督和对被管理人正当权益的司法保护。将大量的公共管理行为纳入民事规范渠道，用处理平等主体关系的法律处理以实现社会公共利益为目标的公共管理关系，给予这种公共管理以过大的自由空间，这不但使公共利益不能得到有效实现，被管理人求助司法无门，而且使公共事业组织本身的廉洁无法得到保障。

"公共事业单位不是国家机关不能行使强制性权力，所以行政法无理涉足"的主张，不是迷茫于虚拟的法律空间，就是对权利的实现过程不了解。当今能够推动行政发展的决策者应当根据我国的宪法，适应保护管理相对人合法权益的需要，将公共事业组织涉及公民重要法律权益的公共管理行为，纳入司法监督的范围进行行政诉讼，从而使当事人可以请求国家赔偿，将我国的行政法治再向前推进一步。[③]

尽管我国的行政诉讼的受案范围在不断扩大，但与其他一些法治国家相比，目前仍然显得比较狭窄。主要表现在以下几个方面：相当多的公务法人（如公立学校、自治组织）和拥有公共行政职权的组织的行为，还缺乏司法监督机制。[④]

国有公共设施设置及管理欠缺致害的行政赔偿责任，在国外的通常立法中，是属于国家赔偿。目前，在我国的司法实践中，之所以不把"国有公共设施引发的侵权赔偿案件"纳入国家赔偿法的范围，有两方面的考虑：一方面考虑国家赔偿法主要是解决违法行政的问题，另一方面是考虑到道路、桥梁、邮电、医院、铁路、民航等国有公共设施的致人损害都由国家承担赔付责任，国家财政负担太重。从长远来看，我国国有公共设施引发的侵权损害赔偿案件都应纳入国家赔偿法的范围。[⑤]

总之，由政府设置，并由政府实施具体管理的国有公共设施设置、管理欠缺致害引起的赔偿责任，在我国国家赔偿法中没有明确规定，在实践中，常作为民事侵权案件处理。[⑥]

另外，我国法律对国家主体医疗卫生事业中的医疗卫生单位的经济权益，是

---

① 杨悦新：《让国家赔偿更加实至名归》，载《法制日报》2001 年 3 月 3 日，第 2 版。

② 应松年：《国家赔偿法亟需修改》，载《法制日报》2001 年 3 月 15 日，第 5 版。

③ 安心：《公共事业组织管理相对人权利的司法救济》，载《法制日报》2001 年 5 月 20 日，第 3 版。

④ 江必新：《完善行政诉讼制度的若干思考》，载《人民法院报》2001 年 3 月 26 日，第 B1 版。

⑤ 郭士辉：《生命的价值如何计算》，载《人民法院报》2001 年 2 月 23 日，第 B1—B2 版。

⑥ 薛刚凌：《国家赔偿法教程》，中国政法大学出版社 1997 年版，第 95 页。

采取特别保护原则的。例如,《中华人民共和国担保法》(自1995年10月1日起施行)第九条就规定:“学校、幼儿园、医院等以公益为目的的事业单位、社会团体不得为保证人。”第三十七条规定:“下列财产不得抵押:……(三)学校、幼儿园、医院等以公益为目的事业单位、社会团体的教育设施、医疗卫生设施和其他社会公益设施。……”从这一原则来看,将从事高风险、困难的公共活动——医疗活动的医疗卫生单位推上民事被告席,使得本应用于公共活动的国家投入被少数人攫取,实在是既无学理、法理依据,又有悖于国内法律规范、国际司法通例,有害于社会的医疗卫生事业!

第十四章　浅议《侵权责任法》若干问题

第一节　《侵权责任法》的几点思考

《中华人民共和国侵权责任法》(以下简称《侵权责任法》)于2010年7月1日生效施行。这部法律,无论理论界和实务界对其立法质量如何争议,都不能改变一个已经出现的局面,那就是,这部法律深刻广泛地影响到了我们社会生活的方方面面。具体到我们医务界,影响到了医疗机构和医护人员的维权方法和维权成本,也一定程度地改变了医患纷争矛盾的表现方式。

关于这部法律的学习、掌握、贯彻,有以下几个问题值得继续思考。

一、该法的运用范围

《侵权责任法》第九十二条规定:"本法自2010年7月1日起施行。"许多人认为,"法不溯及既往"为基本原则,2010年7月1日之前的案例就不适用本法了!

其实,民法上的"不溯及既往"为原则上不溯及,对原来没有经过司法裁决的民事关系和事实,可以适用新法,因此,知情同意权、隐私权、不接受过度医疗权等等规范,都可能被用于既往的诊疗案例。

另外,《中华人民共和国立法法》第九十二条规定:"同一机关制定的法律、行政法规、地方性法规、自治条例和单行条例、规章……新的规定与旧的规定不一致的,适用新的规定。"这确立了我国司法实践中法律适用的又一项基本规则,即"新法优于旧法"(或者说新的规定优于旧的规定)的规则。从这个原则来看,既往的有些规范,也可能被《侵权责任法》所"优化"代替。

二、涉及医疗卫生行业的条款

谈到学习和掌握《侵权责任法》,许多专家甚至很多培训班都认为:简单,也就"第七章　医疗损害责任"这一章为重点,条目也不多,就从第五十四条至第六十四条,共11条而已。有些培训班的学习资料也就仅仅"节录"了《侵权责任法》第七章,这是误导学员,自以为"简单"啦!

笔者以为，关涉我们卫生行业的内容，并非仅仅是第七章需要学习掌握，而是全文都必须系统学习掌握。甚至这还不够，还需学习《民法通则》，及其他法律、规范。

首先，《侵权责任法》第七章的内容，其“本源”在该法前面的章节，不追本溯源，就不能更深刻地领会本章规范的本旨，且本章的规范有些是比较简洁的，其“本源”处倒可能更加详细、全面，也就可能更加有用。

如《侵权责任法》第五十八条规定的三种情形过错推定的规范，就必须结合第六条第二款“根据法律规定推定行为人有过错，行为人不能证明自己没有过错的，应当承担侵权责任”的内容学习，才知道举证责任倒置的具体内容。

再如，《侵权责任法》第五十九条的有关规定，与第八、十、十一、十二、十三、十四条共六条内容直接有关，均是共同侵权理论的运用，一并学习了这六条，才能知道合理应对连带责任的措施。

又如，《侵权责任法》第六十条的规定，与第三章“不承担责任和减轻责任的情形”(第二十六条至第三十一条，共 6 条)直接关联，且对应国务院行政法规《条例》第三十三条“不属于医疗事故的六种情形”的规定。

其次，有些内容，出现在第七章之外，甚至出现在其他的规范里，而第七章并没有重复提及，假如不全面学习，就会错过这些与我们行业有关联的规范。

例如，《侵权责任法》第三十六条十分“新潮”，针对近年来热闹异常的“网络炒作”现象做了很有操作性的秩序性规范：

“网络用户、网络服务提供者利用网络侵害他人民事权益的，应当承担侵权责任。

“网络用户利用网络服务实施侵权行为的，被侵权人有权通知网络服务提供者采取删除、屏蔽、断开链接等必要措施。网络服务提供者接到通知后未及时采取必要措施的，对损害的扩大部分与该网络用户承担连带责任。

“网络服务提供者知道网络用户利用其网络服务侵害他人民事权益，未采取必要措施的，与该网络用户承担连带责任。”

这条规定，对于我们维权，很有用。

面对网络炒作的患方围攻，有的单位的做法，是去“公关”乞求网管处置，或者是与一些“公关公司”接洽以重金“删帖”；也有的医疗机构组织工作人员昼夜上网发帖，使炒作的帖子尽快下沉。这些，都是吃力无大用的笨办法。如果我们“用法”维权，针对夸大其词的网络炒作，依据《侵权责任法》第三十六条的规定，及时通知网络运营商，明确要求其依法处置有关涉嫌不完全真实信息的帖子，花费小且效果好。实践中，我们一般是“三管齐下”——当事单位以公函向公安报案、公函通知网管限制有关帖子、给发帖者正式发送律师函。

再如，《侵权责任法》第二十二条规定："侵害他人人身权益，造成他人严重精神损害的，被侵权人可以请求精神损害赔偿。"如此，我们就可以理解并正确应对被侵权方提出的类似要求。

民事侵权损害的精神赔偿问题，最早的文字规范，出现于《法释》〔2001〕7 号《最高人民法院关于确定民事侵权精神损害赔偿责任若干问题的解释》中。其第九条细化规定："精神损害抚慰金包括……残疾赔偿金、死亡赔偿金。"因此，其后于 2002 年 9 月 1 日生效施行的国务院行政法规《条例》第 50 条细化规范的 11 个赔偿项目中的"精神损害抚慰金"一项，在死亡案例里就是"死亡赔偿金"，在其他事故案例里就是"残疾赔偿金"。《条例》规定："精神损害抚慰金：按照医疗事故发生地居民年平均生活费计算。造成患者死亡的，赔偿年限最长不超过 6 年；造成患者残疾的，赔偿年限最长不超过 3 年。"具有很强的操作便利性。

又如，《侵权责任法》第三十四条规定：

"用人单位的工作人员因执行工作任务造成他人损害的，由用人单位承担侵权责任。

"劳务派遣期间，被派遣的工作人员因执行工作任务造成他人损害的，由接受劳务派遣的用工单位承担侵权责任；劳务派遣单位有过错的，承担相应的补充责任。"

这一条，对我们医疗机构意义重大。

第一，有些民营医疗机构，与员工有内部协议，谁涉及侵权谁自行赔偿，往往由此引起无谓的纷争。今后，这样的协议更加形同废纸，"用人单位"莫妄想逃避责任。

第二，不少基层医疗机构聘用人员系通过"劳务派遣"途径，本来是为规避有关责任的，《侵权责任法》生效后，情况就会有很大改变。

第三，这一条规定，还会对医疗机构之间的会诊问题，带来一定的影响。

三、《侵权责任法》与"举证责任倒置"的关系问题

《侵权责任法》第六条第一款规定："行为人因过错侵害他人民事权益，应当承担侵权责任。"其第五十四条相应规定："患者在诊疗活动中受到损害，医疗机构及其医务人员有过错的，由医疗机构承担赔偿责任。"这就确立了"过错责任原则"。而《侵权责任法(草案)》(二次审议稿)的第五十九条"患者的损害可能是由医务人员的诊疗行为造成的，除医务人员提供相应证据外，推定该诊疗行为与患者损害之间存在因果关系"经过讨论被"删除"，因此，很多培训观点认为："举证责任倒置的规定终于被废除了。"

这个观点，并不准确。"医疗侵权损害纠争医方的举证责任倒置"制度，实际

上倒是在本法中被确立了。

因为,《侵权责任法》第五十八条规定:

“患者有损害,因下列情形之一的,推定医疗机构有过错:

“(一)违反法律、行政法规、规章以及其他有关诊疗规范的规定;

“(二)隐匿或者拒绝提供与纠纷有关的病历资料;

“(三)伪造、篡改或者销毁病历资料。”

同时,《侵权责任法》第六条第二款规定:“根据法律规定推定行为人有过错,行为人不能证明自己没有过错的,应当承担侵权责任。”即在“过错推定”的三种情形之下,“举证责任倒置”,医方要想免责,就得承担有关要件的证明责任。

谈到举证责任倒置,就不能不回顾 2002 年 4 月 1 日生效施行的司法解释《最高人民法院关于民事诉讼证据的若干规定》,其第四条第一款第八项规定:“因医疗行为引起的侵权诉讼,由医疗机构就医疗行为与损害结果之间不存在因果关系及不存在医疗过错承担举证责任。”

当年的这一规定,合法性是值得商榷的。

《中华人民共和国立法法》第八条规定:

“下列事项只能制定法律:

“……

“(八)民事基本制度;

“……”

而举证责任的分配规则,尤其是对举证责任倒置问题的规定,属于民事基本制度内容,只能由法律加以规定。

四、《侵权责任法》与《条例》的关系问题

《侵权责任法》生效前,很多官员认为,届时,《条例》自然就废止了。本人以为,这个看法依据不足。侵权法与《条例》规定并行不悖,各有侧重与分工。同时,权利保护规范的多元化应该是社会生活的常态,是法律发达的结果,我们理应理解、习惯。

《条例》围绕“医疗事故(医疗纠纷)”的预防、处置、鉴定、处理与监督、赔偿、处罚等方面,全方位地进行设计规范,是实体与程序的混合规制,尤其是预防、报告、接待、处理、鉴定、行政处罚等内容,其他法律法规无可替代。

另外,《条例》关于医疗事故损害民事赔偿的一章共七条规定,是合法有效的,也是具有可操作性的。

《条例》规范的“医疗事故”是“医疗损害”的形式之一,医疗损害是个集合的概念,医疗事故是其子集。《条例》中的“医疗事故”概念及其赔偿规范,仅仅针对民事权利的绝对权中的生命权、健康权的损害。其合法性,来源于《宪法》和《立法法》。

《宪法》第八十九条规定:

“国务院行使下列职权:

“(一)根据宪法和法律,规定行政措施,制定行政法规,发布决定和命令;

“……”

《立法法》第六十五条规定:

“国务院根据宪法和法律,制定行政法规。

“行政法规可以就下列事项作出规定:

“(一)为执行法律的规定需要制定行政法规的事项;

“(二)宪法第八十九条规定的国务院行政管理职权的事项。

“……”

《民法通则》第一百一十九条关于人身损害赔偿的规定,无精神损害赔偿,也无具体的赔偿项目和标准,不具有可操作性。而《办法》、《条例》均围绕“为执行法律的规定需要制定行政法规的事项”而对医疗事故的赔偿依据法律的创制性规定做出具体化的规制,并没有侵犯法律的专属立法权。且与2003年12月4日最高人民法院审判委员会第1299次会议通过的《最高人民法院关于审理人身损害赔偿案件适用法律若干问题的解释》,及《法释》〔2001〕7号(2001年3月8日)的规范保持了内在的协调性,又突出了医疗卫生行业的特殊性,可谓既合法又合理的“良法”。

《侵权责任法》第二十二条的规定“侵害他人人身权益,造成他人严重精神损害的,被侵权人可以请求精神损害赔偿”,也可以在《条例》里得到体现。

五、因药品、器械缺陷侵权赔偿问题

《侵权责任法》第五十九条规定:“因药品、消毒药剂、医疗器械的缺陷,或者输入不合格的血液造成患者损害的,患者可以向生产者或者血液提供机构请求赔偿,也可以向医疗机构请求赔偿。患者向医疗机构请求赔偿的,医疗机构赔偿后,有权向负有责任的生产者或者血液提供机构追偿。”

这一条解读起来,比较费解。

假如将其与第八条、第十至十六条内容关联理解,可以说都是共同侵权理论的运用,无论医疗机构与厂家是否具有“意思联络”,均可以共同侵权对其进行索赔。如此解读,则可以规避讨论医疗机构是否为“药品器械销售者”的尴尬。

然而,该条措辞全然不考虑当事医患双方的过错,似又更像是“产品责任”。鉴于此,有人认为,此条实际上承续了《民法通则》第一百零六条第三款的规定:

"没有过错,但法律规定应当承担责任的,应当承担民事责任。"本质是在此种情形下对医疗机构赋加以"无过失责任"归责原则。但如此理解的法理障碍在于,医疗机构终究不是药品、器械及血液的"销售者",参考行政法规《麻醉药品和精神药品管理条例》的划分,医疗机构属于"使用者"。且"无过失责任制度"通常以责任保险制度为现实基础,使损害赔偿最终社会化分担。另外,无过失责任的范围,应由法律规定法定的最高限制,适当限制无过失责任承担者的责任范围。此两者尚不具备,假如就将此条做"无过失责任"解读,则将使医疗机构处于极端危殆的境地!

综上,无论如何理解,医疗机构都难逃被患方单独追究责任的风险。而医疗机构先行赔付后,理论上"有权向负有责任的生产者或者血液提供机构追偿",但是,诉累和落空的风险难以规避。因此,必须事先设计"防火墙"式的风险隔离或疏散措施,才能有力保障医疗机构的合法权益,规避风险。

第二节　医疗损害责任

《侵权责任法》由第十一届全国人民代表大会常务委员会第十二次会议于2009年12月26日通过,自2010年7月1日起施行。该法在第七章专章规定了"医疗损害责任"。各级卫生行政部门和各级各类医疗卫生服务机构组织从业人员学习、理解和贯彻《侵权责任法》,普法成就斐然。经过历年的研讨,各界就该法的理解达成了许多共识,但同时在很多环节、很多关键问题上,仍然歧见纷出、莫衷一是。甚至,在有些问题上,还存在着普遍的误读。

一、侵权责任法的相关概念及立法历程

(一)相关概念

(1)侵权行为:指加害人不法侵害他人的财产权利和人身权利而应承担民事责任的行为。与犯罪行为不同的是,侵权行为并不破坏统治阶级的国家利益和整体利益,以经济补偿为主要制裁手段。①

在英语中,"侵权行为"一词称作"tort",来源于拉丁文"tortus",原义指扭曲和弯曲,以后该词逐渐演化为"错误"的意思。② 中文的"侵权行为"一词最早于清末编定《大清民律》草案时才开始应用。

有关侵权行为的定义和种类、对侵权行为如何制裁、对侵权损害后果如何补

① 曾庆敏:《法学大辞典》,上海辞书出版社1998年版,第1283页。

② 王利明:《民法·侵权行为法》,中国人民大学出版社1993年版,第11页。

救的民事法律规范总称为侵权行为法，是我国民法的重要组成部分。①

(2)侵权责任法：侵权责任法是保护民事主体合法权益，明确侵权责任，预防并制裁侵权行为，促进社会和谐稳定的民事基本法律。②

(二)立法历程

(1)立法思路：有关民事侵权法律法规的立法思路有两种。一种沿袭大陆法系民法理论，将侵权行为视为债权债务的发生原因，即损害赔偿之债，承担责任的基础是加害行为，因此认为法律的名称应该叫“侵权行为法”。另一种思路，强调侵权法的本质是民事责任而不是债权债务，因此认为法律名称应叫作“侵权责任法”。2008 年 12 月 4 日，在全国人大法律委员会审议《侵权责任法(草案)》的会议上，胡康生主任委员回应说，作为单行法，名称叫侵权行为法不妥。现在制定单行法，名称叫侵权责任法，将来编纂民法典时，内容编入债权编，作为债权债务发生原因之一，名称叫侵权行为。③

新中国的立法实践，不着重公法与私法的严格区分，除《民法通则》等民事法律外，许多行政管理性法律法规中也包含民事法律规范。中国现行民事立法体系，由相当于民法典总则的《民法通则》与一系列民事单行法及若干行政法规中的民事法律规范构成。

中国现行法中有关侵权责任的规定，首先是《民法通则》第六章关于侵权责任的规定，其次是若干行政管理性法律法规中有关特殊侵权责任的规定，再次是有关侵权责任的部委规章，最后是最高人民法院的解释文件。④

(2)立法历程：《侵权责任法》的制定、颁布，与《民法典》的研制关系密切。1998 年 3 月，第八届全国人大常委会主管立法工作的王汉斌副委员长决定恢复《民法典》起草。第九届全国人大常委会委员长李鹏要求在 2002 年完成《民法典(草案)》。全国人大常委会法制工作委员会于 2002 年 1 月 11 日召开《民法典》起草工作会议，当年即完成一部《民法典(草案)》，于同年 12 月 23 日经第九届全国人大常委会审议后，公布征求修改意见，称为《中华人民共和国民法草案(征求意见稿)》。⑤2008 年 9 月，法制工作委员会在《民法草案》第八编的基础上，修改形成《侵权责任法修改草案》，经专家讨论形成《侵权责任法草案(2008 年 9 月 23 日修改稿)》。法制工作委员会 2008 年 12 月 22 日提交第十一届全国人大常委

① 王利明：《民法·侵权行为法》，中国人民大学出版社 1993 年版，第 32 页。

② 《关于〈中华人民共和国侵权责任法(草案)〉主要问题的汇报》，载《中华人民共和国侵权责任法》，法律出版社 2010 年版，第 20 页。

③ 梁慧星：《中国侵权责任法的制定》，载梁慧星：《中国民事立法评说：民法典、物权法、侵权责任法》，法律出版社 2010 年版，第 278—279 页。

④⑤ 梁慧星：《中国侵权责任法的制定》，载梁慧星：《中国民事立法评说：民法典、物权法、侵权责任法》，法律出版社 2010 年版，第 267、273 页。

会第六次会议审议的《侵权责任法草案(第二次审议稿)》新增了第七章“医疗损害责任”。后经多番修改,终于在 2009 年 12 月 26 日得以通过。

二、《侵权责任法》与医疗损害责任

《侵权责任法》在医疗卫生领域引致如此非同凡响的反应,主要在于它“改革了我国医疗损害责任”,专设一章以 11 个条目“全面规定了医疗损害责任”,意图建立一个一元化结构的医疗损害责任制度,改变二元化结构医疗损害责任的法律适用矛盾状况,建立统一的、完善的医疗损害责任制度。①

这个改革的目标是否能够实现?我们的答案是否定的。因为《侵权责任法》的“医疗损害责任”专章创制,问题有二。

(一)在法域的确定上可议,把“医疗损害责任”一律视为平等主体之间的“民事损害责任”值得商榷

医事行为中的“损害责任”的法律属性问题,极为复杂,没有得到法学界应有的重视,也没有成熟的研究成果,更没有共识。但是,自笔者 20 世纪 90 年代发起讨论以来,经过 20 多年的商兑,原先的通说“一律民事说”已经被法学界抛弃,而被“特殊民事说”代替。

“医患关系就是民事法律关系”系“民事说”的理论基石,此派尚有“消费说”“合同说”等等分支。

否定上述“民事说”的观点,主要有两个。

一为著名卫生法学家张赞宁教授在 21 世纪初提出的“斜向说”,认为医患关系既不是民事法律关系,也不是行政法律关系,而是一个独立的“斜向法律关系”。②

另一个为笔者在 20 世纪 90 年代提出的“行政说”,即公立非营利性医疗卫生服务机构在其法定服务领域形成的医患关系的法律属性是行政法律关系,公立非营利性医疗卫生服务机构是行政主体,其从业人员为国家公职人员。③ 其侵权损害赔偿适用国家赔偿法。④ 具体来讲,应当精确定位为:行政法律关系类

---

① 杨立新:《〈中华人民共和国侵权责任法〉精解》,知识产权出版社 2010 年版,第 227 页。

② 张赞宁:《论医患关系的法律属性》,载胡晓翔、姜柏生:《冷眼观潮:卫生法学争鸣问题探究》,东南大学出版社 2001 年版,第 50 页。

③ 胡晓翔:《再论国家主体医疗卫生事业中的医患关系的法律属性:兼驳两个错误观点》,载《山东医科大学学报》(社会科学版)1999 年版第 1 期,第 36 页。

④ 胡晓翔:《国家主体医疗卫生事业中医疗机构的医疗事故侵权损害赔偿应适用国家赔偿法》,载胡晓翔、姜柏生:《冷眼观潮:卫生法学争鸣问题探究》,东南大学出版社 2001 年版,第 215 页。

权力关系型特别权力关系属公法上的营造物利用关系。① 它的法律属性不是民事法律关系，而是行政法律关系。②

丁香园网站上的《卫生事业与医院管理版》之《吴崇其老先生医疗风险防范最新进展》，上传了吴崇其先生《侵权责任法》讲座 PPT，在第 8 页和第 11 页，也正面地讨论了这个问题，并给出了新观点，基本上否定了“一律民事说”，向更深的层面去探讨，一定程度上认可了“行政法律关系说”。③

这个问题，在“免疫接种”和“临床用血”领域，十分突出。

2005 年 6 月 1 日生效的行政法规《疫苗流通和预防接种管理条例》第四十六条第二款规定：“因接种第一类疫苗引起预防接种异常反应需要对受种者予以补偿的，补偿费用由省、自治区、直辖市人民政府财政部门在预防接种工作经费中安排。”这就是“国家赔偿”机制。

在医疗临床用血的过程中，包括血液捐献者、血液采集者和血液使用者的“供方”与“需方”(受血者)双方之间的关系，完全基于“血液的流动”，离开了“血液”这个介质，在此领域双方也就不存在任何关联。而当今，在合法的医疗临床用血领域，血液都来自无偿献血。在无偿献血体制内，献血者无偿提供血液的行为，是发扬人道主义精神、救死扶伤的高尚行为，绝不是具有买卖内涵的经济牟利行为。发展无偿献血事业，保障临床医疗用血供给，是法律赋予地方各级人民政府的职责。同时，在无偿献血的整个过程中，我国法律也不允许任何相关单位和个人利用公民无偿捐献的血液牟取私利。另外，输血作为“补充血液成分的损失、破坏和缺乏”的主要支持与代偿性的治疗措施，其施用具有严格的适应证。综上可见，医疗临床用血供受双方之间的关系中，不存在地位平等的主体、自由让渡的商品、等价有偿的对价的内容，即排除了民事法律关系构成的一切要素。显然，它不是民事法律关系，而是行政法律关系。④ 有专家认为：“我国献血法从属性上说应当属于行政法律部门而非民法。”由献血法所调整的采血者与献血者之间的关系，亦属于行政法律关系。献血法规定，地方各级人民政府领导本行政区域内的献血工作，统一规划并负责组织、协调有关部门共同做好献血工作。县级以上各级人民政府卫生行政部门监督管理献血工作。各级红十字会依法参

① 胡晓翔：《国家主体医疗卫生事业中医疗机构的医疗事故侵权损害赔偿应适用国家赔偿法》，载胡晓翔、姜柏生：《冷眼观潮：卫生法学争鸣问题探究》，东南大学出版社 2001 年版，第 209 页。

② 胡晓翔：《论国家主体医疗卫生事业中医患关系的法律属性》，载《中国医院管理》1996 年第 16 卷第 4 期，第 13—14 页。

③ 吴崇其：《谈谈学习〈侵权责任法〉的体会》，2010 年 10 月 22 日，http://www.dxy.cn/bbs/topic/18568994? tpg=2&age=0。

④ 胡晓翔：《献血法律制度浅述》，载《南京医科大学学报》(社会科学版)2009 年第 9 卷第 3 期，第 210 页。

与、推动献血工作。在献血者与采血者之间、采血者与用血者之间，基于法律规定，不得进行血液买卖，完全是非营利性、基于公益的法律关系。正是基于献血行为的行政法律关系性质，献血者、患者在采血和用血的过程中个人身体健康受到侵害，无法通过民事诉讼来维权，只能提起行政诉讼申请国家赔偿。①

假如这个观点确实成立的话，那么，直接冲击的，就是《侵权责任法》第五十九条。

（二）篇章结构设计上可议，内容全属炒冷饭，且过于简单，难以应对医事实践的复杂情形

在世界各国的侵权法中，都没有直接规定医疗损害责任制度，差不多都是在《执业医师法》中做出规定，并且将其归纳在“专家责任”的侵权类型中。②

整部《侵权责任法》的篇幅虽然比较大，法条达到 92 条，仅次于《埃塞俄比亚民法典》中侵权责任法的 135 条。但是，就“医疗损害侵权”专类来讲，疏漏在于“过简”。专章仅 11 条，且第六十四条实为“治安管理处罚”的内容，第五十四条相对于第五十八条属于虚置条文，实际仅得 9 条，远远不能涵括“医疗损害侵权”的复杂情势，挂一漏万、捉襟见肘，实难敷适用！

从创新规制、填补空白的角度来看，专章内容也没有任何新意。

为何会出现这个尴尬局面？

《条例》生效之后，人民法院审理医疗损害赔偿案件，应当优先适用《条例》的规定，而不再适用《民法通则》第一百零六条第二款关于过错侵权责任的规定。但是，医疗事故鉴定公信力不足，以及人民法院内部认识不统一，造成裁判实践的“二元化”，进一步导致医患关系紧张。③

近年来医疗纠纷数量逐年上升，社会广泛关注。要妥善处理医疗纠纷，界定医疗损害责任，切实保护患者的合法权益，也要保护医务人员的合法权益，促进医学科学的进步和医药卫生事业的发展。④

在《侵权责任法草案（2008 年 9 月 23 日修改稿）》的基础上，全国人大常委会法制工作委员会 2008 年 12 月 22 日，提交第十一届全国人大常委会第六次会议审议的《侵权责任法草案（第二次审议稿）》新增了第七章“医疗损害责任”。

本来应该“对存在争议，目前还没有把握的一些问题暂不作规定，根据实际情况进一步研究论证”⑤，但立法机关面对社会现实急需，在《侵权责任法》中对

---

① 张伯晋：《“血荒”现象考问献血法》，载《检察日报》2010 年 11 月 6 日，第 3 版。

② 杨立新：《〈中华人民共和国侵权责任法〉精解》，知识产权出版社 2010 年版，第 17 页。

③ 梁慧星：《中国侵权责任法的制定》，载梁慧星：《中国民事立法评说：民法典、物权法、侵权责任法》，法律出版社 2010 年版，第 271 页。

④⑤ 《关于〈中华人民共和国侵权责任法（草案）〉主要问题的汇报》，载《中华人民共和国侵权责任法》，法律出版社 2010 年版，第 24、22 页。

医疗损害责任做出明确、统一的规定，进行医疗损害责任制度改革，[①]倒也是其心可鉴、其情可原、其行可敬。

在该法修订暂时无望，《条例》修改“升级”远水难解近渴的局面下，我们更加有必要围绕一部《侵权责任法》逐个提出若干重要基础课题，进行深入系统的商兑，全面地守法，科学地用法。

第三节　《侵权责任法》的适用——二元归一或愈加多元

《侵权责任法》不可能取代《条例》，也不能利用“法律适用规则”代替《民法通则》的有关规定。关于医事侵权损害的法律规制，只会愈加多元。《侵权责任法》第七章专章规定了“医疗损害责任”，试图建立一个一元化结构的医疗损害责任制度，改变二元化结构医疗损害责任的法律适用矛盾状况。[②] 杨立新教授认为，在《侵权责任法》施行之前的医疗损害责任制度是由三个双轨制构成的二元化医疗事故与医疗过错救济体制。三个双轨制的内涵：一是医疗损害责任诉因的双轨制，既有医疗事故责任，又有医疗过错责任。二是医疗损害赔偿标准的双轨制，医疗事故责任按照《条例》规定的赔偿标准赔偿，医疗过错责任适用人身损害赔偿标准。三是医疗损害责任鉴定的双轨制。[③] 杨教授“三个双轨制”说，其实可以一言以蔽之，曰：《条例》的存废之争。

一、《侵权责任法》与《条例》的关系问题

《南方周末》2010 年 8 月 19 日第 8 版刊登了《实施 8 年争议重重，与侵权责任法冲突明显，法律专家呼吁——〈医疗事故处理条例〉当休矣》一文，可谓集“废《条例》论”派观点之大成，引起很大反响。该文的主要观点是，侵权责任法实施之后，由于对“医疗损害”做出了专门规定，医疗诉讼中将不再有“医疗事故”的提法，被诟病多年的《条例》再无涉足医疗诉讼的理由。文章说法学界在此问题上近乎达成共识，并转述烟台大学郭明瑞教授的看法：“《侵权责任法》最大的贡献，就是废除了《条例》的规定”。

在《侵权责任法》生效之前，确实有很多法学权威、卫生管理领域的官员认为，届时《条例》自然就废止了。至于“法学界近乎达成共识”云云，实是闻所未闻。从基本法理层面来分析，很明显，我们只能得出《侵权责任法》与《条例》肯定

---

① 杨立新：《〈中华人民共和国侵权责任法〉精解》，知识产权出版社 2010 年版，第 17 页。

② 杨立新：《〈中华人民共和国侵权责任法〉精解》，知识产权出版社 2010 年版，第 227 页。

③ 曾庆敏：《法学大辞典》，上海辞书出版社 1998 年版，第 226 页。

并行不悖、各有侧重与分工的“预测”[①]。事实上,2010 年 7 月 1 日《侵权责任法》生效施行后也确实如此。权利保护规范的多元化应该是现代社会生活的常态,是政治昌明、法律发达的结果,我们理应理解、习惯。通过本文的分析,我们会知道,围绕医患纷争的民事赔偿法律规制,本来是“二元化”,今后也绝不会“一元化”,而是继续保持甚至愈加“多元化”的态势。

尽管《侵权责任法》就“医疗损害责任”做了专章规定,但是,不可能完全取代《条例》,有两方面的理由。

首先,两者的“法域”不重叠。

《条例》围绕“医疗事故(医疗纠纷)”的预防、处置、鉴定、处理与监督、赔偿、处罚等整个流程,全方位地设计规范,是实体规范与程序规范的混合规制,尤其是预防、报告、接待、处理、鉴定、行政处罚等内容,其他法律法规无可替代,《侵权责任法》更是“未着一字”,何来替代之说。

其次,《条例》关于医疗事故损害民事赔偿的一章共 7 条规定,不但继续合法有效,也是具有可操作性之便利的。

在《条例》的存废之争中,“废止派”还有一个“退而求其次”的观点:即便《条例》作为一部完整的行政法规没有被废止,但是,其第五章专门规定了“医疗事故的赔偿”,尤其是其中的第五十条直接规定了民事赔偿的具体操作性内容,与《侵权责任法》有所差异,应该单章或单条作废。如梁慧星教授认为:“本法一经生效,现行《条例》有关医疗损害侵权责任的规定将同时失效,人民法院审理医疗损害责任案件,应当适用本法第七章关于医疗损害责任的规定,而不再适用《条例》。”[②]笔者认为,这个观点是错误的,《条例》关于医疗事故损害的民事赔偿一章,不但继续合法有效,也具有可操作性之便利。

行政机关依据法律颁布行政命令和行政法规,是“授权立法”行为。[③] 立法权来源于授权机关所制定的法律法规中的法条授权的授权立法是一般授权立法。

《立法法》第九十五条第二款规定:

“根据授权制定的法规与法律规定不一致,不能确定如何适用时,由全国人民代表大会常务委员会裁决。”

此款规定,实际上肯定了根据授权制定的法规的效力比国务院未经授权制

---

① 胡晓翔:《浅议〈侵权责任法〉若干问题》,载《南京医科大学学报》(社会科学版)2010 年第 10 卷第 2 期,第 91 页。

② 梁慧星:《侵权责任法重要条文解读》,载梁慧星:《中国民事立法评说:民法典、物权法、侵权责任法》,法律出版社 2010 年版,第 351 页。

③ 曾庆敏:《法学大辞典》,上海辞书出版社 1998 年版,第 1011 页。

定的一般法规效力高。[①] 更进一步，学界认为，依据此款的规定，可以得出结论：法律与根据授权制定的法规具有相同位阶。[②]《民法通则》第一百一十九条关于人身损害赔偿的规定，无精神损害赔偿，也无具体的赔偿项目和标准，不具有操作性。而《办法》(1987 年 6 月 29 日)、《条例》(2002 年 9 月 1 日)均围绕"为执行法律的规定需要制定行政法规的事项"而对医疗事故的赔偿依据法律的创制性规定做出具体化的规制，并没有侵犯法律的专属立法权，完全合法。且与 2003 年 12 月 4 日最高人民法院审判委员会第 1299 次会议通过的《最高人民法院关于审理人身损害赔偿案件适用法律若干问题的解释》，以及《法释》〔2001〕7 号(2001 年 3 月 8 日)的规范保持了内在的协调性，又突出了医疗卫生行业的特殊性，就此部分而言，可谓既合法又合理的"良法"。[③]

《侵权责任法》第二十二条规定"侵害他人人身权益，造成他人严重精神损害的，被侵权人可以请求精神损害赔偿"，也可以在《条例》里得到具体体现。很多权威专家并没有搞清"死亡赔偿金"的确切内涵、时代背景及其与精神损害赔偿的关系，而抨击《条例》的有关规定，这就显得无的放矢。

2010 年 7 月 21 日的《健康报》在《卫生与法》版刊登了《正确理解新旧法之异同》，其"侵权责任法导读文章"部分以为"《条例》没有死亡赔偿金"的规定。文中看法，与广东省廖新波的看法基本一致。廖新波在 2010 年 3 月 31 日发表博文《〈侵权责任法〉挑战低成本运作——学习〈侵权责任法〉体会》，其中说道：构成医疗事故不赔偿死亡赔偿金的规定将寿终正寝。

根据《条例》的规定，患者死亡是没有死亡赔偿金的，因此扣除医疗费用外，对死亡患者的赔偿很难超过 20 万元；但根据《侵权责任法》第十六条的规定，应当赔偿死亡赔偿金，参照 2008 年广东省一般地区的标准，单此一项的赔偿就达到 40 万元左右。

此观点源于《中华人民共和国侵权责任法解读》一书："《条例》未规定死亡赔偿金，……因而在医疗侵权造成患者死亡的情况下，按照医疗事故适用《条例》所得到的赔偿将明显少于按非医疗事故适用《民法通则》和司法解释所得到的赔偿。"[④]

这些说法，都不确切。

民事侵权损害的精神赔偿问题，最早的文字规范，出现于《法释》〔2001〕7 号

① 曹康泰：《中华人民共和国立法法释义》，中国法制出版社 2000 年版，第 209 页。

② 吴恩玉：《中国法律相同位阶及认定》，载胡建淼：《法律适用学》，浙江大学出版社 2010 年版，第 203 页。

③ 王利明：《民法・侵权行为法》，中国人民大学出版社 1993 年版，第 32 页。

④ 王胜明：《中华人民共和国侵权责任法解读》，中国法制出版社 2010 年版，第 268 页。

《最高人民法院关于确定民事侵权精神损害赔偿责任若干问题的解释》中。此解释于2001年2月26日由最高人民法院审判委员会第1161次会议通过,自2001年3月10日起施行。其第九条细化规定:

"精神损害抚慰金包括以下方式:

"(一)致人残疾的,为残疾赔偿金;

"(二)致人死亡的,为死亡赔偿金;

"(三)其他损害情形的精神抚慰金。"

因此,于2002年9月1日生效施行的《条例》第五十条细化规范的11个赔偿项目中的"精神损害抚慰金"一项,就其立法本意来说,是在医疗事故赔偿领域嗣轨,具化《法释》〔2001〕7号《最高人民法院关于确定民事侵权精神损害赔偿责任若干问题的解释》精神,在死亡案例里就是"死亡赔偿金",在其他事故案例里就是"残疾赔偿金"。《条例》规定:"精神损害抚慰金:按照医疗事故发生地居民年平均生活费计算。造成患者死亡的,赔偿年限最长不超过6年;造成患者残疾的,赔偿年限最长不超过3年。"这具有很强的操作便利性。

对《条例》的这个误读,十分普遍,许多法学权威都持此说,这实在是匪夷所思的事。①

二、《侵权责任法》与《民法通则》的关系问题

在《侵权责任法》的宣讲中,有很多权威认为,中国自2010年7月1日开始终于有侵权责任法律规制了。其实,《民法通则》的第六章第一节第一百零六条的第二、三款,第一百零九条,第三节从第一百一十七条至第一百三十三条,共用19个条款规定了"侵权的民事责任"。那么,两者是什么关系呢?一般认为,很简单,是特别法与普通法的关系,也是新法与旧法的关系,一旦有差异,毫无疑问,适用《侵权责任法》。

这个观点也是错误的。《民法通则》是1986年4月12日经第六届全国人民代表大会第四次会议通过的基本法律,而《侵权责任法》系2009年12月26日经第十一届全国人民代表大会常务委员会第十二次会议通过的法律,两者并非"同一机关制定的法律",不能依据《立法法》第九十二条的规定:"特别规定与一般规定不一致的,适用特别规定;新的规定与旧的规定不一致的,适用新的规定。"

尽管《宪法》和《立法法》没有明确规定基本法律的位阶高于非基本法律,但从《宪法》和《立法法》的相关规定中,还是可以得出这一结论。此外,全国人大制定的基本法律的正当性,和全国人大常委会制定的非基本法律的正当性,一定程

---

① 胡晓翔:《拿什么迎接你,侵权责任法?》,载《医界》2010年第8期,第32页。

度上是不同的。基本法律的正当性要高于非基本法律，其法律位阶也应高于非基本法律。[①] 亦即，《侵权责任法》并不能利用"法律适用规则"来代替《民法通则》的有关规定。

三、"归于一元"抑或"愈加多元"

法学界权威们对《侵权责任法》的主要期待之一，就是所谓的"二元归一"，以为"创造性地"设计了第七章"医疗损害责任"的专章规定，今后"患者在诊疗活动中受到损害的，统一适用本法的各项规定，从而有利于消除二元化现象"[②]。通过上文的分析，我们已经可知，"归于一元"之虚妄。岂止如此，实际上，关乎医事侵权损害的法律规制，只会"愈加多元"。

2010年6月30日发布的《最高人民法院关于适用〈中华人民共和国侵权责任法〉若干问题的通知》(法发〔2010〕23号)，其第一、第二两点内容是：

第一，侵权责任法施行后发生的侵权行为引起的民事纠纷案件，适用侵权责任法的规定。侵权责任法施行前发生的侵权行为引起的民事纠纷案件，适用当时的法律规定。

第二，侵权行为发生在侵权责任法施行前，但损害后果出现在侵权责任法施行后的民事纠纷案件，适用侵权责任法的规定。

这也就明白无误地确定了，自2010年7月1日《侵权责任法》生效施行之后，涉及医疗损害赔偿纷争的民事诉讼案件的法律适用，是《侵权责任法》这"一元"与"当时的法律规定"并存的。而"当时的法律规定"本身就是多元的，因此，不可能"归于一元"。

再者，《侵权责任法》第五条规定："其他法律对侵权责任另有特别规定的，依照其规定。"依据本条规定，本法与其他含有侵权责任规定的法律，构成一般法与特别法的关系，人民法院应当优先适用特别法关于侵权责任的具体规定。[③] 即便我们把"其他法律"严格限定于"全国人大及全国人大常委会制定的法律"，不包括国务院制定的行政法规，也至少还有《献血法》《执业医师法》《传染病防治法》《药品管理法》《食品安全法》《母婴保健法》《红十字会法》《国境卫生检疫法》《职业病防治法》《突发事件应对法》《放射性污染防治法》《产品质量法》《国家赔偿法》等等法律可能被优先适用。

---

① 吴恩玉：《中国法律位阶的几个"灰色地带"》，载胡建淼：《法律适用学》，浙江大学出版社2010年版，第207—208页。

② 张赞宁：《论医患关系的法律属性》，载胡晓翔、姜柏生：《冷眼观潮：卫生法学争鸣问题探究》，东南大学出版社2001年版，第270页。

③ 梁慧星：《中国侵权责任法的制定》，载梁慧星：《中国民事立法评说：民法典、物权法、侵权责任法》，法律出版社2010年版，第278—279页。

除此以外，还可能有国际公约被优先于《侵权责任法》适用。

根据国际法上的条约必须信守原则，对于一个国家签署或加入的国际条约，除非做出保留等，一般即在该国发生效力，国家有义务使其国内法承担的义务与国际法的相一致。这就是一般意义上的国际法高于国内法规则，为包括我国在内的多数国家的法制实践所接受。学界主流的观点认为，凡是全国人大决定批准的条约和协定均与全国人大常委会制定的法律具有同等的地位和效力。[①] 中国政府先后于 1997 年 10 月、1998 年 10 月签署了《经济、社会及文化权利国际公约》和《公民权利和政治权利国际公约》，2001 年 2 月 28 日，第九届全国人大常委会第 20 次会议做出了批准《经济、社会及文化权利国际公约》的决定。该公约第 12 条及其拓展性文件规定了庞杂的“健康权”相关内容，[②]不排除我国公民依据其提起诉讼的可能性。

第四节　医疗损害责任的举证责任配置问题

《侵权责任法》将医疗损害责任分为三种基本类型，即医疗技术损害责任、医疗伦理损害责任和医疗产品损害责任，分别适用不同的归责原则和具体规则。

《侵权责任法》之“医疗损害责任”的规定，建立了什么样的举证责任配置体系以“平衡受害患者、全体患者与医疗机构之间的利益关系”呢？一部《侵权责任法》似乎条文昭然，在此重大问题上也理应不存歧义，但其实，若真的考究起来，还真是个“值得讨论的课题”。

一、归责、归责原则的概念

首先，从归责原则谈起。

侵权责任的归责原则，是侵权行为法的统帅和灵魂，研究医疗侵权责任问题，首先要确定其适用何种归责原则。确定医疗侵权责任的归责原则，就是确定医疗侵权责任立法的基本点。[③]

归责，是指在侵权行为人的行为或物件致他人损害的事实发生以后，应依何种根据使其负责。归责原则是归责的基本规则，是确定行为人的侵权民事责任的根据和标准。[④] 归责的根本含义，是决定侵权行为造成损害结果的赔偿责任

---

① 骆梅英：《法律适用规则（一）》，载胡建淼：《法律适用学》，浙江大学出版社 2010 年版，第 515、518 页。

② 胡晓翔：《在人权保障背景下的思考》，载胡晓翔、姜柏生：《冷眼观潮：卫生法学争鸣问题探究》，东南大学出版社 2001 年版，第 33、35 页。

③ 杨立新：《医疗侵权法律与适用》，法律出版社 2008 年版，第 47 页。

④ 王利明：《民法·侵权行为法》，中国人民大学出版社 1993 年版，第 81 页。

的归属，即德国学者拉伦茨所说的负担行为之结果，或者说决定何人对侵权行为的损害结果负担赔偿责任。① 通俗来说，我们认为，归责就是落实责任承担者；而归责原则就是"归责"这个责任归咎活动的规则，也是确定侵权的民事赔偿责任的准据。

归责原则的分类，迄今在民法学界并无统一之说。最兼容并包的是郭明瑞教授的"四元论"，认为归责原则体系应包含过错责任原则、过错推定责任原则、无过错责任原则和公平责任原则。② 不同的归责原则，适用于不同的侵权情形，各有其对应的举证责任配置的要求。

二、《侵权责任法》医疗损害责任的归责原则与举证责任配置的规定

《侵权责任法》将医疗损害责任分为三种基本类型，即医疗技术损害责任、医疗伦理损害责任和医疗产品损害责任，分别适用不同的归责原则和具体规则。

（一）过错责任原则

《侵权责任法》第五十四条、第五十七条、第五十八条规定的是医疗技术损害责任。

医疗技术损害责任适用过错责任原则确定侵权责任，在证明责任上，实行一般的举证责任规则，即"谁主张，谁举证"，违法行为、损害事实、因果关系和医疗过失四个要件均须由受害患者承担举证责任，③也就是举证责任正置。

《侵权责任法》第六条第一款规定："行为人因过错侵害他人民事权益，应当承担侵权责任。"第五十四条相应规定："患者在诊疗活动中受到损害，医疗机构及其医务人员有过错的，由医疗机构承担赔偿责任。"这就确立了"过错责任原则"。④

（二）过错推定责任原则

《侵权责任法》第五十五条、第六十二条规定的是医疗伦理损害责任，适用过错推定原则。其举证责任有特殊规则：原告起诉应当举证证明三个要件，一是违法行为，二是损害事实，三是因果关系。在主观过错的要件上，实行举证责任倒置。如果被告认为自己在主观上没有过错，则须自己举证，证明自己没有过错。证明成立的，推翻过错推定，否认行为人的侵权责任。最后，被告证明不足或者

---

① 曾庆敏：《法学大辞典》，上海辞书出版社 1998 年版，第 48 页。

② 高圣平：《〈中华人民共和国侵权责任法〉立法争点、立法例及经典案例》，北京大学出版社 2010 年版，第 78 页。

③ 杨立新：《〈中华人民共和国侵权责任法〉精解》，知识产权出版社 2010 年版，第 227—228、232 页。

④ 胡晓翔：《浅议〈侵权责任法〉若干问题》，载《南京医科大学学报》（社会科学版）2010 年第 10 卷第 2 期，第 91 页。

不能证明的，推定过错成立，行为人应当承担侵权民事责任。[①]

《侵权责任法》第五十八条规定：

“患者有损害，因下列情形之一的，推定医疗机构有过错：

“（一）违反法律、行政法规、规章以及其他有关诊疗规范的规定；

“（二）隐匿或者拒绝提供与纠纷有关的病历资料；

“（三）伪造、篡改或者销毁病历资料。”

同时，《侵权责任法》第六条第二款规定：

“根据法律规定推定行为人有过错，行为人不能证明自己没有过错的，应当承担侵权责任。”

即是说，在该条规定的“过错推定”的三种情形之下“举证责任倒置”，医方要想免责，就得按照第六条第二款的规定承担有关要件的证明责任。[②] 从事医患纠纷处置的人都知道，凡涉及医疗的纠纷案例，大概九成以上都难免跌落这“三种情形”编织的罗网。因此，一定程度上可以说，第五十四条规定的过错责任原则及举证责任正置的规则，相对于第五十八条实属虚置条文。[③]

另外，著名民法学家梁慧星教授认为第六条所谓“推定医疗机构有过错”，不允许医疗机构举证证明自己没有过错而获得免责，属于法理上所谓“不可推翻的推定”。其法律效力等同于“视为”。[④]

梁教授的观点，大有商榷之处。一来是与《侵权责任法》第六条第二款生硬割裂开来，进行孤立地解读，就难免方枘圆凿之讥。二来，忽视了“推定”与“视为”内涵上的质的区别。推定是一种假设，从推理得出，未必与客观事实完全相符，所以允许对方提出反证；而“视为”则明知为不合客观事实，但法律强制性规定其当作等同看待，不许提出反证来推翻。[⑤] 王利明教授认为，从理论上讲，推定有过错并非完全等同于当然认定有过错。但是从第六条规定来看，推定医疗机构有过错的这三种情形都是比较严重的不法行为，因此，医疗机构事实上很难对该条所列举的这三种行为提出反证来证明自己没有过错。[⑥] 此论还是比较中肯的。

---

① 梁慧星：《中国侵权责任法的制定》，载梁慧星：《中国民事立法评说：民法典、物权法、侵权责任法》，法律出版社 2010 年版，第 48—49 页。

② 全国人民代表大会法律委员会：《关于〈中华人民共和国侵权责任法（草案）〉主要问题的汇报》，载《中华人民共和国侵权责任法》，法律出版社 2010 年版，第 20 页。

③ 胡晓翔等：《〈侵权责任法〉系列讲座：概说》，载《临床误诊误治》2011 年第 24 卷第 1 期，第 4 页。

④ 梁慧星：《侵权责任法重要条文解读》，载梁慧星：《中国民事立法评说：民法典、物权法、侵权责任法》，法律出版社 2010 年版，第 349 页。

⑤ 徐开墅：《民商法辞典》，上海人民出版社 1997 年版，第 198 页。

⑥ 王利明：《〈中华人民共和国侵权责任法〉释义》，中国法制出版社 2010 年版，第 288 页。

（三）无过错责任原则

《侵权责任法》第五十九条规定了医疗产品损害责任。由于医疗产品损害责任具有产品责任性质，因此应当适用无过错责任原则。[①] 但如此理解的法理障碍在于，医疗机构终究不是药品、器械及血液的“销售者”，参考行政法规《麻醉药品和精神药品管理条例》及《医疗器械监督管理条例》的划分，医疗机构属于“使用者”而非“销售者”！

该条设计的逻辑混乱，引致了“豪杰式解读”怪象。也就是，刻意回避其立法缺陷，而强为之解。比如，“医疗机构作为医疗器械的销售商，只要患者向医疗机构提出赔偿要求，医疗机构就应承担产品质量责任”[②]，完全罔顾依据！至于说“考虑到生产者在外地甚至外国，患者很难起诉缺陷医疗产品的生产者，因此，本条规定患者可以向医疗机构请求赔偿”[③]。

第五节　《侵权责任法》能否成为维权利器——从“强制干预权”的失范谈起

《侵权责任法》法并未就“强制干预权”做规定，不能解决患者或者其近亲属明确表示拒绝采取医疗措施的情况。

《侵权责任法》一出台，就引起了社会各界的重视。“这部法律的每一条款都与百姓权益息息相关。它的施行，能否成为维护百姓权益的‘利器’？能否解开百姓的维权‘困局’？这些都令人期待。”[④]杨立新教授说，该法可以说是一部比较好的法律。也许我们研究侵权法的时间太长了，充满了感情和感性，评价不够实事求是。但我们说的是真心话，没有一点偏见。[⑤]“充满了感情和感性”的“评价”，容易出自真心，但是，也容易偏离公允。下面，我们就从“强制干预权”这个问题入手，来分析“侵权责任法能否成为维权的利器”，同时，管窥蠡测，对该法的立法质量略加臧否。

---

① 梁慧星：《中国侵权责任法的制定》，载梁慧星：《中国民事立法评说：民法典、物权法、侵权责任法》，法律出版社 2010 年版，第 238 页。

② 奚晓明：《〈中华人民共和国侵权责任法〉条文理解与适用》，人民法院出版社 2010 年版，第 415 页。

③ 胡晓翔：《再论国家主体医疗卫生事业中的医患关系的法律属性：兼驳两个错误观点》，载《山东医科大学学报》（社会科学版）1999 年版第 1 期，第 374 页。

④ 周婷玉等：《侵权责任法能否成为维权“利器”》，载《人民法院报》2010 年 7 月 5 日，第 8 版。

⑤ 杨立新：《侵权责任法：条文背后的故事与难题》，法律出版社 2011 年版，第 2—4、195、201、210 页。

一、学界对《侵权责任法》有关条文的一个误读

《侵权责任法》出台后，学界多有误读。例如，有关“强制干预权”问题，《人民法院报》就刊发了周婷玉等三人的“解读”：

近年来发生的“丈夫拒签致孕妇死亡”一案，引发了医院“抢救生命”与“坚守签字制度”的讨论。这一问题终于在《侵权责任法》中得到了明确答案。法律规定：“因抢救生命垂危的患者等紧急情况，不能取得患者或者其近亲属意见的，经医疗机构负责人或者授权的负责人批准，可以立即实施相应的医疗措施。”全国人大常委会一些组成人员指出，这一规定表明医疗机构可以在患者知情权与患者生命权、重大健康权之间做出符合患者利益的选择，体现了“生命至上”的原则。①

这是对该法第五十六条的误读。媒体的许多专家解读文章都有此论，不胜枚举。侵权法权威杨立新教授也在 2011 年的专著中阐发道：第五十六条做了一个特别规定，再出现李丽云这种情况，那也应马上进行手术，因为人的生命是第一重要的。②

细读原文，意思表述十分清楚，“不能取得患者或者其近亲属意见”，根本就不针对李丽云一类案例的“签字表示拒绝”情形。

“不能取得患者或者其近亲属意见”，据法工委副主任王胜明在法律委员会上的说明，是指患者不能表示意见且难于取得患者近亲属的意见。如果患者明确表示“不同意”，或者患者不能表达意见时其近亲属明确表示“不同意”，则医疗机构和医务人员不得借口“紧急情况”而强行实施抢救措施。③ 而王胜明副主任在自己主编的“解读”中也明确表示该条不包括患者或者其近亲属明确表示拒绝采取医疗措施的情况。④ “这个问题情况较为复杂，应当总结实践经验做进一步研究，待条件成熟时再做明确规定。”⑤ 也就是说，被期待成为维权利器的《侵权责任法》，在这个万众期待的难题上，是失范的“钝器”。

“我个人对‘法’（包括立法、执法和律师）有一种看法，觉得他们有偏向性。就是说，对于有些事急于介入，但对于有些事却故意装聋作哑。”⑥立法者采取的是“回避”的策略，而临床一线，其实已经有比较丰富的探索性实践。早在广州这

---

① 周婷玉等：《侵权责任法能否成为维权“利器”》，载《人民法院报》2010 年 7 月 5 日，第 8 版。

② 杨立新：《侵权责任法：条文背后的故事与难题》，法律出版社 2011 年版，第 2—4、195、201、210 页。

③ 梁慧星：《侵权责任法重要条文解读》，载梁慧星：《中国民事立法评说：民法典、物权法、侵权责任法》，法律出版社 2010 年版，第 372 页。

④⑤ 王胜明：《中华人民共和国侵权责任法解读》，中国法制出版社 2010 年版，第 278—279 页。

⑥ 曾昭耆：《应抓住这件事展开讨论》，载《健康报》1999 年 3 月 19 日，第 3 版。

起案例之前，北京、浙江、湖南、江苏都曾出现过类似的案例，除北京的患者以悲剧结束外，其他均采取了“强制干预权”而进行剖宫手术治疗，并以良好结局收场。[①]

如此重大且已经有多例成功探索经验的疑难问题，都被“回避”了，我们怎么能苟同杨教授“医疗损害责任这一部分规定得非常详细”的观点呢。[②] 相反，我们认为，从创新规制、填补空白的角度来看，“医疗损害责任”专章没有任何新意，11 个条文仅仅是同样的内容，由全国人大常委会制定的、具有普遍约束力的文件“重述”一下而已。我们确实“应当给予《侵权责任法》一个适当评价”[③]，但我们知道，“一部好的法律或者一个好的判决，不仅是公正的，同时在经济学上也必然是符合效率原则的。善良的愿望不能代替冷静的分析”[④]。尽管整部《侵权责任法》的篇幅比较大，但是，就“医疗损害侵权”专类来讲，却疏漏在“过简”，专章内容不能涵括“医疗损害侵权”的复杂情势，挂一漏万、捉襟见肘；疏忽在“失衡”，与现行有效的其他法律法规规章等文件没有等当均衡，脱节抵牾、措置无度；疏失在“失序”，与现行医事规制尤其是一线实践的探索、演绎、发展脉络没有内在的衔接承续，接续无由、嗣轨失据。

杨立新教授还把握十足地说：“我对自己对《侵权责任法》的理解还比较有自信，因为毕竟研究的时间比较长。”[⑤] 可至少，杨教授对第五十六条的阐述是“脱靶”的！由于没有医疗的系统理论知识和一线的实践感受，杨教授等一批公共法学学者在“医疗损害责任”问题上的“努力”，毕竟只是“隔山打牛”，不准确在所难免。

二、对临床“强制干预权”的学理分析

我们认为，“现行有效的卫生法律法规规范中有无紧急强制处置权的授权规定”与“该不该有这样的授权规定”，是区别得很清楚的两个不同论题。前者只需针对现行有效的各类文件的条文做全面、系统解读，属于在“共时性”的规范“实然”状态中的“查找”工作，以评价医疗危机事件当事各方的是非曲直；而后者，是对有关领域规范“应然”状态的探索和研究，以指导未来对该领域规范的废、改、立，属于“制度建构”的研究工作，具有“历时性”特征。[⑥] 下面，就从这两方面阐

---

① 何峰：《母婴生命高于一切——“强行”剖宫案例南京早有，专家称“生命权”大于“同意权”》，载《江南时报》2010 年 12 月 6 日，第 4 版。

②③⑤ 杨立新：《侵权责任法：条文背后的故事与难题》，法律出版社 2011 年版，第 2—4、195、201、210 页。

④ Cheeraid：《经济学的思索》，载《南方周末》1999 年 8 月 6 日，第 14 版。

⑥ 胡晓翔：《我国有无“强制治疗权”》，载《南京医科大学学报》（社会科学版）2007 第 7 卷第 4 期，第 271 页。

述观点。

(一)法学界有关临床强制干预权的看法

该不该在立法时授予医疗界特殊情况下的临床"强制干预权",对此,法学界有肯定与否定两派观点。

1.否定的观点

此观点认为,医务人员不能基于自己的专业判断而径直对患者进行诊疗等行为,否则便侵犯了患者的知情权和决定权。如果患者或者其近亲属的意见是明确表示拒绝治疗措施的实施,那么由此引起的后果则由其自身承担。[①] 这几乎是法学界的通说。"治疗方案如果只有一种,患者治不治,要由患者自己决定。如果治就治,不治就回家。"[②]既如此,就当然反对强制干预权。

2.肯定的观点

有一些学者认为,患者的决定权不是绝对的。代行者行使决定权,必须确定患者意思,以有利于维护患者的生命、健康为限,否则即为权利滥用,其意思表示无效。资本主义国家的现行法制,已承认医师依伦理道德的决断性治疗权,当患者的自己决定权与医疗机构的救治冲突时,医疗机构的公权应优先于患者一方权利行使。国家设立的医疗机构,带有公的性质,承担着对公民救治的义务。[③]

我们认为:在一定的情形之下,监护人或患者本人或家属或关系人的"同意权"理当灭失,而"医方强制干预权"同时激活。也就是说,在一定的情形下,"医方强制干预权"可以对抗"患方同意权"。

具体来说,只要:

(1)就当事患者生命、健康的拯救来讲,必须施行某手术,没有其他可替代的措施。

(2)向监护人或患者本人或家属或关系人充分告知了拖延或放弃这个措施的严重后果。

(3)病情危急时。

符合上面三个条件的案例,要是监护人或患者本人或家属或关系人依然签字明确拒绝,则其"同意权"理当灭失,而"医方强制干预权"同时激活。理由是:

(1)病人一旦就医,安全和早日康复是第一位的,患者一旦失去生命,其他权利都是空话。即,以"生命为代价"的"同意权",在逻辑上说不通。

(2)患方的医学知识理论上不如专业医生和专业机构,他的决策的准确性,

---

① 王胜明:《中华人民共和国侵权责任法释义》,中国法制出版社 2010 年版,第 281—282 页。

② 杨立新:《侵权责任法:条文背后的故事与难题》,法律出版社 2011 年版,第 2—4、195、201、210 页。

③ 刘士国等:《侵权责任法重大疑难问题研究》,中国法制出版社 2009 年版,第 206—207、209 页。

一般不如医生和医疗机构。

(3)任何人权利的行使，都并非漫无边际、无所约束，而是以不侵害社会和其他人，乃至自己的生命、健康权益为边界。一旦越界，患方的知情权、同意权就自然消亡灭失了。

三、现行有效的卫生法律规制中紧急强制干预权的授权规定探析

以上是从“法的应然”层面做的简介和剖析，下面，再从“法的实然”层面，来一番钩沉辑佚，看看现行有效的规制中是否已经有授权性规定。

(一)医师、医疗机构的职责

《执业医师法》第三条规定：“医师应当……履行……救死扶伤、保护人民健康的神圣职责。”《医疗机构管理条例》第三条规定：“医疗机构以救死扶伤，……为公民的健康服务为宗旨。”在诸多职责中，首先都突出“救死扶伤”这个职责。“救死扶伤”系指“救护生命垂危者，照顾伤病者”，典出于西汉司马迁《报任少卿书》：“仰亿万之师，与单于连战十有余日，所杀过当。虏救死扶伤不给……”可见，“救死扶伤”特指紧急医疗处置事务。此事务的特征是“此惟救死而恐不赡，奚暇治礼义哉”。说明先贤大达已经认识到，平诊时的繁文缛节，在“救死扶伤”面前，难免无暇顾及了。

(二)卫生规制体系中的有关规定

针对“救死扶伤”这个职责的“紧急”特性，《执业医师法》第二十四条才相应规定“对急危患者，医师应当采取紧急措施进行诊治，不得拒绝急救处置”。并在第二十一条规定医师有权“在注册的执业范围内，进行……医学处置……，选择合理的医疗……方案”。原卫生部(86)卫医字第23号文件(1986年9月18日)《关于进一步加强急诊抢救工作的补充规定》就已经阐明：“各医院急诊科(室)的设施和一切制度、规定，都要有利于分秒必争地争取抢救时机。……有紧急手术抢救指征的急诊抢救病人，应立即直送手术室。”《医疗机构管理条例》第三十一条秉此意旨，明确规定“医疗机构对危重病人应当立即抢救”。这些专门针对紧急医疗处置问题的条款，均接续“此惟救死而恐不赡，奚暇治礼义哉”的观念，都没有“征得患者本人或家属或关系人签字同意”的要求。“不得拒绝急救处置”“立即直送手术室”的法条用语，言简意赅，属意专一，斩钉截铁，不容置疑。也就是说，“对急危患者”，我国的卫生法律法规已经给医师和医疗机构做了“强制处置权”的授权。

至于饱受诟病的《医疗机构管理条例》第三十三条，其实只是并列于第三十一条，专门针对平诊而言的。第三十一条、第三十三条，具有不同的法域，适用时必须予以区分。依据第三十三条的规定来处理医疗危机事件，属于适用法律

错误。

综上所述，我国的法律法规同样授予了医师、医疗机构紧急强制治疗权，亦即，在情况紧急时，就当事患者生命、健康的拯救来讲，必须施行的，没有其他替代措施的手术，医师和医疗机构有权强行实施。这也是医师、医疗机构的职责所在。

四、事件发生后有关部门作为的建议

（一）关于事件经过的调查报告问题

无论是当年北京的孕妇事件，还是广州孕妇案例，面对各界沸沸扬扬的热议，当地政府均没有发布一份比较权威、系统的事件经过调查报告。各媒体的报道互有出入，许多关键环节的情况难说分明，在此背景上的“热议”，难免不准确、欠严谨，对于澄清事实、厘清责任、消除隐患、维护稳定均非常不利。因此，建议当地政府赶紧组织政府层面的联合调查组，把事件经过调查清楚，尽快发布权威的事件经过报告。这是稳定社会、恢复秩序的最关键一步。

（二）关于法规的法定解释问题

《医疗机构管理条例》第五十四条规定：“本条例由国务院卫生行政部门负责解释。”而事件的当事各方，以及发表议论的法学界、伦理学界权威，大家对《医疗机构管理条例》第三十三条的理解，几年来可谓人言人殊。作为“法定解释权”的被授权单位，原卫生部至今未见履行其“法定解释”的职责，而令“六经注我”现象弥漫，医患一再纠结，难免有损法规的严肃性，实在是不应该的。①

第六节　过错、医疗损害责任及医疗事故诸概念的解析

过错是侵权法的核心问题，注意义务是界定过失的基准。确定医疗机构承担侵权赔偿责任不应当要求具备违法行为、损害事实、因果关系和医疗过失四个要件。医疗事故的判定应采取客观标准认定行为人的过失，此认定过失的客观标准应取“中等偏上”标准，即一个合理的、谨慎的人的行为标准。行为人基于当时的情况，履行了所应履行的具体的结果预见义务或结果回避义务，纵使具体的危害仍然发生了，也不能要求行为人负过失责任。

过错是侵权法的核心问题，是行为人在法律上应负责任的重要依据。② 而《中华人民共和国侵权责任法》的制定，立意改革，将纷繁复杂的医事侵权责任的

---

① 胡晓翔：《最不该的，是让医患一再纠结》，载《医界》2010年第12期，第33页。

② 张新宝：《侵权责任法立法研究》，中国人民大学出版社2009年版，第281页。

案由统一为医疗损害责任。[①] 在“医疗损害责任”专章中还有“未尽到与当时的医疗水平相应的诊疗义务”“已经尽到合理诊疗义务”“限于当时的医疗水平难以诊疗”等由过错延伸的描述，令人目不暇接。这些概念究竟有何内涵与外延，与传统使用的医疗事故一词有何联系与区别？本文拟“窃睹堂奥”，以“钦蹈明规”。

一、过错

过错的基本形式是故意和过失。[②] 我们在民事领域里讨论和研究医疗过错问题，一般仅论及“过失”。

（一）过失

比较各国的司法实践，大多数国家均采取客观标准来认定行为人的过失，即把行为人的行为与一个虚拟的标准人的行为进行比较，进而认定行为人有无过失。也就是说，若一个标准人置身于行为人当时的环境中，不会像本行为人那样发生同样的行为，则本行为人就存在过失。[③] 可见，客观标准在认定过失方面的合理性取决于这一标准本身的合理性。认定过失的客观标准既不应是“最先进的标准”，也不应是“一般标准”，而应该采取“中等偏上标准”。这一标准就是一个合理的、谨慎的人的行为标准。[④] 只有采取“中等偏上”标准，才能既督促医院管理决策人员精于选用医护人员、勤于管理医护工作，又可促使从业的医护人员尽最大努力忠于职守、自觉精进、主动进修提高，而又不至于举动荆棘、动辄得咎，无法放手积极、主动地工作。[⑤]

（二）注意义务

在现代侵权责任法上，无论是大陆法系还是英美法系，注意义务是侵权责任的核心要素，是界定过失的基准。[⑥] 注意义务乃是行为人在作为或不作为时，当依法律法规及社会生活之基本要求，保持谨慎小心，以有效防止危害社会结果发生的责任。[⑦] 考虑行业和职业特点所确定的“中等偏上的标准”，是指从事该行业和职业时，作为一个合理的和谨慎的人应有的注意，这种注意是行为人能够尽

---

① 杨立新：《侵权责任法：条文背后的故事与难题》，法律出版社 2011 年版，第 200 页。

② 陈嘉梁：《侵权行为》，载张友渔：《中国大百科全书・法学卷》，中国大百科全书出版社 1984 年版，第 473 页。

③ 王利明：《民法・侵权行为法》，中国人民出版社 1993 年版，第 158—159 页。

④ 王利明：《侵权行为法归责原则研究》，中国政法大学出版社 1992 年版，第 230 页。

⑤ 胡晓翔：《从一起病理“误诊”纠纷论医疗事故技术鉴定中“过失”的认定》，载胡晓翔、姜柏生：《冷眼观潮：卫生法学争鸣问题探究》，东南大学出版社 2001 年版，第 129 页。

⑥ 全国人大常委会法制工作委员会民法室：《〈中华人民共和国侵权责任法〉条文说明、立法理由及相关规定》，北京大学出版社 2010 年版，第 233 页。

⑦ 周光权：《注意义务研究》，中国政法大学出版社 1998 年版，第 10 页。

到并且应该尽到的注意。[①] 既然这种注意是行为人能够尽到并且应该尽到的注意，未尽到此种注意义务即为过失，也就是说，注意义务须具有可履行性。因为，注意义务的基本内容是预见结果发生或回避结果发生，这是国家约束行为人行为的基本要求，这一要求的实现必须有一个基本前提，即行为人本身(或至少是社会平均人)当时确有能力尽到这种“标准人的注意义务”，才能对其提出相应的要求。行为人基于行为当时的情况，履行了所应履行的具体的结果预见义务或结果回避义务，纵使具体的危害仍然发生，也不能要求行为人负过失责任。[②] 当然，一个合理的、谨慎的人所应有的注意，还需要根据行业和职业内部的具体情况来确定，而关于医生在医疗事件中的过失的客观标准，就需综合考虑“医学学术的派别性”“诊疗水平的区域性”“工作分工的专门性”“医学技术的时代性”和“抢救病人的紧急性”等因素来综合考量。[③] 因为上述因素是衡量一名医务人员在相应专业、职称、职务背景下的经验、技术、学识水平的“参照系”，只有结合上述因素才能科学判断该行为人是否履行了应该履行的注意义务，进而做出有无过失的评价。

过失的行为人之所以在法律上应负责任，不在于行为人主观上没有预见或没有认识，而在于行为人的行为背离了法律和道德对其提出的应对他人尽到适当注意的要求，在于行为人没有尽到对他人注意的义务，以至于其行为造成对他人的损害。[④] 医务人员的注意义务并非与合法合规是完全等同的概念。一个医务人员应当具有的诊疗水平，并非完全能够被法律、行政法规、规章及诊疗规范的有关要求所涵盖。医务人员完全遵守了具体的操作规程，仍然有可能做出事后证明是错误的判断，实施事后证明是错误的行为。不能仅凭事后证明错误这一点来认定医务人员存在诊疗过错，不能唯结果论，关键要看是不是其他的医务人员一般都不会犯这种错误。[⑤] 因此，很显然，对“误诊”“误治”“漏诊”“漏治”也得具体分析其成因，有些可能确实构成过失，有些却实在未必构成过失。对这个道理不了解，患属、新闻界或其他热心人就不但会对鉴定结论产生误会而无端地怀疑其科学性，还会为了不可能实现的“赔偿”而劳民伤财、无谓地奔波。[⑥]

《侵权责任法》在第五十七、第六十等条款里使用的是“诊疗义务”一词。从

---

① 王利明：《侵权行为法归责原则研究》，中国政法大学出版社 1992 年版，第 233 页。

② 周光权：《注意义务研究》，中国政法大学出版社 1998 年版，第 12—13 页。

③ 王利明：《侵权行为法归责原则研究》，中国政法大学出版社 1992 年版，第 234 页。

④ 王利明：《侵权行为法归责原则研究》，中国政法大学出版社 1992 年版，第 244 页。

⑤ 全国人大常委会法制工作委员会民法室：《〈中华人民共和国侵权责任法〉条文说明、立法理由及相关规定》，北京大学出版社 2010 年版，第 232 页。

⑥ 胡晓翔：《从一起病理“误诊”纠纷论医疗事故技术鉴定中“过失”的认定》，载胡晓翔、姜柏生：《冷眼观潮：卫生法学争鸣问题探究》，东南大学出版社 2001 年版，第 130 页。

法理上说，“注意义务”概念与“诊疗义务”概念是种概念与属概念的关系，改为“诊疗义务”，强调医疗服务领域医疗机构和医务人员必须履行的注意义务的行业特点。[①]

（三）医疗过失

日本称为“医疗过误”，英美采用 medical malpractice 一词，malpractice 指的是医生、律师、会计师等专业人员的失职或不端行为。专业人员未能按该行业一般人员在当时情况下通常应提供的技能、知识或应给予的诚信、合理的服务，致使接受服务者或有理由依赖其服务的人遭受伤害、损失的，均属失职行为。[②] 与前述过失、注意义务的阐述其实是一致的，关键在于不落入“结果论”的陷阱。《侵权责任法》诸条款中，“未尽到与当时的医疗水平相应的诊疗义务”“已经尽到合理诊疗义务”“限于当时的医疗水平难以诊疗”等措辞，就是上述关于“过失”判定标准理论的应用。[③]

日本有一个判例，很能说明问题。2001 年 1 月 21 日，位于日本最南端的冲绳县《冲绳时报》朝刊第 27 版显要位置刊登了一则新闻：《因医疗过误县方败诉那霸地方法院发布赔偿命令》。该报道称：“中国人的丈夫和孩子以管理县立那霸医院的冲绳县为被告提起诉讼，法院于 20 日进行了判决。绵引穰裁判长确认医院病理检查的过失和死亡有必然的因果关系，命令县方支付 1650 万日元（折合人民币约 110 万元——编辑注）的损害赔偿。”在鉴定报告中，半藤堡肯定了腺癌是造成孙启怡死亡的根本原因，指出 70％的临床病理医生能够轻松地根据病理检测判断病人是否得了此种癌症。[④]

另外，原卫生部《关于〈医疗事故处理办法〉若干问题的说明》对“医疗技术事故”阐述道：“指根据行为人的相应职称或相似情况下的一般水平，限于能力不及或经验不足，发生诊疗护理工作中的失误，导致不良后果的。”这个说明采“一般水平”，亦即“一般标准”，有使从业人员不尽谨慎注意义务之虞，不利于最大限度地促使从业人员自觉履行注意义务。

二、医疗损害责任

“医疗损害责任”是医疗伦理损害责任、医疗技术损害责任和医疗产品损害

---

① 梁慧星：《侵权责任法重要条文解读》，载梁慧星：《中国民事立法评说：民法典、物权法、侵权责任法》，法律出版社 2010 年版，第 373 页。

② 张新宝：《侵权责任法立法研究》，中国人民大学出版社 2009 年版，第 282 页。

③ 胡晓翔：《浅议〈侵权责任法〉若干问题》，载《南京医科大学学报》（社会科学版）2010 年第 10 卷第 2 期，第 93 页。

④ 朱强：《医疗过失爱妻命丧日本 孤身诉讼丈夫恋战冲绳》，载《南方周末》2001 年 3 月 15 日，第 1 版。

责任的总称，系杨立新教授借鉴法国医疗损害责任法的做法归纳出来的概念。① 如何确定医疗机构是否承担侵权赔偿责任？杨立新教授认为应当具备违法行为、损害事实、因果关系和医疗过失四个要件。医疗技术损害责任的违法行为必须发生在医疗活动过程中，如诊断、治疗、护理、管理等，都是发生在医疗技术损害的违法行为的场合，否则不构成医疗侵权责任。行为的违法性，是指医疗机构违反了对患者的生命权、健康权、身体权不得侵害的法定义务，这种违法性是形式违法，而不是实质违法。②

这个观点，既没有法律依据，也不符合医疗卫生服务领域的实际，值得商榷。

首先，按照我国民法理论和实践，关于侵权责任之成立，无所谓"违法性"要件。民法理论和裁判实践迄今未发生所谓"违法性要件之要否"的争论。《民法通则》关于侵权责任的规定，仅规定"侵害"而未规定"不法侵害"或者"违法侵害"。《侵权责任法》亦仅言"侵害"而不论"侵害"之是否属于"不法"。③

其次，民事侵权行为大多为过失行为，很难用现行法的规定判定行为人是否触犯了现行法律的规定。作为责任要件的违法行为，并不具有特定的、与过错的概念相区别的内涵，因此，违法行为不宜作为责任构成要件。④ 过错归责（过错责任和过错推定责任）的责任构成要件应是损害事实、因果关系和过错。⑤

最后，医疗损害侵权中，大量的是所谓的"技术性"过失，属于注意义务履行不当，很难用违法性（尤其是形式违法）标准进行判断。⑥

至于《侵权责任法》第五十八条规定的三种情形之下的医疗损害行为，均系"违规"行为，因此予以"过错推定"的特别规制，自是另当别论。

总之，使用"违法行为""不法性"的概念来概括许多违反现行法规定的侵权行为是正确的，但不宜以"违法行为"作为适用于各种侵权行为的责任构成要件，因为对此种要件在理论上做出科学的定义和限定是极为困难的。⑦

三、医疗事故

《侵权责任法》生效，并不能代替《条例》，"医疗事故"作为"医疗损害"的子概

---

① 杨立新：《侵权责任法：条文背后的故事与难题》，法律出版社 2011 年版，第 200 页。

② 杨立新：《侵权损害赔偿》，法律出版社 2010 年第 5 版，第 355 页。

③ 梁慧星：《侵权责任法重要条文解读》，载梁慧星：《中国民事立法评说》，法律出版社 2010 年版，第 347—348 页。

④⑤ 王利明：《侵权行为法归责原则研究》，中国政法大学出版社 1992 年版，第 402、407、410 页。

⑥ 胡晓翔：《浅议〈条例〉贯彻实施中亟待解决的几个问题》，载《法律与医学》2002 年第 9 卷第 4 期，第 195 页。

⑦ 王利明：《侵权行为法归责原则研究》，中国政法大学出版社 1992 年版，第 401 页。

念，依然具有规制作用。①

《条例》第二条规定了医疗事故的定义：医疗事故是指医疗机构及其医务人员在医疗活动中，违反医疗卫生管理法律、行政法规、部门规章和诊疗护理规范、常规，过失造成患者人身损害的事故。

（一）医疗事故包含的争议种类问题

医疗事故的主体增加了“医疗机构”，是否意味着医疗护理技术人员之外的保障服务岗位人员的过失损害事件，也可以成为医疗事故？比如，基建部门不当建设的损害，供气、供电、供水部门的过失损害，器械维护维修部门的过失损害，管理部门就诊流程设计不当造成的损害，等等。我们的回答是肯定的。

原卫生部《关于〈医疗事故处理办法〉若干问题的说明》中即有“构成医疗事故的行为人，还应包括从事医疗管理、后勤服务等人员”一句，但是，不为人注意，过去的实践中几乎没有“后勤和管理”人员因为医疗事故被追责。《条例》就非常明确了，医疗事故的主体是医院内的所有岗位的人员。这样，对专家库学科专业组就提出了更宽泛的需求，应有建筑师、工程师、医管人员等等，否则，有些案例的鉴定就会半途“卡壳”。

（二）“技术性事故”怎么认定

《条例》第二条关于“医疗事故”的定义较之《办法》，由“三要件说”变为“四要件说”，即，除了损害事实、因果关系和过错，还增加了“违反……”这个“形式的”违法性要件，这就使得《条例》中的医疗事故仅相当于《办法》体系中的“责任性事故”。现在，假设没有此形式的违法性要件，仅仅是“技术过失所致的事故”，是否就不定为医疗事故？要定，又如何解决“形式的违法性”要件的认定？问题出在《条例》起草者仅知“形式的违法性”，而不懂“实质的违法性”。

形式的违法性是指行为在形式上具有违反法律秩序或法律规范的性质。与此相反，实质的违法性则是指行为实质地违反法律秩序或法律规范的性质。关于实质违法性的内容，具体又存在着以下三种不同见解：

(1)法益侵害说，认为违法性的实质无非是侵害法益或使法益遭受侵害的危害。

(2)规范违反说，认为违法性的实质在于违反国家所承认的文化规范，即社会伦理规范。

(3)二元说，认为违法性的实质在于因违反社会伦理规范而使法益遭受侵害。②

---

① 胡晓翔等：《〈侵权责任法〉系列讲座之二：法律适用相关问题》，载《临床误诊误治》2011 年第 24 卷第 2 期，第 6 页。

② 田宏杰：《违法性认识研究》，中国政法大学出版社 1998 年版，第 12 页。

对于大量致人损害的医事侵权行为来说,难以确定这些行为是否具有违法性。尤其是对于许多因缺乏注意、不具有足够的技术和能力等造成的损害,即"技术过失所致的损害",很难依据现行法律及行政法规、部门规章和诊疗护理规范、常规的规定来评价行为人的行为是否为"违法行为"。而在民法中,违法行为是严重的过错行为,但过错又不限于违法行为,还包括了大量违犯道德规范和社会规范的不正当行为。由于医事侵权纠纷错综复杂,各种致人损害的行为难以用违法性标准进行判断,若采纳违法行为的概念,极易使许多致人损害的行为人因其行为的违法性难以确定,而使其被免除责任。亦即,"四要件说"的医疗事故定义,将使"技术性事故"无法认定,这对于保护患者利益、充分实现《条例》的作用是极为不利的。[①] 正确运用"三要件说"来定义医疗事故,就能够公平合理地确定责任和责任范围,有效地维护医患双方的合法权益,保持社会稳定和各方利益的平衡。《条例》这个增加是画蛇添足,建议修订时删除。

(三)被违反的规范的形式问题

近十年来,各地均在着力制定"诊疗护理规范和常规",中华医学会也在抓紧制定全国统一的文本,似乎它们必须是成文的、统一的文本,不成文的行业惯例算否?一地、一院、一科的规范算否?实际上,关于医方在医疗事件中的过失的客观标准,必须综合考虑"医学学术的流派性""诊疗水平的区域性""工作分工的专门性""医学技术的时代性""抢救病人的紧急性"等因素,这些因素是衡量一名医务人员在相应专业、职称、职务背景下的经验、技术、能力、学识水平的参照系,只有结合这些因素才能科学判断该行为人是否履行了应当履行的注意义务,进而做出有无过失的判断。[②] 不了解这个道理,一概排斥符合基本医疗准则的一地、一院、一科的规范(包括不成文的行业惯例),而搞大一统的全国性文本,不仅大而无当,结果还很可能是灾难性的。

(四)一个鉴定实例

我国某中等城市一所三级甲等综合医院有一起纠纷,其鉴定分析很好地体现了误诊误治与医疗过失、医疗事故、医疗损害责任之间的辩证关系。

某女,因"发现左乳房包块6月余"而入住该市人民医院外科,入院诊断为:"左乳包块待查:乳腺小叶增生症。"入院后各项术前检查未发现手术禁忌,择日在连续硬膜外麻醉下行"左乳房包块切除术+冰冻切片检查"。术中快速冰冻切片病理检查结果为"恶性肿瘤",遂加行"左乳癌改良根治术"。术后病人痊愈出院,出院诊断为"左乳侵袭性颗粒肌母细胞瘤"。病人以"病理误诊导致误治"为

---

① 胡晓翔:《浅议〈条例〉贯彻实施中亟待解决的几个问题》,载《法律与医学》2002年第9卷第4期,第195页。

② 胡晓翔、姜柏生:《冷眼观潮:卫生法学争鸣问题探究》,东南大学出版社2001年版,第130页。

由依法申请医疗事故技术鉴定。

颗粒细胞瘤(granular cell tumor)是罕见的软组织肿瘤，Abrikossoff(1926)曾报告五例，并命名为肌母细胞瘤，而 Mueller(1836)和 Virchow 亦曾描述过这类肿瘤。Diss(1927)报告一例舌前部肿瘤，命名为“颗粒细胞瘤”，国外文献中报道的仅有数百例。① 其中的“恶性颗粒细胞瘤”(Malignant Granular Cell Tumor，MGCT)更是极为罕见，部分病例在组织形态学上与良性的颗粒细胞瘤(Benign Granular Cell Tumor，BGCT)非常相似，常给诊断及鉴别诊断带来困难。截至 1996 年，世界上仅报道了 36 例，②且多为个例报道。③ 国内外权威专家(Ezenger 和张仁元)论述其生物学行为属来源未明、良恶性质难以准确界定的少数肿瘤之一，④目前病理界诊断命名仍混乱，恶性形态标准难以在显微水平认定，且临床良恶性生物学行为与形态良恶性诊断难以吻合，周志瑜组报道五例病理良性舌颗粒细胞瘤，有 3 例临床上转为恶性复发。⑤ 当前较公认的恶性标准是：

(1)病理形态良性，但临床复发或有转移者。

(2)体积大于 4—5cm，核分裂 2/10HPF，有梭形瘤细胞，核大且核仁明显，有坏死，生长迅速或复发(此六项特征不须全部具备)。⑥

该病例 15 张切片(含快速片 2 张)镜下表现为：瘤细胞可见少量核仁，有轻度异型。有少量梭形瘤细胞无核分裂。腋窝淋巴结 12 枚未见转移，乳头未见肿瘤侵犯。鉴定诊断意见为“左乳腺颗粒(肌母)细胞瘤”。

鉴定分析论述指出，该医院对该病人的病理诊断存在一定的偏差，但“颗粒细胞瘤”是一种极为罕见的病变，目前在国内外学术领域对其生物学良、恶性行为均未能完全界定，现在的病理诊断学认知水平难以企及对此肿瘤予以快速精确认定的要求。综合考量国内外目前对此病变的研究进展、纠纷发生地的临床诊疗水平，以及快速冰冻切片检查术的局限性等等因素，给当事医生设定快速诊断时以光镜水平立即精确区分 MGCT 和 BGCT 的注意义务，缺乏“可履行性”，几乎没有人能够尽到这样的注意义务，要求做到显然是不切实际的。该院的快速冰冻切片检查报告“恶性肿瘤”以及出院诊断“左乳侵袭性颗粒肌母细胞瘤”，

---

① 邓侠进、梁国桢：《软组织肿瘤病理学》，贵州人民出版社 1988 年版，第 127—129 页。

② Simar A.，Osborne B. M.，Greenebaum E.：*Malignant granular cell tumor：a case report and review of the recent literature*，*Hum Pathol*，1996(8)，p853—858.

③ 王坚等：《恶性颗粒细胞瘤临床病理、免疫组化和超微结构观察》，载《临床与实验病理学杂志》1998 年第 14 卷第 2 期，第 121 页。

④ Enzinger F. M.，Weiss S. W.：*Softtissue tumor 3rd*，stlouis，Mosby，1995.

⑤ 周志瑜：《舌颗粒细胞瘤》(附五例报告)，载《中华口腔科杂志》1982 年第 17 卷第 1 期，第 20 页。

⑥ Enzinger F. M.，Weiss S. W.：*Softtissue tumor 3rd*，stlouis，Mosby，1995.

其本身含义为："首先，未肯定为乳腺癌；其次，难以排除低度恶性的可能。"因此，鉴定认为，当事医生履行了能够履行并且应该履行的注意义务，符合"考虑了行业和职业特点所确定的'中等偏上的标准'"的行为人的行为准则，故该诊断虽有一定的偏差，但既不能认定为"医疗事故构成要件"意义上的"过失"，也不能认定为"医疗损害责任构成要件"意义上的"过失"，当然也就不构成医疗事故，也不产生医疗损害责任。

承审法院据此鉴定意见裁定"驳回原告诉讼请求"。

第七节　医事侵权赔偿论

《办法》时代，医疗事故除补偿之外，还建立了配套的保障制度，从补偿标准规定来看，当时医疗机构直接的补偿数额确实不大，但是，当时患方最终得到的补偿却并不少。《条例》关于医疗事故民事赔偿的 7 条规定，具有可操作性，在《侵权责任法》生效后继续合法有效。死亡赔偿金现行规定存在的问题是体系混乱，内部互相矛盾，赔偿项目名称和计算标准不一致，赔偿范围不一致等。被侵权人由于其人身权益受到侵害造成死亡的能否请求精神损害赔偿，国内外立法及司法实践和理论上都存在争议。

医患之争，总体而言是过失之争，鲜有涉及刑事责任，行政责任的追究也不多见。故，医患纷争，总归还是以"经济偿付"为定纷止争的核心手段。因此，寻求"经济偿付等当点"的"民事赔(补)偿制度建构"，是贯穿卫生法建构史始终的最重要课题。无论是《办法》时代的补偿，还是《条例》时代的有限赔偿，以及《民法通则》及其配套的《最高人民法院关于审理人身损害赔偿案件适用法律若干问题的解释》(以下简称《人身解释》)介入所发轫的所谓"二元化"赔偿，及至今日的《侵权责任法》时代的所谓"一元化"赔偿，"经济偿付等当点"都是社会各界最看重的内容。近年来大兴的"第三方调解"辅以医疗责任险举措，更是淡化医患纷争中是非曲直，力图架设通向纷争双方"经济偿付"等当点的直达径路。

一、补偿

饱受诟病的所谓补偿，其"抵消损失"的基本义项，与"赔偿"一词几乎同义。该词之所以"令人反感"，原因在于《办法》时代的"医疗事故补偿"制度过于苛刻，补偿额极低，远不足以"抵消"患方的损失。在医疗风险导致经济压力加大的今天，医务界很怀念过去《办法》时代的"轻便"，但 21 世纪初也有汹涌的舆情抱怨所谓"3000 元一条人命""侵犯生命的尊严"。

(一)《办法》时代的补偿标准

国务院 1987 年 6 月 29 日发布的《办法》，确立的是"补偿"思路。其本文并没有明确医疗事故的补偿标准。其第十八条第一款规定:“确定为医疗事故的,可根据事故等级、情节和病员的情况给予一次性经济补偿。补偿费标准,由省、自治区、直辖市人民政府规定。”即授权省、自治区、直辖市人民政府结合本地区的经济情况予以细化规定。各地标准不尽相同,但大多数地区最高不超过3000元。

例如,北京市的实施细则第二十六条规定的经济补偿标准是:“一级医疗事故(患者死亡),补偿4000—6000元;二级事故补偿5000—8000元;三级事故补偿不超过3000元。”这是全国最高的标准。

江苏省的实施细则第十二条规定的经济补偿标准是:“一级医疗事故,补偿金额不超过3000元;二级医疗事故,补偿金额不超过2000元;三级医疗事故,补偿金额不超过1500元。”

广东省的实施细则更“细”,其第二十三条规定的补偿标准是:

一级医疗事故:死者生前系主要劳动力、家庭负担三人以上(含三人)的,最高不超过3000元;死者生前系主要劳动力、家庭负担两人(含两人)以下的,最高为2500元;未工作的青少年、儿童及60岁以上的老年人,最高不超过1500元;死者为未满3周岁婴幼儿的,最高不超过800元。

二级医疗事故:受害人系主要劳动力的,最高不超过3000元;未工作的青少年、儿童及60岁以上的老年人,最高不超过1200元;未满3周岁的婴幼儿,最高不超过800元。

三级医疗事故:成人最高不超过1000元;未工作的青少年、儿童及60岁以上老人最高不超过600元;未满3周岁婴幼儿最高不超过300元。

从上述数据可见,当年的补偿费标准确实很低。如此制度建构,也是有理由的。由于医疗单位法人设立之目的在于向社会提供医疗保障而非盈利,因此否认其应承担的损害赔偿责任,被称为“补偿”,并规定上限,从理论上讲,也非全无道理。①

(二)补偿之外的保障

不管理论上如何评述,我们关心的是,过去的“补偿力度”如此之小,那么,医患矛盾是如何化解的呢?

原来《办法》时代,除直接补偿之外,还建立了配套的保障制度。也就是说,从补偿标准规定来看,当时医疗机构直接的补偿数额确实不大,但是,当时患方最终得到的综合补偿力度却并不见得小,因为《办法》另有两个规定。

首先,《办法》第十八条第三款规定:“病员由于医疗事故所增加的医疗费用,

① 尹飞:《论医疗事故中民事责任的若干问题》,载杨立新:《侵权法热点问题法律应用》,人民法院出版社2000年版,第313—314页。

由医疗单位支付。”

其次,《办法》建构了“残疾者按照或比照工伤处理”的社会分担机制。其第十八条第二款规定:“医疗事故补偿费,由医疗单位支付给病员或其家属。病员及其家属所在单位不得因给予了医疗事故补偿费而削减病员或其家属依法应该享受的福利待遇和生活补贴。”各地实施细则也就此有延伸性的细化规定。

北京市实施细则第二十九条规定:“因医疗事故致残的病员不需要继续住院治疗和因医疗事故产妇死后留有的活婴,由其家属接出医院;无家属的,由病员所在单位接出医院;无家属、无单位又丧失劳动能力、没有经济来源的,由医疗单位与其居住地的民政部门或当地人民政府联系,予以妥善安置。”

江苏省实施细则第十四条规定:“厂矿企业单位的职工,可由所在单位按劳动保险有关规定,比照因公发生意外事故处理;农民、城镇居民生活确有困难者,由当地政府给予照顾。”

广东省实施细则第二十四条规定:“因医疗事故造成病人生活有困难者,属机关团体、企事业单位职工的,由所在单位按生活困难补助标准给予补助;属无依靠、无生活来源的农民和城镇居民的,由民政部门按救济政策予以适当解决。”

可见,《办法》建构的补偿机制体现的是“多方协调,共担风险”的全局理念。伴随“单位人”机制的涣散,医疗卫生服务过程中的纷争及由此导致的风险,日益聚焦于医方,分担者散去,如今仅剩医患双方直接对抗与博弈。

(三)《条例》的赔偿制度

国家的某些调控手段,也许在伦理上、法理上都有一些不尽如人意的地方,但它却是一种无奈的选择——并不是因为其在理论上十分正确,而是我们别无选择。[①]《条例》的赔偿制度设计,就是这么一种“无奈的选择”,它放弃了已经涣散的“社会分担机制”,在第五十条全面体现了《民法通则》第一百一十九条的本旨,规定的赔偿项目达11项之多,但是,通过设计具体的计算方法而使得赔偿的总数额相对合理。

这个相对合理的设计,在2003年遭受了第一次冲击。

2003年1月6日《最高人民法院关于参照〈医疗事故处理条例〉审理医疗纠纷民事案件的通知》(法〔2003〕20号)规定:“条例施行后发生的医疗事故引起的医疗赔偿纠纷,诉到法院的,参照条例的有关规定办理;因医疗事故以外的原因引起的其他医疗赔偿纠纷,适用民法通则的规定。”由此导入了《民法通则》及其配套文件,引发“二元化”乱象。

① 陈晓律:《无奈的选择》,载《读书》2001年第1期,第143—145页。

二、来自《侵权责任法》的第二次冲击

（一）《条例》与《侵权责任法》的关系

《侵权责任法》出台后，学界大多认为《条例》中与侵权法相违背和抵触的规定应当自动废止失效。笔者认为，这个观点是错误的，《条例》关于医疗事故损害民事赔偿的一章共7条规定，不但继续合法有效，也是具有可操作性的。[①] 针对这一问题，“全国人大法工委副主任王胜明表示，《条例》目前仍有效，但医疗损害和医疗事故是不是两回事需要研究”。《侵权责任法》只是一般性地规定了侵害民事权益应当依照该法承担侵权责任，其第十六、十八条也只是概括性地规定了造成他人人身损害或死亡的一些主要的赔偿项目。该法在医疗损害责任一章也缺乏对医疗侵权纠纷发生后的鉴定和赔偿等方面的详细规定，因此在实践中的操作性还有待加强。[②]《侵权责任法》对医疗损害责任的规定是相当原则的，其第十六条与《民法通则》《条例》《人身解释》中的赔偿项目基本相同，但是，没有规定具体的计算依据，只能使用其他法律规定。这就导致在具体操作实务中，仍然离不开《条例》《人身解释》等规范。[③]

（二）《侵权责任法》与《民法通则》的关系

《民法通则》及其配套文件长期以来与《条例》共同构成医患纷争处置的二元化规则体系。《侵权责任法》与它的关系，关系到这个“二元化规则体系”的变化。

学界多误指《民法通则》与《侵权责任法》系一般法与特别法的关系，可以优先适用，故以为“凡是2010年7月1日之后发生的医疗损害责任纠纷案件，一律适用统一的人身损害赔偿标准”[④]。笔者认为，这个观点也是错误的，两者并非同一机关制定的法律，不能得出优先适用《侵权责任法》的结论。[⑤] 杨立新教授其实也注意到了这一点，但令人匪夷所思的是，他的专著论述道：“从法律的位阶上，《民法通则》的效力应当高于《侵权责任法》的效力，如果规定不一致的，那么《侵权责任法》的规定就是无效的。事实上，立法机关制定《侵权责任法》，就是要用这部法律代替《民法通则》关于侵权责任的规定，并且在将来成为民法典的组成部分之一，因此，其规定即使与《民法通则》有关侵权责任的规定不同，那也不

---

① 胡晓翔等：《〈侵权责任法〉系列讲座之二：法律适用相关问题》，载《临床误诊误治》2011年第24卷第2期，第6页。

② 孟强：《医疗损害责任：争点与案例》，法律出版社2010年版，第10—11页。

③ 庄洪胜等：《医疗纠纷侵权责任·损害鉴定与赔偿》，中国法制出版社2010年版，第2、8页。

④ 杨立新：《侵权责任法：条文背后的故事与难题》，法律出版社2011年版，第209页。

⑤ 王利明：《民法·侵权行为法》，中国人民大学出版社1993年版，第7页。

存在冲突的问题,而是要服从于《侵权责任法》的规定。”①

(三)被抚养人生活费

2010年6月30日发布的最高人民法院《关于适用侵权责任法若干问题的通知》(以下简称《通知》)提到了“被抚养人生活费”问题:“四、人民法院适用侵权责任法审理民事纠纷案件,如受害人有被抚养人的,应当依据《人身解释》第二十八条的规定,将被抚养人生活费计入残疾赔偿金或死亡赔偿金。”

这个规定,也是值得商榷的。

首先,《侵权责任法》本身没有规定被抚养人生活费。② 这里的“抚养”一词,与《人身解释》第二十八条使用的“扶养”一词不一致,也与《民法通则》第一百一十九条使用的“扶养”一词不同,不知源头为何。以至于“从1980年开始研究侵权法到今天,已经整整30年了”③的杨立新教授都说“对此,我感到很难理解”④。

其次,《通知》将“被抚养人生活费计入残疾赔偿金或死亡赔偿金”的规定,与“精神损害赔偿”的有关规定可能存在抵牾。好在《最高人民法院关于确定民事侵权精神损害赔偿责任若干问题的解释》(以下简称《精神解释》)第十条第二款规定“法律、行政法规对残疾赔偿金、死亡赔偿金等有明确规定的,适用法律、行政法规的规定”,而《条例》第五十条就不同情形下“精神损害抚慰金”的计算做了详细规定,人民法院在审理医疗事故损害赔偿案件时,在确定精神损害赔偿数额时就应当受到这一限额的约束。这种限额不是行政规章限制了审判机关的审判权,而是指导审判机关具体审理工作的司法解释规范了审判权中的自由裁量权。⑤

(四)死亡赔偿金及精神损害赔偿

法学界对《条例》的攻讦,多有“未规定死亡赔偿金”之说。⑥ 此说虽谬,但是流布甚广。⑦

死亡赔偿金,又称死亡补偿费,是死者因他人致害死亡后由加害人给其近亲

---

① 全国人民代表大会法律委员会:《关于〈中华人民共和国侵权责任法(草案)〉主要问题的汇报》,载《中华人民共和国侵权责任法》,法律出版社2010年版,第9—10页。

② 王利明:《中华人民共和国侵权责任法释义》,中国法制出版社2010年版,第82页。

③ 张赞宁:《论医患关系的法律属性》,载胡晓翔、姜柏生:《冷眼观潮:卫生法学争鸣问题探究》,东南大学出版社2001年版,第1页。

④ 全国人民代表大会法律委员会:《关于〈中华人民共和国侵权责任法(草案)〉主要问题的汇报》,载《中华人民共和国侵权责任法》,法律出版社2010年版,第73页。

⑤ 梁慧星:《中国侵权责任法的制定》,载梁慧星:《中国民事立法评说:民法典、物权法、侵权责任法》,法律出版社2010年版,第202页。

⑥ 全国人大常委会法制工作委员会民法室:《〈中华人民共和国侵权责任法〉条文说明、立法理由及相关规定》,北京大学出版社2010年版,第222页。

⑦ 王利明:《侵权责任法研究》(下卷),中国人民大学出版社2011年版,第280页。

属所造成的物质性收入损失的一种补偿。它在我国法律体系里的变化有这样一个过程：

第一个阶段就是《民法通则》，没有规定死亡赔偿金。第二个阶段是《道路交通事故处理办法》，第一次提出了死亡补偿费。第三个阶段是《产品质量法》规定了一个抚恤费，后来在修改的时候把它改成了死亡赔偿金。然后《消费者权益保护法》第一次规定了死亡赔偿金。到 1994 年《国家赔偿法》进一步规定了死亡赔偿金及其计算方法。第四个阶段是 2001 年 3 月 10 日公布的《精神解释》。它肯定了死亡赔偿金是精神损害赔偿。第五个阶段是《人身解释》。2003 年 12 月 26 日就把死亡赔偿金彻底改成了财产的赔偿，赔偿的是劳动收入的损失。也就是说，死亡赔偿金是人身伤害造成的后果的赔偿、财产损失的赔偿，此外还可以请求精神损害赔偿。① 死亡赔偿金现行规定存在的问题是体系混乱，内部互相矛盾，赔偿项目名称和计算标准不一致，赔偿范围不一致等。②

被侵权人由于其人身权益受到侵害造成死亡的能否请求精神损害赔偿？这从国外的立法及司法实践和理论上都存在争议。《侵权责任法》第十八条第一款规定："被侵权人死亡的，其近亲属有权请求侵权人承担侵权责任。"其中赋予近亲属的请求权并没有明确排除精神损害赔偿。③《侵权责任法》将精神损害赔偿与残疾赔偿金、死亡赔偿金并列，扩大了赔偿范围。《人身解释》第三十一条的内容，将残疾赔偿金、死亡赔偿金全部视为赔偿权利人的财产损失，而不是同《精神解释》一样将二者视为精神损害赔偿。《侵权责任法》明确规定了精神损害赔偿，并将其独立于残疾赔偿金、死亡赔偿金等之外，可以同时主张。④ 这是肯定说。否定说者认为，"死亡赔偿金"性质上是对死者遗属的精神损害赔偿，此在我国学术界已无争议。《精神解释》第九条规定："精神损害抚慰金包括以下分类：(1)致人残疾的，为残疾赔偿金；(2)致人死亡的，为死亡赔偿金；(3)其他损害情形为精神抚慰金。"此项解释表明，将死亡赔偿金和残疾赔偿金定性为精神损害赔偿，是中国裁判实践的一贯立场。侵害他人"生命、身体、健康"致人残疾或者死亡，按照《侵权责任法》第十六条规定，受害人或者其近亲属有权请求残疾赔偿金或者死亡赔偿金，如前所述，此残疾赔偿金和死亡赔偿金在性质上属于精神损害赔偿。因此，结合《侵权责任法》第十六条关于残疾赔偿金和死亡赔偿金的规定进

---

① 杨立新：《解读最高人民法院的人身损害赔偿司法解释》，载杨立新：《从契约到身份的回归》，法律出版社 2007 年版，第 306—307 页。

② 张新宝：《侵权责任法立法研究》，中国人民大学出版社 2009 年版，第 382 页。

③ 胡晓翔：《献血法律制度浅述》，载《南京医科大学学报》（社会科学版）2009 年第 9 卷第 3 期，第 81 页。

④ 梁慧星：《中国侵权责任法的制定》，载梁慧星：《中国民事立法评说：民法典、物权法、侵权责任法》，法律出版社 2010 年版，第 176、216 页。

行解释，侵害他人人身权益致他人残疾、死亡情形，受害人或者其近亲属在依据第十六条的规定获得残疾赔偿金或者死亡赔偿金之后，不得再依据《侵权责任法》第二十二条的规定请求精神损害赔偿。①

三、结束语

如此关键的问题，却是人言人殊。

经过认真系统地学习，也许，我们对《侵权责任法》的了解不是透彻了，而是可能相反，更感迷惑。法理学领域固然在很多基本课题上本身就观点云集、歧见纷杂，但是，也不能回避，我们的立法质量还有待提高。面对面目模糊的《侵权责任法》，我们在期待尽快出台"立法解释"或"司法解释"来结束"六经注我"乱象的同时，也感到，立法兹事体大。每一个制度和体系安排，都要符合社会的实际需要。② 要想达到这个立法目标，单靠"侵权责任法的精神已经融入了我的血液之中，成为我生命的一个组成部分"③的自信，是远远不够的。必须精研法理、精通情理、精熟事理，这就注定不是哪一个阶层、哪一个群体能够包办侵权法律立法事宜，需开门立法，集全民之智慧方得成此伟业。

2009年，《侵权责任法》在全国人大常委会火速通过，被外界认为是冲刺法律体系的关键一环。④

良法是细磨出来的，冲刺立法，质量堪忧！

第八节　医疗侵权民事诉讼举证责任倒置若干问题评议

当事人的行为责任是无条件的、必须履行的一种行为，它在程序上呈现为动态，随着庭审过程的不断深入而反复转换于当事人之间。医疗侵权诉讼中，不论是否"举证责任倒置"，都不可能有哪一方免除"行为责任"，那种"只需证明自己有损害事实，并且曾在被告处就诊就无须再举证了"的错误观点，错误在于将行为责任误认为结果责任，或者误将证明责任等同于举证责任，而不知证明责任仅为举证责任的内容之一。《最高人民法院关于民事诉讼证据的若干规定》第四条第一款第八项要求今后在医疗侵权诉讼中，医疗机构应当就医疗行为与损害后果之间并不存在因果关系以及不存在医疗过错承担举证责任。此规定，既违法，

---

① 梁慧星：《侵权责任法重要条文解读》，载梁慧星：《中国民事立法评说：民法典、物权法、侵权责任法》，法律出版社2010年版，第358、360页。

② 王利明：《序言》，载孟强：《医疗损害责任：争点与案例》，法律出版社2010年版，第5页。

③ 张赞宁：《论医患关系的法律属性》，载胡晓翔、姜柏生：《冷眼观潮：卫生法学争鸣问题探究》，东南大学出版社2001年版，第47页。

④ 赵蕾等：《冲刺立法大业》，载《南方周末》2011年3月10日，第4版。

又悖理，自然无效。

一、概述

自2002年4月1日始，《最高人民法院关于民事诉讼证据的若干规定》(以下简称《若干规定》)正式生效，焦点之一是所谓的“医疗侵权诉讼举证责任倒置”。具体内容见《若干规定》的第四条第一款第八项：“因医疗行为引起的侵权诉讼，由医疗机构就医疗行为与损害结果之间不存在因果关系及不存在医疗过错承担举证责任。”众多的专家解说此条时，总是极富鼓动性地告诉公众：2002年4月1日以后告医院，患方就很轻松了，只需证明自己有损害事实，并且曾在被告处就诊就无须再举证了。本节试就“医疗侵权诉讼中患方举证责任的负担”“《若干规定》的合法性、合理性”诸问题做一探究。

二、医疗侵权诉讼中患方举证责任的负担

在民事诉讼中，举证责任是由双方当事人分担的。这种分担要由证明对象来确定。证明对象是指诉讼参加人和法院运用证据加以证明的对案件的解决有法律意义的事实。凡是案件中有争执的民事法律关系据以发生、变更或者消灭的事实，都是证明的对象。在诉讼中，原告与被告的主张不同，所需确认的事实不同，因而他们负责的证明对象和范围也有区别。原告应当证明的是诉的请求所根据的事实。被告在答辩中反驳原告所根据的事实，也应负举证责任。这种举证责任的分担，都是由于当事人主张有利于自己的事实而发生的。①

举证责任包含行为责任(又称主观的举证责任或形式上的举证责任)和结果责任(又称客观的举证责任或实质上的举证责任、证明责任)。行为责任是指当事人为了避免败诉的风险，负有向法院提供证据证明其主张事实存在的责任。当事人承担行为责任的原因是既是当事人提出主张，就有提供证据的主客观条件等。行为责任伴随当事人的主张产生，表现为提供证据的责任，且随着主张在当事人之间转移；行为责任存在于起诉与受理直至法庭辩论终结前的各个诉讼阶段。结果责任是指当诉讼进行到终结而案件事实仍处于真伪不明状态时，主张该事实的人因此而承担不利的后果。承担结果责任的原因是某些案件经当事人举证和法院调查后，案件事实仍然真伪不明，法官在无充分证据证明的情况下，依结果责任裁判。结果责任由实体法预先规制，在诉讼之前凝固于某一方当事人，表现为当事人承担责任的潜在可能性，不随举证活动的进行而转移给对方；结果责任发生在法官判决前的心证阶段。实体法对结果责任的分配有三种

---

① 唐德华：《举证责任》，载张友渔：《中国大百科全书・法学卷》，中国大百科全书出版社1984年版，第336页。

情况:一是多数情况下表现为责任正置,即由首先主张权利的一方(通常为原告)承担结果责任;二是少数情况下责任倒置或部分责任倒置,主要是民法通则规定的几种特殊侵权的情形;三是个别案件法官对结果责任的司法裁量,主要适用于法律对结果责任分配无明文规定的情况下,法律授权法官基于公平正义及诚实信用原则,决定由哪一方当事人对真伪不明的事实承担证明责任。①

设置举证责任制度的目的在于主要解决当出现真伪不明状态时,法院应当如何做出裁决,即将不利诉讼后果确定其最终归属。举证责任不由提出事实主张一方的当事人承担,而由否认其主张的相对一方当事人承担,这就是举证责任倒置。但是,当事人的行为责任是无条件的、必须履行的一种行为,原告就起诉状中主张的事实,被告就答辩状中主张的事实,第三人对诉讼中主张的事实,均有提供必要的证据的责任。行为责任在程序上呈现为动态,它随着庭审过程的不断深入而反复转换于当事人之间。由此可见,医疗侵权诉讼中,不论是否"举证责任倒置",都不可能有哪一方免除"行为责任",行为责任伴随着当事人的主张产生,在整个起诉与受理过程中直至法庭辩论终结前,随着主张在当事人之间不断转移。那种"只需证明自己有损害事实,并且曾在被告处就诊就无须再举证了"的错误观点,根源在于将行为责任误认为结果责任,或者误将证明责任等同于举证责任,而不知证明责任仅为举证责任的内容之一。

三、《若干规定》的合法性、合理性问题

按照《若干规定》第四条第一款第八项的要求,在医疗侵权诉讼中,医疗机构应当就医疗行为与损害后果之间并不存在因果关系以及不存在医疗过错承担举证责任。也就是说,医疗机构只有证明"损害结果并非由医方造成"以及"在从事医疗行为过程中并无过失"这两点之后,才可构成免责。② 可见,在民事诉讼中,证明责任的分配具有重大的实践意义,证明责任的负担是败诉的一半。③

但是,笔者以为,《若干规定》该项的内容既未必具有合法性,又不具有合理性。

(一)对此规定合法性的质疑

1. 与《立法法》的有关规定相悖

《立法法》第八条规定:"下列事项只能制定法律:……(八)民事基本制度。"

---

① 张建生:《证明责任仅为举证责任中的结果责任》,载《人民法院报》2002年5月23日,第3版。

② 毕玉谦:《〈最高人民法院关于民事诉讼证据的若干规定〉释解与适用》,中国民主与法制出版社2002年版,第33页。

③ [德]莱奥·罗森贝克:《证明责任论:以德国民法典和民事诉讼法典为基础撰写》,庄敬华译,中国法制出版社2002年版,第64页。

而举证责任的分配规则，尤其是举证责任倒置问题的规定，属于民事基本制度内容，只能由法律加以规定。①

2.无法律依据

举证责任倒置是举证责任分配规则中的一种特殊的处置方式，是对举证责任的一般原则的例外规定和必要补充，必须有明确的法律规定始可适用，不能任意扩大适用。②《若干规定》第四条第一款的前七项内容基本均可以从其他法律中找到依据，唯独第八项无法律依据。如：

第（一）项——专利法第五十七条第二款。

第（二）项——《民法通则》第一百二十三条。

第（三）项——《民法通则》第一百二十四条。

第（四）项——《民法通则》第一百二十六条。

第（五）项——《民法通则》第一百二十七条。

第（六）项——《民法通则》第一百二十二条、《产品质量法》第四十一条。

第（七）项——共同危险行为理论。

3.无法理学依据

承担举证责任的当事人所负的举证责任，是证明自己没有过错或受害人有过错，或者就其行为与损害结果之间不存在因果关系，或者就法律规定的免责事由加以证明。而唯独第（八）项要求同时就“因果关系”和“主观过错”两个要件举证责任倒置，无任何法律和理论依据。

4.《若干规定》这种司法解释形式本身的合法性质疑

司法解释要遵循合法原则，不能超越职权范围修改、变更法律条文的内容，做出“越权解释”，侵犯立法权和行政权，更不能脱离法律的规定，创制新的法律规范。从最高法院所做的大量司法解释看，不能否认许多解释具有明显的“补充立法”性质，尤其是那些直接针对某一法律做出的系统、全面的解释，显然存在一个合法性问题。③ 而《若干规定》近似于一部完整的“证据法”，这个准立法文件的内容明显远远超出了“解释”的范围，这种司法解释形式正是法制建设进程中应当着力改革的东西。④

（二）对此规定合理性的质疑

由于此项规定没有法理学依据，因此，如果严格执行，则会导致一些悖理的情形出现。

---

① 曹康泰：《中华人民共和国立法法释义》，中国法制出版社 2000 年版，第 18 页。

② 王利明：《民法·侵权行为法》，中国人民大学出版社 1993 年版，第 33 页。

③ 张志铭：《中国的法律解释体制》，载梁治平：《法律解释问题》，法律出版社 1998 年版，第 196 页。

④ 董皞：《司法解释论》，中国政法大学出版社 1999 年版，第 228 页。

1.诊疗行为与损害后果之间确有因果关系但医方无过错

这种类型的纷争,医方理该不承担赔偿责任。如,一特异体质的病人在按常规进行青霉素皮试后即死亡,或皮试阴性注射后即死亡。这是难以防范的一种情况,只要操作规范、抢救规范,就应免责。但是,其因果关系是客观存在、不可回避的,照《若干规定》的要求就得承担赔偿责任。

2.诊疗行为与损害后果之间的因果关系无法确定但无过错

这种类型的纷争,不应该一律由医方承担责任。如,婴幼儿"耳聋"病人有时分不清先天性耳聋或药物性耳聋,对这类说不清因果关系的医患纷争应当具体案例具体分析。而按照《若干规定》的要求,医方就得一律承担责任。

3.可能出现的更荒谬的局面

若严格按照《若干规定》第四条第一款第八项规定的内容要求,则一切器官切除手术均不能做,因为无论有无过错,器官的缺失这个损害后果均与手术这个医疗行为有客观的、直接的"因果关系"。

第十五章 浅议医事技术纷争的鉴定

第一节 概 述

医疗事故技术鉴定结论，只要被运用于诉讼活动中，就是司法鉴定。法医类司法鉴定与目前依据《条例》及其配套规范进行的医疗事故技术鉴定，是不同类别的鉴定工作，适用范围不同。用法医类司法鉴定替代医疗事故技术鉴定的做法，是非法和无效的。由有关医学会组织的医疗事故技术鉴定，也是医疗纠纷行政处理、司法处理、协商处理中的合法鉴定。作为《侵权责任法》专列的一类特殊侵权类型，“医疗损害责任”的内涵，必定是医疗过错的判定、因果关系、损害后果、参与度的判断、后续治疗与护理建议等等判断内容，也就必定不可缺少“责任”二字，其技术鉴定的名称，以“医疗损害责任技术鉴定”为妥。目前委托医学会进行医疗损害责任技术鉴定具有充分的法律依据。医疗纠纷争议中最为关键的“诊疗行为的过错”及“过错与损害后果之间的因果关系”这两个问题，正是法医病理鉴定、法医临床鉴定所无权涉及的内容。实践中，有关法医类鉴定人员也会就“诊疗行为的过错”及“过错与损害后果之间的因果关系”这两个问题进行认定、评价、鉴别，属没有权力来源的超范围经营，自然无效。过错归责（过错责任和过错推定责任）的责任构成要件应是损害事实、因果关系和过错。正确运用“三要件说”来定义医疗事故，就能够公平合理地确定责任和责任范围，有效地维护医患双方的合法权益，保持社会稳定和各方利益的平衡。《条例》对医疗事故定义增加的“形式的违法性要件”这项内容应尽快修订删除，以保证医疗损害责任技术鉴定与医疗事故技术鉴定统一、通用。

医事，即医疗事务。[①] 笔者使用的“医事技术纷争”一词，专指涉及临床诊疗技术的是非争议。目前我国大陆地区的医事技术纷争的技术鉴定，通常认为有医疗事故技术鉴定（依据《条例》）、医疗损害鉴定（依据《侵权责任法》）、医疗纠纷鉴定（依据《司法鉴定执业分类规定（试行）》及《司法鉴定收费项目和收费标准基准价（试行）》）、法医类司法鉴定（依据《全国人大常委会关于司法鉴定管理问题

① 翟宏丽：《医事民事诉讼证据协力义务研究》，中国政法大学出版社2014年版，第8页。

的决定》)这 4 类。

一、医疗纠纷鉴定与法医类司法鉴定

司法部规章《司法鉴定执业分类规定(试行)》(2000 年 1 月 1 日起施行)有如下规定:

"第四条 法医病理鉴定:运用法医病理学的理论和技术,通过尸体外表检查、尸体解剖检验,组织切片观察、毒物分析和书证审查等,对涉及与法律有关的医学问题进行鉴定或推断。其主要内容包括:死亡原因鉴定、死亡方式鉴定、死亡时间推断、致伤(死)物认定、生前伤与死后伤鉴别、死后个体识别等。

"第五条 法医临床鉴定:运用法医临床学的理论和技术,对涉及与法律有关的医学问题进行鉴定和评定。其主要内容包括:人身损伤程度鉴定、损伤与疾病关系评定、道路交通事故受伤人员伤残程度评定、职工工伤与职业病致残程度评定、劳动能力评定、活体年龄鉴定、性功能鉴定、医疗纠纷鉴定、诈病(伤)及造作病(伤)鉴定、致伤物和致伤方式推断等。"

《国家发展改革委、司法部关于印发〈司法鉴定收费管理办法〉的通知》(发改价格〔2009〕2264 号)的附件《司法鉴定收费项目和收费标准基准价(试行)》规定:

"(一)法医病理鉴定

"(二)法医临床鉴定之'22 医疗纠纷鉴定'"

由上可见,所谓的"医疗纠纷鉴定",并非一种独立的鉴定种类,按《司法鉴定执业分类规定(试行)》的设计,医疗纠纷鉴定属于法医类司法鉴定的法医临床鉴定的内容之一。但是,这个"医疗纠纷鉴定"让人感到很困惑。

首先,它出现在与法医病理鉴定并列的法医临床鉴定的"主要内容"里,难道,死亡的案例就没有"医疗纠纷"了?

其次,《司法鉴定执业分类规定(试行)》第五条关于法医临床鉴定主要内容的描述,都是单项列举的具体项目,仅仅只有这个"医疗纠纷鉴定",是个宏观的事项名称,难道法医临床鉴定就可以包办"医疗纠纷"可能涉及的全部鉴定事务?抑或只是涉及医疗纠纷可能涉及的诸多鉴定项目里的一部分,即"人身损伤程度鉴定、损伤与疾病关系评定、道路交通事故受伤人员伤残程度评定、职工工伤与职业病致残程度评定、劳动能力评定、活体年龄鉴定、性功能鉴定、诈病(伤)及造作病(伤)鉴定、致伤物和致伤方式推断等"?显然,只能是后者。例如,骨科内固定器材断裂引起的医疗纠纷,其内固定器材的鉴定,就与法医临床鉴定不相干。

最后,有悖于事理。"医疗纠纷鉴定"最重要的内容,无疑是诊疗行为是否具有过错、过错与损害后果之间的因果关系,本质上是对医疗技术活动进行技术分析和评估，这就不是法医可以胜任的了。[①] 这不难理解，不同行业，怎么可以鉴别明定是非？法医学、临床医学是应用医学范畴里并列的学科，严格讲并非同行，对躯体的“同一事件”的研究分别具有“共时性”和“历时性”的不同特征，即，法医临床学主要解决的是活体损伤鉴定的问题，如损伤程度、伤残程度、致伤原因等方面的鉴定。而医疗行为的分析与评估，是对过去已经完成的业已存在的医疗行为过程进行重建和技术分析。[②] 两者的工作内容、方法、技巧均不相同。实践中，临床医学专家可以代替法医技术人员，而反之则绝对不行。[③] 可能正是由于将“医疗纠纷鉴定”列入“法医临床鉴定”很荒诞，逻辑混乱，有违事理且内容不清，《〈全国人大常委会关于司法鉴定管理问题的决定〉释义》在解释“法医临床鉴定”时，就删除了“医疗纠纷鉴定”：

法医临床鉴定，俗称活体损伤鉴定。法医临床鉴定，是指运用法医临床学的理论和技术，对涉及与法律有关的医学问题进行鉴定和评定。其主要内容包括：人身损伤程度鉴定、损伤与疾病关系评定、道路交通事故受伤人员伤残程度评定、职工工伤与职业病致残程度评定、劳动能力评定、活体年龄鉴定、性功能鉴定、诈病（伤）及造作病（伤）鉴定、致伤物和致伤方式推断等。[④] 与此相统一的是，司法部官网《司法鉴定》栏目公示的“法医临床鉴定”的俗称、定义、主要内容，与《〈全国人大常委会关于司法鉴定管理问题的决定〉释义》一模一样。《全国人大常委会关于司法鉴定管理问题的决定》第三条规定：“国务院司法行政部门主管全国鉴定人和鉴定机构的登记管理工作。”因此，司法部官网的公示，具有法定性、权威性和拘束力。那么，作为独立种类的“医疗纠纷鉴定”已经从法医临床鉴定的主要内容中剔除，是不争的事实。

二、医疗事故技术鉴定与法医类司法鉴定

在医疗纠纷处理实践中，法医类司法鉴定与医疗事故技术鉴定的关系问题，多年来，理论界和法律实务界众说纷纭，医患双方及司法界也是见仁见智，做法多样。而在《全国人民代表大会常务委员会关于司法鉴定管理问题的决定》（以下简称《决定》）出台后，似乎出现了一面倒的局面，各界普遍认为，2005 年 10 月 1 日《决定》施行后，法医类司法鉴定应该完全替代医疗事故技术鉴定，甚至认为，由有关医学会组织的医疗事故技术鉴定应当废止。为了应对这个局面，很多

---

①② 刘鑫：《医疗损害技术鉴定研究》，中国政法大学出版社 2014 年版，第 87—88 页。

③ 胡晓翔：《法医鉴定能否代替医疗事故技术鉴定》，载胡晓翔、姜柏生：《冷眼观潮：卫生法学争鸣问题探究》，东南大学出版社 2001 年版，第 142—144 页。

④ 全国人大常委会法制工作委员会刑法室：《〈全国人民代表大会常务委员会关于司法鉴定管理问题的决定〉释义》，法律出版社 2005 年版，第 41 页。

地方就积极组建旨在替代原医疗事故技术鉴定工作的鉴定机构。笔者以为,此举值得商榷。

首先,医疗事故技术鉴定结论,只要被运用于诉讼活动中,就是司法鉴定。其次,法医类司法鉴定与目前依据《条例》及其配套规范进行的医疗事故技术鉴定,是不同类别的鉴定工作,适用范围不同。用法医类司法鉴定替代医疗事故技术鉴定的做法,是非法和无效的。由有关医学会组织的医疗事故技术鉴定,也是医疗纠纷行政处理、司法处理、协商处理中可选的合法鉴定。

(1)医疗事故技术鉴定结论,只要被运用于诉讼活动中,就是司法鉴定。

《全国人大常委会关于司法鉴定管理工作的决定》(以下简称《决定》)规定:“司法鉴定是指在诉讼活动中鉴定人运用科学技术或者专门知识对诉讼所涉及的专门性问题进行鉴别和判断并提供鉴定意见的活动。”通观《决定》全文,可见,从司法行政管理角度来看,“司法鉴定”可分三大类:

其一是“需要对鉴定人和鉴定机构实行登记管理制度的‘下列’司法鉴定业务”:法医类鉴定、物证类鉴定、声像资料鉴定、司法部最高法最高检确定的“其他鉴定事项”。

其二是“法律对上述规定事项的鉴定人和鉴定机构的管理另有规定的”。

其三是上述规定事项之外的鉴定事项。而有关医学会依据《条例》及其配套文件组织的医疗事故技术鉴定,就属于这一类。

《〈全国人民代表大会常务委员会关于司法鉴定管理问题的决定〉释义》解读道,《决定》第二条第一款是国家对哪些鉴定人和鉴定机构实行登记管理的规定。此款规定主要有两方面内容:一是规定了司法鉴定登记管理制度;二是司法鉴定登记管理制度适用于哪些鉴定人和鉴定机构。此款规定的“登记管理制度”,主要是指依法对鉴定人和鉴定机构实行登记制度,即对一定范围内从事司法鉴定业务的人员和机构实行执业准入的制度。登记管理的范围,此款第一、二、三项分别规定为“法医类鉴定”“物证类鉴定”“声像资料鉴定”。这些鉴定都属于司法鉴定中最为常见的鉴定,目前有条件先纳入国家登记管理。这里应注意的是,对于本款规定以外的其他鉴定种类,不实行登记制度。之所以这样规定,主要是考虑到司法鉴定涉及的专门性问题十分广泛,将各行各业的技术部门全部纳入登记管理范围不现实也不可能,管不好也管不了。实践中如果有的案件涉及的专门性问题需要鉴定,而登记范围以内的鉴定人或鉴定机构不能进行鉴定的,可以要求登记范围以外的技术部门或人员进行鉴定,并不妨碍司法鉴定工作。但是,同时考虑到司法鉴定工作的实际需要,为了方便为诉讼活动提供鉴定服务,第二条又规定,对上述三类鉴定种类以外的鉴定种类,如果需要实行登记管理的,可以适用此款第四项的规定增加进来。这是一项法律授权性规定,留有较大灵活性。根据诉讼的需要，可以针对在实践中出现的实用性很广泛的鉴定种类，经国务院司法行政部门与最高人民法院、最高人民检察院商定，增加到对鉴定人和鉴定机构实行登记管理的范围中去。[①] 如果曲解《全国人民代表大会常务委员会关于司法鉴定管理问题的决定》的立法宗旨，将“司法鉴定纳入司法行政管理”绝对化，有百害而无一利，必须从理论界和实务界予以摒弃。[②]

(2)法医类司法鉴定与有关医学会依据《条例》及其配套规范组织的医疗事故技术鉴定，是不同专业类别的鉴定工作，适用范围鲜有重叠。用法医类司法鉴定替代医疗事故技术鉴定的做法，是非法和无效的。由有关医学会组织的医疗事故技术鉴定，是医疗纠纷行政处理、司法处理、协商处理中的法定合法鉴定。

《全国人大常委会关于司法鉴定管理问题的决定》第十七条第一项阐明：“法医类鉴定，包括法医病理鉴定、法医临床鉴定、法医精神病鉴定、法医物证鉴定和法医毒物鉴定。”目前涉足医疗纠纷鉴定的资质依据，业界通说为法医病理鉴定和法医临床鉴定。

司法部官网公示的内容与《释义》的解释完全相同，即，法医病理鉴定、法医临床鉴定均不包括诊疗行为是否具有过错、过错与损害后果之间是否具有因果关系等内容。

全国人民代表大会常务委员会法制工作委员会《关于对法医类鉴定与医疗事故技术鉴定关系问题的意见》(法工委复字〔2005〕29 号)也可以印证笔者的观点。该回复认为：“医疗事故技术鉴定的内容不都属于法医类鉴定。涉及的尸检、伤残等级鉴定等，属于法医类鉴定范围。对此类鉴定事项，在进行医疗事故技术鉴定时，由已列入鉴定人名册的法医参加鉴定为宜。”这充分说明了，医疗纠纷争议中最为关键的“诊疗行为的过错”及“过错与损害后果之间的因果关系”这两个问题，正是法医病理鉴定、法医临床鉴定所无权涉及的内容。[③]

实践中，有关法医类鉴定人员也会就“诊疗行为的过错”及“过错与损害后果之间的因果关系”这两个问题进行认定、评价、鉴别，实属没有权力来源的越俎代庖之举，违反了我国诉讼法律(现行有效的三大诉讼法均为全国人民代表大会制定的“基本法律”)关于鉴定问题“法定主义”的基本原则，自然无效。

三、医疗损害鉴定

2010 年 7 月 1 日起施行的《侵权责任法》，第七章专章以 11 个条款规定了

---

① 全国人大常委会法制工作委员会刑法室：《〈全国人民代表大会常务委员关于司法鉴定管理问题的决定〉释义》，法律出版社 2005 年版，第 4—5 页。

② 刘鑫：《医疗损害技术鉴定研究》，中国政法大学出版社 2014 年版，第 200 页。

③ 胡晓翔：《司法鉴定不能替代医疗事故技术鉴定》，载《健康报》2006 年 8 月 30 日，第 6 版。

“医疗损害责任”，但“没有对医疗损害责任鉴定具体内容做出任何规定，留下了医疗损害鉴定制度这个空白”[①]。2010年6月30日下发的《最高人民法院关于适用〈中华人民共和国侵权责任法〉若干问题的通知》（法发〔2010〕23号）提出：“人民法院适用侵权责任法审理民事纠纷案件，根据当事人的申请或者依职权决定进行医疗损害鉴定的，按照《全国人民代表大会常务委员会关于司法鉴定管理问题的决定》、《人民法院对外委托司法鉴定管理规定》及国家有关部门的规定组织鉴定。”目前司法实践里，各地规定不一。上海、江苏均规定医疗损害鉴定委托以医学会为首选，而北京等地方却规定以司法鉴定机构为首选。

2011年1月1日起施行的《上海法院关于委托医疗损害司法鉴定若干问题的暂行规定》规定：“法院审理医疗纠纷民事案件中，当事人申请医疗损害鉴定的，除双方当事人协商一致以外，应由法院依职权委托医学会组织专家进行鉴定。医学会认为无法鉴定，法院可依据《人民法院对外委托司法鉴定管理规定》另行委托具有资质的司法鉴定机构组织鉴定。”

2010年7月9日下发的《江苏省高级人民法院关于做好〈侵权责任法〉实施后医疗损害鉴定工作的通知》规定：“根据最高人民法院《关于适用〈中华人民共和国侵权责任法〉若干问题的通知》精神，结合我省实际，医疗损害鉴定仍应委托医学会组织专家进行，统称为医疗损害鉴定；当事人均同意委托其他司法鉴定机构进行医疗损害鉴定的，应予准许。”

而北京市高级人民法院《关于印发〈北京市高级人民法院关于审理医疗损害赔偿纠纷案件若干问题的指导意见（试行）〉的通知》（2010年11月18日，京高法发〔2010〕第400号）规定：

“人民法院委托进行医疗损害责任过错鉴定的，应当根据北京市高级人民法院关于司法鉴定工作的相关规定，委托具有相应资质的鉴定机构组织鉴定。

“在国家有关部门关于医疗损害鉴定的新规定颁布之前，人民法院也可以委托各区、县医学会或北京医学会组织进行医疗损害责任技术鉴定。”

最高人民法院2011年2月18日修订的《民事案件案由规定》（法〔2011〕41号）中增加了“医疗损害责任纠纷”的诉讼案由。那么，凡是以此案由起诉的民事案件，几乎都无法回避相应的技术鉴定。

该项鉴定，究竟如何表述才合适？刘鑫教授介绍，长期以来，我国相关理论界和实务界使用了大量与医疗损害诉讼相关的鉴定概念，比如医疗损害事件法医学鉴定、医疗损害司法鉴定、医疗过错司法鉴定、医疗损害责任鉴定、医疗损害责任技术鉴定、医疗损害鉴定与医疗过错鉴定等。他主张使用“医疗损害鉴定”

---

① 翟宏丽：《医事民事诉讼证据协力义务研究》，中国政法大学出版社2014年版，第135页。

表述。[1] 笔者认为，此表述具有一定的局限性。

作为《侵权责任法》专列的一类特殊侵权类型，“医疗损害责任”的内涵，必定是为了解决争议医疗行为是否存在过错、过错医疗行为与损害后果之间是否具有因果关系、医疗过错在损害后果发生中的参与程度，以及后续治疗要求等等问题[2]，也就必定不可缺少“责任”二字。因此，对应《侵权责任法》第七章“医疗损害责任”的技术鉴定的名称，笔者认为以“医疗损害责任技术鉴定”为妥。

不过，在特定的情形下，“医疗损害鉴定”一词是可以使用，且只能如此使用的。即，如果委托方仅就医疗损害后果、尸检、伤残等级鉴定等等共时性内容委托司法鉴定机构进行法医类司法鉴定，此时的鉴定就只能称作“医疗损害鉴定”，不得涉及医疗过错的判定、因果关系、后续治疗与护理建议等等历时性的内容。

任何鉴定机构，无论是接受委托，还是提供鉴定工作，都必须依法依规做自己分内的业务。“医疗损害责任”究竟有何具体内容，《侵权责任法》并无明确规定，迄今也未见立法解释或司法解释论及。从基本法理及侵权责任法的一般规定来看，“医疗损害责任技术鉴定”多半包括涉案医疗行为有无过错、医疗过错行为与损害后果之间是否存在因果关系、医疗过错行为在医疗损害后果中的原因力大小及伤残等级等等内容。由前述分析可见，司法鉴定机构以法医类司法鉴定的法医病理鉴定、法医临床鉴定资质，可以接受委托，但只能就“涉及的尸检、伤残等级鉴定等”属于法医类鉴定范围的内容进行鉴定，而最重要的“涉案医疗行为有无过错、医疗过错行为与损害后果之间是否存在因果关系、医疗过错行为在医疗损害后果中的原因力大小”是法医病理鉴定、法医临床鉴定无权涉足的，一旦对此进行描述，即属超范围经营，该部分内容自属无效。

由此可见，司法鉴定机构可以接受委托从事医疗损害鉴定，仅就“涉及的尸检、伤残等级鉴定等”等内容出具意见。而医学会，则是目前国内唯一具备医疗损害责任技术鉴定资质的组织。其授权，来自于最高人民法院 2010 年 6 月 30 日下发的《关于适用〈中华人民共和国侵权责任法〉若干问题的通知》，其中规定“人民法院适用侵权责任法审理民事纠纷案件，根据当事人的申请或者依职权决定进行医疗损害鉴定的，按照《全国人民代表大会常务委员会关于司法鉴定管理问题的决定》、《最高人民法院对外委托鉴定、评估、拍卖等工作管理规定》及国家有关部门的规定组织鉴定”，以及原卫生部在 2010 年 6 月 28 日下发的《关于做好〈侵权责任法〉贯彻实施工作的通知》。卫生部通知要求，2010 年 7 月 1 日后，对于司法机关或医患双方共同委托的医疗损害责任技术鉴定，医学会应当受理，并可参照《医疗事故技术鉴定暂行办法》等有关规定，依法组织鉴定。医疗损害

---

①② 刘鑫：《医疗损害技术鉴定研究》，中国政法大学出版社 2014 年版，第 2—3、79 页。

责任技术鉴定分级参照《医疗事故分级标准(试行)》执行。

有观点认为"目前委托医学会进行医疗损害鉴定的法律依据并不充分",理由是最高法《关于适用〈中华人民共和国侵权责任法〉若干问题的通知》提及的"国家有关部门的规定"尚未出台。[①] 这涉及对"规定"一词的理解。

规定,作为法律用词,意即预先制定规则,以作为某类行为的标准。其核心,在于预先对某类行为有所约束、导引,当然可以是长篇大论的巨制,但也不妨是三言两语的短章。只要具备"预先""规制"的性质即可。原卫生部的通知,对医学会如何应对医疗损害责任技术鉴定事宜,虽只有寥寥数语,但清晰明了地明确了受理、组织、分级等全程的问题,这就是一条优秀规定。当然,时代在发展,社会需求在提高,也不排除今后国家有关部门再进一步出台更加完善的规定的可能性,但不能因此就否定卫生部《关于做好〈侵权责任法〉贯彻实施工作的通知》的有关内容,就是"国家有关部门的规定"。因此,目前委托医学会进行医疗损害责任技术鉴定具有充分的法律依据。

四、医疗损害责任技术鉴定与医疗事故技术鉴定的统一

医疗事故技术鉴定,与医疗损害责任技术鉴定,实质上是一回事,两者包含的内容大致一样,因此,如果在细节上进一步衔接,由职能部门以一定的形式明确两者通用,则对于真正形成一元化鉴定格局,从而提高鉴定资源的效率,减少不必要的误解,钝化医患矛盾具有决定性作用。

医疗损害责任技术鉴定一般需解决争议医疗行为是否存在过错、过错医疗行为与损害后果之间是否具有因果关系、医疗过错在损害后果发生中的参与程度,以及后续治疗要求及护理建议等等问题。而《医疗事故技术鉴定暂行办法》第三十五条第一款规定的"医疗事故技术鉴定书应当包括的主要内容"里,核心部分有:"医疗行为是否违反医疗卫生管理法律、行政法规、部门规章和诊疗护理规范、常规;医疗过失行为与人身损害后果之间是否存在因果关系;医疗过失行为在医疗事故损害后果中的责任程度;医疗事故等级;对医疗事故患者的医疗护理医学建议。"可见,一份完整合格的医疗事故技术鉴定书,其内容,基本上可以包含医疗损害责任技术鉴定的需要。同时,《医疗事故分级标准(试行)》在制定时,就已经解决好了与伤残等级分级的衔接,医疗事故一级乙等至三级戊等对应伤残等级一至十级。这是两者统一、通用的基础。

当然,医疗事故技术鉴定,还有些细节性问题需要完善与修订,以利更加紧密地衔接医疗损害责任技术鉴定。最主要的就是"医疗事故"定义的范畴,需要

---

① 陈志华:《医学会从事医疗损害鉴定之合法性研究》,载《证据科学》2011年第19卷第3期,第285页。

加以外延。

《条例》第二条定义“医疗事故”：“医疗事故是指医疗机构及其医务人员在医疗活动中，违反医疗卫生管理法律、行政法规、部门规章和诊疗护理规范、常规，过失造成患者人身损害的事故。”该定义采“四要件说”，即，除了损害事实、因果关系和过错，还增加了“违反……”这个“形式的”违法性要件，这就使得《条例》的医疗事故仅相当于《办法》体系中的“责任性事故”。对于多数致人损害的医事侵权行为来说，这些行为难以确定为具有违法性。尤其是对于许多因缺乏注意，不具有足够的技术和能力等原因造成的损害，即“技术过失所致的损害”，很难依据现行法律以及行政法规、部门规章、诊疗护理规范、常规的规定来评价行为人的行为是否为“违法行为”。而在民法中，违法行为是严重的过错行为，但过错又不限于违法行为，还包括了大量违犯道德规范和社会规范的不正当行为。由于医事侵权纠纷错综复杂，各种致人损害的行为难以用违法性标准进行判断，若采纳违法行为的概念，极易使许多致人损害的行为人因其行为的违法性难以确定，而使其被免除责任。亦即，“四要件说”的医疗事故定义，将使“技术性事故”无法认定，这对于保护患者利益、充分实现《条例》的作用是极为不利的。过错归责（过错责任和过错推定责任）的责任构成要件应是损害事实、因果关系和过错。正确运用“三要件说”来定义医疗事故，就能够公平合理地确定责任和责任范围，有效地维护医患双方的合法权益，保持社会稳定和各方利益的平衡。《条例》增加的这项内容当属画蛇添足，建议修订删除。①

五、医疗事故技术鉴定与其他鉴定的关系问题

（一）计划生育技术服务事故、并发症的鉴定

《条例》第六十条规定：“县级以上城市从事计划生育技术服务的机构依照《计划生育技术服务管理条例》的规定开展与计划生育有关的临床医疗服务，发生的计划生育技术服务事故，依照本条例的有关规定处理；但是，其中不属于医疗机构的县级以上城市从事计划生育技术服务的机构发生的计划生育技术服务事故，由计划生育行政部门行使依照本条例有关规定由卫生行政部门承担的受理、交由负责医疗事故技术鉴定工作的医学会组织鉴定和赔偿调解的职能。”

但是，《条例》插足此领域，在合法性上是有疑问的。

《中华人民共和国人口与计划生育法》（2002 年 9 月 1 日起施行）第四十五条规定：“计划生育技术服务的具体管理办法……由国务院制定。”《计划生育技术服务管理条例》第四章“监督管理”第二十八条规定：“国务院计划生育行政部

---

① 胡晓翔：《浅析〈条例〉贯彻实施中亟待解决的几个问题》，载《法律与医学杂志》2002 年第 9 卷第 4 期，第 195 页。

门负责全国计划生育技术服务的监督管理工作。县级以上地方人民政府计划生育行政部门负责本行政区域内计划生育技术服务的监督管理工作。县级以上人民政府卫生行政部门依据本条例的规定,负责对从事计划生育技术服务的医疗、保健机构的监督管理工作。”第二十九条规定:“国家建立计划生育技术服务统计制度和计划生育技术服务事故、计划生育手术并发症和计划生育药具不良反应的鉴定制度和报告制度。计划生育手术并发症鉴定和管理办法由国务院计划生育行政部门会同国务院卫生行政部门制定。”此条例由《人口与计划生育法》授权,因而《条例》不能侵犯它,与其抵触的条款无效。

也就是说,医疗事故技术鉴定专家库是不能直接涉足计划生育技术服务事故或并发症的鉴定的。

(二)母婴保健医学技术鉴定

《中华人民共和国母婴保健法》(1995 年 6 月 1 日起施行)第四章“技术鉴定”第二十五条规定:“县级以上地方人民政府可以设立医学技术鉴定组织,负责对婚前医学检查、遗传病诊断和产前诊断结果有异议的进行医学技术鉴定。”第二十六条规定:“医学技术鉴定组织的组成人员,由卫生行政部门提名,同级人民政府聘任。”《中华人民共和国母婴保健法实施办法》(2001 年 6 月 20 日起施行)第一章“总则”第三条:“母婴保健技术服务主要包括下列事项:(一)有关母婴保健的科普宣传、教育和咨询;(二)婚前医学检查;(三)产前诊断和遗传病诊断;(四)助产技术;(五)实施医学上需要的节育手术;(六)新生儿疾病筛查;(七)有关生育、节育、不育的其他生殖保健服务。”第五章“技术鉴定”第三十一条:“母婴保健医学技术鉴定委员会分为省、市、县三级。”

《中华人民共和国母婴保健法实施办法》与《条例》同为行政法规,但是,其母法为“法律”,因而有关事项的规定效力高于《条例》。其鉴定的程序、方法、组织均不同于《条例》,不可混用同一模式和专家库。①

第二节　委托鉴定和再次鉴定程序启动中的一个问题

如果医患双方依据《条例》第二十条而“共同委托”进行了首次鉴定,则只能“由双方当事人共同委托省、自治区、直辖市医学会组织再次鉴定”。单方面向“医疗机构所在地卫生行政部门提出再次鉴定的申请”没有法律依据,卫生行政部门不应受理。“批复”的有关规定是无效条款。

---

① 胡晓翔:《浅析〈条例〉贯彻实施中亟待解决的几个问题》,载《法律与医学杂志》2002 年第 9 卷第 4 期,第 195 页。

一、问题的提出

《条例》第二十条规定:“医患双方协商解决医疗事故争议,需要进行医疗事故技术鉴定的,由双方当事人共同委托负责医疗事故技术鉴定工作的医学会组织鉴定。”实践中常见,双方委托的首次鉴定完成后,对鉴定结论认可的一方不再配合另一方启动再次鉴定程序,往往导致双方矛盾进一步尖锐、激化。有的案例的一方当事人在寻求配合无果后,就依据《条例》第二十二条,单方面向“医疗机构所在地卫生行政部门提出再次鉴定的申请”,有关卫生行政部门左右为难,不知如何处理。在不断的风波中,原卫生部卫医法〔2004〕65 号《卫生部关于对浙江省卫生厅在执行〈医疗事故处理条例〉过程中有关问题的批复》(以下简称《批复》)对这个问题做了补充规定。

二、有关规定

《条例》第二十条:医患双方协商解决医疗事故争议,需要进行医疗事故技术鉴定的,由双方当事人共同委托负责医疗事故技术鉴定工作的医学会组织鉴定。

《条例》第二十二条:当事人对首次医疗事故技术鉴定结论不服的,可以自收到首次鉴定结论之日起 15 日内向医疗机构所在地卫生行政部门提出再次鉴定的申请。

《条例》第三十二条:医疗事故技术鉴定办法由国务院卫生行政部门制定。

《医疗事故技术鉴定暂行办法》(以下简称《暂行办法》)第九条:双方当事人协商解决医疗事故争议,需进行医疗事故技术鉴定的,应共同书面委托医疗机构所在地负责首次医疗事故技术鉴定工作的医学会进行医疗事故技术鉴定。

《暂行办法》第四十条:任何一方当事人对首次医疗事故技术鉴定结论不服的,可以自收到首次医疗事故技术鉴定书之日起 15 日内,向原受理医疗事故争议处理申请的卫生行政部门提出再次鉴定的申请,或由双方当事人共同委托省、自治区、直辖市医学会组织再次鉴定。

《批复》规定:由双方当事人共同委托,首次鉴定后一方当事人对鉴定结论不服的,再次鉴定可以由双方当事人共同委托,也可以单方向卫生行政部门提出再次鉴定申请。

三、分析与讨论

如果双方依据《条例》第二十条“共同委托”进行了首次鉴定,则只能“由双方当事人共同委托省、自治区、直辖市医学会组织再次鉴定”。

因为《暂行办法》第四十条规定的再次鉴定程序的启动方式共有 2 个:“向原

受理医疗事故争议处理申请的卫生行政部门提出再次鉴定的申请”，和“由双方当事人共同委托省、自治区、直辖市医学会组织再次鉴定”。而“共同委托进行了首次鉴定”的案例，是不存在“原受理医疗事故争议处理申请的卫生行政部门”的，因此，就只有“由双方当事人共同委托省、自治区、直辖市医学会组织再次鉴定”这一途径了。

单方面向“医疗机构所在地卫生行政部门提出再次鉴定的申请”没有法律依据，卫生行政部门不应受理。《批复》的有关规定是无效条款。

《条例》是有关处理医疗事故的全面的规范，在很多具体问题上难免过于简略，不可能具有比较完善的“可操作性”。所以，《条例》设置了一系列的“授权性条款”，授权“国务院卫生行政部门”制订多种针对具体问题的“特殊规范”，以解决实践中的可操作性问题。根据《条例》第三十二条，医疗事故技术鉴定这项专项事务，有专门的特殊规范，即《暂行办法》，一切操作性的问题均应依据《暂行办法》的规定办理。因此，在接获“单方面提出的再次鉴定申请”后，卫生行政部门应当做出“不予受理”的决定。

《批复》关于“再次鉴定可以由双方当事人共同委托，也可以单方向卫生行政部门提出再次鉴定申请”的规定，显然与《暂行办法》的相关规定抵触。而《暂行办法》为部门规章，其效力高于《批复》这个规范性文件，相抵触的内容，自然还是应当以《暂行办法》的规范为准。

另外，除外效力等级这个因素，从可操作性上来看，《批复》的规定也是不合理的。首先，既然没有“首次鉴定申请”，哪里来的“再次鉴定申请”？逻辑上是混乱的。其次，“也可以单方向卫生行政部门提出再次鉴定申请”，向哪一级卫生行政部门提出？区、县、市抑或省级卫生行政部门？由谁来决定某个具体案例该由哪一级卫生行政部门受理？如果申请方因找错了方向而导致超期，如何处理？

双方依据《条例》第二十条“共同委托”进行了首次鉴定后，一旦一方对“鉴定结论不服”，而另一方又不配合，使得“共同委托省、自治区、直辖市医学会组织再次鉴定”这一“救济渠道”堵塞，应该如何应对？笔者认为，以下几种方法可以酌情应用：

(1)在共同委托首次鉴定之前，即应该签订合约，双方均应书面保证配合对方行使“再次鉴定权”，并明确规定违约责任，这样可以弥补《条例》《暂行规定》的欠缺，依法维护双方的合法权益。

(2)《条例》第二十二条、《暂行办法》第四十条都明确赋予了双方当事人要求“再次鉴定”的权利，任何一方当事人都不得侵犯对方的合法权益。那么，积极配合对方启动“再次鉴定”的程序，应该是双方当事人的法定义务。如果对方不配合而使再次鉴定程序无法启动，则是对要求鉴定方合法权益的侵犯，可以依法起诉至法院，要求对方履行义务，“共同委托省、自治区、直辖市医学会组织再次鉴定”，否则，应判“首次鉴定结论”无效。

(3)让“首次鉴定结论”自然失效。“共同委托鉴定”的前提是“双方协商解决医疗事故争议”，这个鉴定是“双方协商解决医疗事故争议”的“附属物”。而一方不配合另一方启动再次鉴定程序时，说明“谈判”已经破裂，也就不存在“双方协商解决医疗事故争议”这个前提了，那么，这个“首次鉴定结论”也就无从依附，理当是“自然失效”的。

(4)可以单方面向医疗机构所在地的卫生行政部门提出“医疗事故争议处理申请”，以另行启动“首次鉴定”，然后可以依次单方面启动再次鉴定，甚至中华医学会鉴定的程序。

理由有二：

首先，一方不配合另一方启动再次鉴定程序时，说明“谈判”已经破裂，也就不存在“双方协商解决医疗事故争议”的前提了，这个途径自然就到此“终止”，双方只能回到首次鉴定前的状态。

其次，如此申请，不属于《暂行办法》第十三条规定的医学会“不予受理”的6种情形，即，只要卫生行政部门认为“需要进行医疗事故技术鉴定”，医学会就必须受理。

四、建议

(1)尽快修订《条例》第二十二条，以使《条例》和《暂行规定》进一步统一，免生无谓的矛盾。

(2)在《条例》《暂行办法》中增加有关约束条款，保障双方当事人“再次鉴定权”的合法实施。

(3)废止《批复》中与《条例》《暂行办法》相抵触的条款，以维护法律法规的严肃性。

第三节　关于涉及“胎儿(新生儿)伤亡”的医疗事故案例鉴定定级问题的探讨

12周以内的胎儿，尚可看作母体的一部分，如果在此期间出现医源性损害，导致胎儿的死亡，那么可以算作对母体的一种人身伤害，按损害的严重程度，可以定级为《办法》的“差错”、《条例》的“四级医疗事故”。12到28周的胎儿，各脏器均已发育，逐渐形成一个完整成熟的生命，在许多西方国家，把12周以上大的胎儿的非正常死亡称为“生命的终结”。因此，可以定级为《办法》的“三级医疗事故”、《条例》的“四级医疗事故”。超过28周大的胎儿，娩出后已有自主呼吸，基本可以认定是未来的生命主体。既然如此，医源性损害导致此时期内胎儿的死亡，就不应仅仅视为对母体的损害了，还应该考虑到对胎儿生存权利的不当剥夺，是使得一个完整生命终结。因此，理当针对胎儿和母体分别出具鉴定结论。

一、概述

《条例》于2002年9月1日起施行，它是在总结了1987年《办法》的经验基础上，为适应经济和社会发展的需要，维护医患双方合法利益，保障医疗安全而出台的重要法规。但是，由于医疗纠纷涉及多部门的法律法规，纠纷的实际情形也是纷繁复杂，任何一部或者一系列法律法规文本均难以预先穷尽地涵括实践中所有已经出现或者可能出现的情形，这就有赖于我们在实践中发现问题，并且及时研究解决这些问题的理论依据与方法，以供立法者在修订有关法律法规时参考，也可为解决实际工作中遇到的问题提供一些思路。据我们了解，目前全国各地承担医疗事故技术鉴定组织工作的医学会，大多都面临着一类难以鉴定定级的医疗事件：涉及“胎儿（新生儿）伤亡”的医疗事故案例鉴定定级问题。

（一）《办法》及其配套文件对此类问题的规定

1. 医疗事故的定义

《办法》第二条规定：本办法所称的医疗事故，是指在诊疗护理工作中，因医务人员诊疗护理过失，直接造成病员死亡、残废、组织器官损伤导致功能障碍的。

2. 医疗事故的分级

《办法》第六条规定：根据给病员直接造成损害的程度，医疗事故分为三级。

一级医疗事故：造成病员死亡的；

二级医疗事故：造成病员严重残废或者严重功能障碍的；

三级医疗事故：造成病员残废或者功能障碍的。

3. 分级标准及其他文件中的相关规定

在《医疗事故分级标准（试行草案）》里，没有相应的规定。

2000年12月19日《卫生部关于医疗事故技术鉴定中胎儿死亡事件如何认定的批复》认为：被鉴定的主体是孕产妇，胎儿不是一般的民事主体，可按二或三级医疗事故定级。

（二）《条例》及其配套文件对此类问题的规定

1. 医疗事故的定义

《条例》第二条规定：本条例所称医疗事故，是指医疗机构及其医务人员在医疗活动中，违反医疗卫生管理法律、行政法规、部门规章和诊疗护理规范、常规，过失造成患者人身损害的事故。

2. 医疗事故的分级

《条例》第四条规定：根据对患者人身造成的损害程度，医疗事故分为四级。

一级医疗事故：造成患者死亡、重度残疾的；

二级医疗事故：造成患者中度残疾、器官组织损伤导致严重功能障碍的；

三级医疗事故：造成患者轻度残疾、器官组织损伤导致一般功能障碍的；

四级医疗事故：造成患者明显人身损害的其他后果的。

3. 分级标准及其他文件中的相关规定

在《医疗事故分级标准（试行）》中，其“四级医疗事故”部分列举的 16 种情形的第 15 种为“剖宫产术引起胎儿损伤”。

（三）我国民事法律规范中对“胎儿（新生儿）”民事权利能力的规定

胎儿是存在于母体中的，尚未出生的人体为母体的一部分，原则上没有民事权利能力，因为民事权利能力“始于出生”，这也是各国民法的通例。但是，在胎儿出生之前可能发生诸多将直接涉及其出生后之利益的法律事实，因此，各国民法为间接保护胎儿将来出生的利益，都直接赋予胎儿以一定范围的民事权利能力。①

（1）《中华人民共和国民法通则》第九条规定：“公民从出生时起到死亡时止，具有民事权利能力，依法享有民事权利，承担民事义务。”

（2）《中华人民共和国继承法》第二十八条规定：“遗产分割时，应当保留胎儿的继承份额。胎儿出生时是死体的，保留的份额按照法定继承办理。”

（3）《最高人民法院关于贯彻执行〈中华人民共和国继承法〉若干问题的意见》第四十五条规定：“为胎儿保留的遗产份额，如胎儿出生后死亡的，由其继承人继承；如胎儿出生时就是死体的，由被继承人的继承人继承。”

（四）我国刑事法律相关规范中的有关规定

第一，《中华人民共和国公共安全行业标准人体轻微伤的鉴定》（中华人民共和国公安部发布，1997 年 1 月 1 日起实施）规定：轻微伤是指造成人体局部组织器官结构的轻微损伤或短暂的功能障碍。

第二，《人体轻伤鉴定标准（试行）》（最高人民法院、最高人民检察院、公安部、司法部发布，1990 年 7 月 1 日起试行）规定：

第二条：轻伤是指物理、化学及生物等各种外界因素作用于人体，造成组织、器官结构的一定程度的损害或者部分功能障碍，尚未构成重伤又不属轻微伤害的损伤。

第四十二条：损伤致孕妇难产流产。

---

① 周小明：《试论胎儿的民事权利能力》，载《政法丛刊》1988 年第 4 期，第 20 页。

第三,《人体重伤鉴定标准》(最高人民法院、最高人民检察院、公安部、司法部发布,1990年7月1日起施行)规定:

第二条:重伤是指使人肢体残废、毁人容貌、丧失听觉、丧失视觉、丧失其他器官功能或者其他对于人体健康有重大伤害的损伤。

第七十八条:孕妇损伤引起早产、死胎、胎盘早剥、流产并发失血性休克或者严重感染。

(五)有关观点

1. 胎儿享有民事权利须具备的要件

(1)必须是继承或赠与开始,或遗嘱生效,或侵权行为成立当时已经受胎者。若在当时没有受胎或者在以后方受胎者,就上述各项具体利益无权利能力。

(2)胎儿须以出生时是活体为限。

(3)胎儿须于其个人利益之范围内,才视为出生。即胎儿的权利能力仅表现为依法享有权利的资格,而不得有履行义务的资格。

(4)须有法条的明文规定。胎儿就法律规定之外的利益,没有民事权利能力。

以上四个条件,缺一不可,否则胎儿不可视为既已出生的婴儿,不能享有民事权利能力。

对于胎儿享有的民事权利能力范围,我国应当加以扩大。目前,对于胎儿权利能力,我国仅限于继承一项,未免太过狭隘,像承受遗赠、赠与和损害赔偿请求权等都理应列入胎儿将来利益之范围,法律应当赋予胎儿对上述各项利益具有民事权利能力。①

2. 医疗事故鉴定中有关胎儿死亡问题的观点

妊娠28周以内,单纯流产,且未因此导致生殖器官损伤和生殖功能障碍的,因其所受损伤程度轻微,无不良后果,其性质应属一过性功能障碍,属医疗差错之列。

妊娠28周以上,单纯胎死宫内,且未因此导致生殖器官损伤和生殖功能障碍的,其性质虽仍属一过性功能障碍,但因胎儿的发育已近成熟,脱离母体应能够成活。胎死宫内并娩出,必将给母体造成一定程度的痛苦。因此,其母体所受损伤的程度应与"体腔或组织深部遗留纱布、器械,须重新实施手术的"等同。②

3. 小结

在《办法》和《条例》的体系内,均没有关于"医源性损害导致胎儿(新生儿)伤

---

① 翟宏丽:《医事民事诉讼证据协力义务研究》,中国政法大学出版社2014年版,第20—21页。

② 孙东东:《医疗事故鉴定中有关胎儿死亡问题的讨论》,载《法律与医学杂志》2001年第8卷第1期,第20—21页。

亡”如何进行医疗事故技术鉴定定级的明细规范。

在我国民事法律规范体系内，仅赋予胎儿“继承”这一项民事权利能力。

在我国刑事法律规范体系内，关于胎儿的损害问题，基本视为母体的一部分或一个器官，且与对母体本身的损害紧密结合起来，通盘考量伤害程度。

卫生法学理论界，对此问题的观点基本同于刑法界，只涉及胎儿死亡的情形，把胎儿视为母体的一部分或一个器官，也与对母体本身的损害紧密结合、通盘考量。

二、讨论

目前我国民事、刑事法律体系内的探讨认为，为了能够充分地维护医患双方的合法权益，同时便利医疗事故技术鉴定工作，应当把实践中可能出现的不同情形，尽量全面地列出，分别加以探讨。

就我们在实践中的经验来看，类似的事件可以做如下的界定和分型。

1. 时间上的界定

本书讨论的“期间”，为从妊娠开始（卵子受精）至妊娠终止（胎儿及其附属物从母体排出）。

2. 主体的界定

主要讨论胚胎与胎儿，合并母体的伤害原则上另当别论。

妊娠开始 8 周的胎体称胚胎，自妊娠第 9 周起称胎儿。[①]

3. 分型与分期

分死亡、损伤 2 型。根据医源性损害发生在早期妊娠、中期妊娠、晚期妊娠的不同时段，分别称为死亡 1 型、死亡 2 型、死亡 3 型，损伤 1 型、损伤 2 型、损伤 3 型。

损伤型，本书指胎儿在妊娠过程中以及在分娩过程中遭受的医源性损伤。

死亡型，本书指胎儿在妊娠过程中以及在分娩过程中由于遭受医源性损害而导致的死亡。

妊娠 12 周末以前称早期妊娠，妊娠第 13—27 周称中期妊娠，妊娠第 28 周及其后称晚期妊娠。妊娠 20 周后胎儿在子宫内死亡者称死胎。胎儿在分娩过程中死亡称死产，也是死胎的一种。[②]

妊娠 28 周末，胎儿出生后易患特发性呼吸窘迫综合征，若能加强护理，可能存活。妊娠 32 周末生活力尚可，出生后注意护理，可以存活。妊娠 36 周末，出生后能啼哭及吸吮，生活力良好，此时出生基本可以存活。妊娠 40 周末，出生后

---

① 乐杰：《妇产科学》，人民卫生出版社 2000 年第 4 版，第 48 页。

② 丰有吉：《妇产科学》，人民卫生出版社 2002 年版，第 30、108 页。

能很好存活。[①]

1. 损伤型

(1)损伤1型:在早期妊娠阶段,医源性原因可能导致以下几种情形。

①先兆流产:若经休息与治疗后,妊娠可以继续,则不构成医疗事故。

②难免流产:若孕妇阴道流血量增多或下腹痛感加剧,即发展为难免流产。此种情形,在《条例》的框架体系内,原则上不构成医疗事故。而在《办法》的体系内,如果孕龄在9周或以上,即为“胎儿死亡”,《卫生部关于医疗事故技术鉴定中胎儿死亡事件如何认定的批复》规定为“二或三级医疗事故”。

但是,此种“难免流产”的情形既损害了胚胎或胎儿,也难免对孕妇产生一定的一过性危害,故简单地以“不构成医疗事故”为结论,或者一律定为“二或三级事故”,均显然有欠妥当。《人体轻伤鉴定标准(试行)》定此情形为“轻伤”,即指“造成组织、器官结构的一定程度的损害或者部分功能障碍”,在《办法》中无“事故”的对应情形,可以归属于“差错”之列;但在“条例”体系内基本相当于“四级医疗事故”规定的情况。因此,笔者认为:若此种情形发生于2002年9月1日之前,以认定为“差错”为妥,如果发生于9月1日以后,则应当定为“四级医疗事故”。

③人工流产:假如因为医源性损害而不得不施行“人工流产术”,则鉴定同前。如果“人工流产”不是医学上的必要措施,仅仅是患方的预防性措施,则不构成医疗事故。

④其他:如果由于上述情形而导致孕妇其他更加严重的健康损害,则根据孕妇的实际损害来鉴定定级。

(2)损伤2型:情况基本同“损伤1型”。但是,此阶段由于孕龄的增加,妊娠终止对于母体的合并伤害明显重于“损伤1型”,因此,我们认为,如果发生于2002年9月1日之前,宜依《批复》定为“三级医疗事故”,9月1日之后,则定为“四级医疗事故”。这样,既可以维护患者的权益,又给予医方以公正,且基本可以保持规范的延续性和相容性。

(3)损伤3型:在晚期妊娠阶段,医源性原因,可能导致以下几种情形。

①早产:妊娠满28周但不满37足周的分娩者称早产。此时娩出的新生儿称早产儿,各器官发育尚不够成熟,约有15%于新生儿期死亡。[②] 也就是说,早产后,新生儿可能正常地生长发育,也有可能由于早产而遗留下机体的损害性结

① 胡晓翔:《法医鉴定能否代替医疗事故技术鉴定》,载胡晓翔、姜柏生:《冷眼观潮:卫生法学争鸣问题探究》,东南大学出版社2001年版,第142—144页。

② 胡晓翔:《法医鉴定能否代替医疗事故技术鉴定》,载胡晓翔、姜柏生:《冷眼观潮:卫生法学争鸣问题探究》,东南大学出版社2001年版,第129页。

果，还有可能于一定时间后死亡。

根据我国法律规定，只要胎儿全部露出母体，而且有呼吸能力，就视为出生且是活体，即享有民事权利。[①] 鉴于此，我们认为：凡是活产的事件，鉴定时应当针对母体和新生儿分别出具鉴定结论。

单纯早产：如果仅仅是单纯早产，母体及新生儿均无不良后果，则在《办法》与《条例》的框架体系内，原则上不构成医疗事故。但是，此种情形也不宜简单地以“不构成医疗事故”为结论。《人体重伤鉴定标准》定此情形为“重伤”，即指“对于人体健康有重大伤害的损伤”，基本可对应于《办法》的“三级医疗事故”、《条例》的“三级戊等医疗事故”。因此，笔者以为：此种情形可以仅仅针对母体做出鉴定结论，根据事件发生于 2002 年 9 月 1 日前后，分别鉴定为“三级医疗事故”“三级戊等医疗事故”。

其他：如果新生儿由于早产而遗留机体的损害性结果，则应当针对新生儿的实际损害情形鉴定定级。如果由于早产而使得新生儿在一定时间后死亡，则应针对新生儿鉴定定级为“一级医疗事故”。

②剖宫产术引起胎儿损伤：此种情形《办法》未涉及，而被《条例》笼统地规定为“四级医疗事故”。如此粗疏，殊为不妥。我们认为，剖宫产术损伤胎儿或新生儿的，应当根据活产儿的实际损害情形鉴定定级。导致出生后死亡的，应当定级为“一级医疗事故”。

2. 死亡型

(1)死亡 1 型：在早期妊娠阶段，医源性原因导致胚胎枯萎或者胎死宫内的，我们认为，其鉴定定级基本同“损伤 1 型”。

(2)死亡 2 型：在中期妊娠阶段，医源性原因导致胎死宫内的，其鉴定定级基本同“损伤 2 型”的相应情形。

(3)死亡 3 型：在晚期妊娠阶段，医源性原因导致死胎的，《办法》体系认定为“二或三级医疗事故”，《条例》体系则一般认为不构成医疗事故。

我们认为，依然应当针对胎儿和母体分别出具鉴定结论。

妊娠 28 周末，胎儿出生后虽然易患特发性呼吸窘迫综合征，但是，若能加强护理，则可能存活。那么，对于此期的胎儿，应当推论其一般来讲可以“活产”。因此，理当针对胎儿和母体分别出具鉴定结论。不过，“若能加强护理，则可能存活”毕竟不能等同于 37 足周的胎儿，故此，定级时应当酌情考虑。

具体来讲，分以下几种情形：

①37 足周前的死胎：《人体重伤鉴定标准》定其为“重伤”，基本可对应于《办

---

① 夏明权：《论胎儿的继承权及其保护》，载《法学评论》1987 年第 1 期，第 71 页。

法》的“三级医疗事故”、《条例》的“三级戊等医疗事故”。

我们认为，此种情形应当鉴定为：对于母体而言，系《办法》的“三级医疗事故”或《条例》的“三级戊等医疗事故”；对于胎儿而言，略可比照《办法》和《条例》的“三级医疗事故”来定级。

②37足周以上的死胎（含死产）：37周以上胎龄的胎儿，出生后生活力良好，基本可以存活。因此，我们认为，此种情形应当鉴定为：对于母体而言，系《办法》的“三级医疗事故”或《条例》的“三级戊等医疗事故”；对于胎儿而言，略可比照《办法》和《条例》的“二级医疗事故”来定级。

③新生儿死亡：新生儿即指胎儿发育成熟，从母体中脱落。它的死亡称为新生儿死亡，是一个全新的、独立的生命的终结。新生儿死亡与胎儿死亡是两个完全不同的概念，这可以从死亡时间上加以严格的区分。新生儿作为一个单独的生命个体，具有完整的民事权利能力，因此，我们认为，此种情形应当鉴定为：对于母体而言，分娩后死亡的新生儿与母体是两个独立的个体，所以，应当根据母体自身的实际损害情形来定级。对于新生儿而言，就是“一级医疗事故”。

④其他：前述情形中孕妇如果有其他更加严重的健康损害，则根据孕妇的实际损害来鉴定定级。

综上所述，12周以内胎儿，尚可看作是母体的一部分，如果在此期间出现医疗行为过失，导致胎儿的死亡，那么正如前述可以算作是对母体的一种人身伤害，按损害的严重程度，可以定级为《办法》的“差错”、《条例》的“四级医疗事故”。

12到28周的胎儿，各脏器均已发育，逐渐形成一个完整成熟的生命，在许多西方国家，把12周以上大的胎儿非正常的死亡称为“生命的终结”。因此，可以比照《办法》的“三级医疗事故”、《条例》的“四级医疗事故”定级。

超过28周的胎儿，娩出后已可有自主呼吸，基本可以认定是未来的生命主体。既然如此，医源性损害导致此时期内胎儿的死亡，就不应仅仅视为对母体的损害了，还应该考虑到对胎儿生存权利的不当剥夺，是使得一个完整生命的终结。因此，理当针对胎儿和母体分别出具鉴定结论。

第十六章　我国血液管理法律规制沿革

血液是生命之源，无论是全血、成分血，还是有关血液制品，都是医疗抢救活动中不可或缺的特殊物质，其功能和作用，目前还没有可替代的人工制品。但是，围绕献血工作，近年来多有争议发生，除了大城市屡屡出现的“血荒”事件外，非法采供血，以及采集脐血纷争，也是屡见不鲜。在日常宣传和管理、监督工作中，也难免涉及历年的法律规制及其沿革，名词、概念、制度设计多有衍变，也就会有很多不确切的、误解的说法。本章就我国血液监管法律规制沿革做全面、系统的梳理，并就基层医疗机构涉及血液管理方面的一些疑难、困惑问题，有针对性地加以分析，并提出应对建议。

第一节　献血法律制度概述

我国目前血液管理工作的法律法规，将血液分为医疗临床用血和血液制品生产用血两部分分别进行管理。[①] 因此，“献血法”一词，在不同的语境使用，含义有广、狭之别。

广义的献血法，是指一切调整血液采集、供应、临床使用和血液制品生产与流通领域各种社会关系的法律规范的总称，包括医疗临床用血和血液制品生产用血两大部分。其宗旨在于保证临床用血需要与质量、安全，保障献血者身体健康，规范血液制品原料采集和产、供、销活动。因此，几乎每一种卫生法学专著的“献血法律制度”部分，都包含了前述两大部分的内容。

社会上日常所说的“献血法”，主要在其狭义范围内使用，指围绕临床用血需要而开展的血源募集、血液采集、成分制备、储存、供应、使用这一全过程的质量和安全规制的总和。即指的是围绕医疗临床用血而制定的血液管理规范的总和。

而口语中，“献血法”一词往往特指《中华人民共和国献血法》这部具体的法律规范。[②]

---

① 王陇德、张春生:《中华人民共和国献血法释义》，法律出版社 1998 年版，第 23 页。

② 胡晓翔:《献血法律制度浅述》，载《南京医科大学学报》(社会科学版)2009 年第 9 卷第 3 期，第 210 页。

第二节　无偿献血的法律规定

一、无偿献血概念的由来

国际红十字会组织、世界卫生组织及国际输血协会历来都十分关注临床用血的来源方式。1946年，国际红十字会总会与红新月会提出，血液在战时及平时都有十分重要的作用，特别强调了供血者提供血液应当是无代价的。这是最初通过的无偿献血概念。1948年国际红十字会组织向各国呼吁，采取无偿献血、免费输血的原则。1973年在德黑兰召开的第22届国际红十字会大会指出：出于人道主义动机志愿地献血，不领取任何报酬的无偿献血，才是血液需要最安全有效的道路。1975年第28届世界卫生年会要求成员在自愿无偿献血基础上促进各国血液服务的发展，并颁布有效的法律，指导规范本国工作。1981年第24届红十字国际会议通过了《献血与输血的道德规范》。1991年红十字联合会第8届大会做出决议，将自愿无偿献血定义为："出于自愿提供自身的血液、血浆或其他血液成分而不收取任何报酬的人被称为自愿无偿献血者。无论是金钱或礼品都可视为金钱的替代，包括休假和旅游等，而小型纪念品和茶点，以及支付交通费则是合理的。"

二、我国无偿献血法制建设

血液是生命之源，输血是一种支持与代偿性的治疗措施，用于补充血液成分的损失、破坏和缺乏，恢复和维持患者血液的携氧能力、容量、凝集特性和抗感染功能。无论是全血、成分血，还是有关血液制品，都是医疗抢救活动中不可缺少的特殊物质，其功能和作用，目前还没有可资替代的制品。[①] 因此，广大公民发扬人道主义精神，自愿踊跃献血，能够直接参与救死扶伤，挽救无数危重病伤员生命。地方政府无偿献血动员、组织工作、制度和结果的完善程度，则充分体现出一个地方政府执政能力与公民的普遍道德水准。

为了规范公民献血工作，1978年以来，国务院、原卫生部曾发布了一系列行政法规、部门规章和文件，一些省、自治区、直辖市也制定了地方性法规或地方行政规章。

1978年11月，国务院批转卫生部《关于加强输血工作的请示报告》，首倡实行公民义务献血制度。其对个体供血的表述是："旧社会遗留下来的卖血现象至

① 吴阶平：《中国大百科全书·现代医学卷》(2)，中国大百科全书出版社1993年，第1226页。

今没有得到根本的改善，既损害了劳动人民的身心健康，又与我们社会主义制度不相称。”“目前，应加强输血工作的宣传、组织和管理，逐步建立起适合我国社会主义制度的义务献血制度。”1979 年 12 月，原卫生部颁发了《全国血站工作条例(试行草案)》。1984 年 7 月，原卫生部和中国红十字会总会在《全国输血工作座谈会纪要》中明确提出“要提倡和鼓励无偿献血”。深圳市、海南省率先通过地方立法确立无偿献血制度。1984 年 10 月，原卫生部颁发了《献血体格检查参考标准》。1987 年 6 月，原卫生部和中国红十字会总会颁发了《无偿志愿献血奖励办法(试行稿)》。1990 年 4 月，原卫生部和国家物价局联合印发了《关于加强输血工作管理的若干规定》。1990 年 6 月，原卫生部和中国红十字会总会下发了《关于在全国进一步开展公民义务献血和无偿献血活动的通知》。1993 年 2 月，原卫生部颁布了《血站基本标准》《血站工作制度、操作规程和质量标准》《供血者健康检查标准》。1993 年 3 月，原卫生部颁发了《采供血机构和血液管理办法》(以下简称《办法》)。该规章对“卖血”问题，采取了比较务实的态度。《〈采供血机构和血液管理办法〉起草说明》认为：“我国公民献血远远不能满足临床用血的需求，因此，在一定时期内个体卖血仍是我国临床用血的‘主要补充形式。’”①《办法》作为向“完全依靠公民献血满足临床用血需求”过渡的规章，对“卖血”采取“允许存在”和“严格管理”的方针。《办法》将血源分为“献血的公民”和“其他向采供血机构提供血液的公民”，后者即指卖血者。为避免在规章中出现“卖血”的字样，采用了“其他向采供血机构提供血液的公民”的提法。② 1993 年 9 月，原卫生部医政司转发了原卫生部副部长殷大奎在全国血液质量管理委员会成立大会暨采供血机构管理与评审研讨会上的讲话《加强宏观管理 强化监督机制 认真贯彻实施〈采供血机构和血液管理办法〉》。讲话指出，有人认为采供血机构应作为营利性第三产业，进行自由竞争和血液买卖，适者生存。这种想法违背了输血事业的根本宗旨，输血工作必须坚持以社会效益为准则，以救死扶伤、为临床服务为根本宗旨，以实行公民无偿献血为发展方向。1995 年 2 月，原卫生部下发《关于加强输血管理的紧急通知》《关于加强血液管理的通知》两个文件。1996 年 7 月，原卫生部下发《关于加强临床用血管理的紧急通知》。为了保证医疗临床用血需要和安全，保障献血者和用血者身体健康，发扬人道主义精神，促进社会主义物质文明和精神文明建设，1997 年 12 月 29 日，第八届全国人民代表大会常务委员会第二十九次会议通过了《中华人民共和国献血法》(以下简称《献血法》)，自 1998 年 10 月 1 日起施行。1998 年 9 月，原卫生部根据即将生效施行的《献血法》制定颁布了《血站管理办法(暂行)》(其附件为《献血者健康检查标准》，

---

①②卫生部医政司：《〈采供血机构和血液管理办法〉起草说明》，载《医政工作文件汇编》1992 年—1996 年，中华人民共和国卫生部，第 295 页。

明令废止1993年的《供血者健康检查标准》、《医疗机构临床用血管理办法(试行)》、《临床输血技术规范》等规章。1999年5月,原卫生部颁发《脐带血造血干细胞库管理办法(试行)》。1999年7月,原卫生部、中国红十字会总会颁布了《全国无偿献血表彰奖励办法》。《献血法》及其配套法规的颁布实施,是我国医疗用血事业的重大变革,标志着我国血液管理工作进入了法制管理的新阶段。2000年6月,原卫生部印发《临床输血技术规范》。2001年1月,原卫生部印发《脐带血造血干细胞库设置管理规范(试行)》。2002年,原卫生部开始按照WHO安全血液和血液制品四项方针,深入实施采供血机构全面质量管理项目,加强血站实验室建设和临床用血管理,确保血液安全。2005年11月原卫生部颁布了《血站管理办法》(未再附录健康检查标准)。2005年12月,原卫生部印发了《采供血机构设置规划指导原则》。2006年4月原卫生部印发了《血站质量管理规范》,5月印发了《血站实验室质量管理规范》。2006年7月,原卫生部印发《非血缘造血干细胞移植技术管理规范》和《非血缘造血干细胞采集技术管理规范》。2006年8月,原卫生部下发《关于限期停止有偿机采血小板的通知》。2007年5月,原卫生部下发《卫生部办公厅关于规范全国采供血机构从业人员岗位培训与考核工作的通知》。2007年5月,原卫生部下发《关于进一步加强血液质量管理 保障血液安全的通知》,要求各级卫生行政部门于2007年下半年开展对采供血机构采供血执业情况进行督导检查。

三、我国无偿献血立法工作背景

多年来,我国存在着三种血源渠道:个体供血、义务献血、无偿献血。个体供血,是公民向采供血机构提供自身血液而获取一定报酬的行为。我国的临床用血,曾经主要靠这个渠道支撑。义务献血是政府献血领导小组或献血委员会向社会团体、机关、企事业单位分配献血指标,下达献血任务,献血后给予献血者一定营养补助费的献血制度。无偿献血是指公民向血站自愿、无报酬地提供自身血液的行为。义务献血与无偿献血两者之间实际上没有本质的区别,只是具体做法上有所改变。与义务献血和无偿献血相对立的是有偿卖血的所谓"个体供血"现象。①

自从1984年国家倡导无偿献血以后,无偿献血人数逐年增多,但从总体看,全国进展缓慢。截至1998年4月,无偿献血在临床用血中的比例,很多地区还在10%以下,一些搞过地方性法规,抓得好的地方比例较高。②

---

① 王陇德、张春生:《中华人民共和国献血法释义》,法律出版社1998年版,第9—10页。

② 张春生:《关于〈中华人民共和国献血法〉立法中的几个问题》,载王陇德、张春生:《中华人民共和国献血法释义》,法律出版社1998年版,第4页。

1998年《献血法》颁布实施至今9年来，我国无偿献血事业取得了举世瞩目的成就。1998年，全国无偿献血仅占临床用血的20%，而到2006年，此比例已经达到了95%以上，且有近1/3地市的临床用血100%来自自愿无偿献血。1987年全国首次表彰无偿献血时金奖获得者仅9名，截至1997年11月，全国累计无偿献血金奖获得者为283人。而2007年6月14日的“全国无偿献血表彰电视电话会议”上，无偿献血金奖获得者多达3833名，银奖获得者有3188名，铜奖获得者有10167名，造血干细胞捐献者有368名，获得先进省市奖的省区市达到了101个。① 这个成绩表明，我国的无偿献血事业已经得到了全社会的广泛理解和支持，各地政府已经具备了及时、安全保障临床用血供应的执政能力，展示了我国无偿献血事业全面、协调、稳定、安全发展的美好愿景。

但是，与人民群众的健康需求相比，我国无偿献血工作还存在许多问题和不足。各地区无偿献血工作开展得很不平衡，少数地区有偿献血和计划献血带来的安全隐患还没有完全消除。截至2007年上半年，全国计划无偿献血和有偿供血占献血总量的比例仍有6%，大多集中在部分偏远和经济欠发达地区。由计划献血滋生的冒名顶替现象和有偿供血引发的频繁采血情况也时有发生。地下倒卖《无偿献血证》的现象尚未完全杜绝。为了达到有效地预防和控制血源性疾病的传播，保护供血者和受血者的身体健康，必须进一步加强公民无偿献血的法制建设，做好动员、组织工作，全面实行自愿无偿献血，杜绝非法采供血液，唯此才能从根本上保证临床用血安全，保护人民群众的身体健康。

四、我国无偿献血法律规制

（一）立法目的及基本思想

《献血法》首先在于保证我国临床用血的需要。其次是要保证临床用血的安全。最后，从根本上克服以往的义务献血工作中存在的不重视宣传动员，不重视普及医学科学知识，简单地向社会团体、单位分配指标，用高额补贴刺激献血的现象。② 因此，《献血法》的基本思想是：下大力气倡导、教育、组织我们的干部群众，自愿地无偿献血，保证献血者和用血者的身体健康。

（二）基本制度和献血主体

《献血法》规定，国家实行无偿献血制度。

《献血法》提倡18至55周岁的健康公民自愿献血。国家鼓励国家工作人

① 《高强部长在全国无偿献血表彰电视电话会议上的讲话》，载卫生部政策法规司：《卫生政务通报》2007年7月2日，第21期，http://www.moh.gov.cn/zwgkzt/pzcfgl/200804/30315.shtml。

② 张春生：《关于〈中华人民共和国献血法〉立法中的几个问题》，载王陇德、张春生：《中华人民共和国献血法释义》，法律出版社1998年版，第1—2页。

员、现役军人和高等学校在校学生率先献血，为树立社会新风尚做表率。《献血法》还规定，地方各级人民政府领导本行政区域内的献血工作，统一规划并负责组织、协调有关部门共同做好献血工作。县级以上卫生行政部门监督管理献血工作。各级红十字会依法参与推动献血工作。

（三）政府及社会各界的责任

《献血法》要求各级人民政府采取措施广泛宣传献血的意义，普及献血的科学知识，开展预防和控制经血液途径传播的疾病的教育。新闻媒体应当开展无偿献血的社会公益性宣传。国家机关、军队、社会团体、企事业组织、居民委员会、村民委员会，应当动员和组织本单位或者本地区的适龄公民参加无偿献血。对无偿献血者，颁发国务院卫生行政部门制作的无偿献血证书，有关单位可以给予适当补贴。各级人民政府和红十字会对积极参加献血和在献血工作中做出显著成绩的单位和个人给予奖励。

（四）无偿献血的血液流向规范及临床用血

《献血法》规定，无偿献血者的血液必须用于临床，不得买卖。血站、医疗机构不得将无偿献血的血液出售给单采血浆站或者血液制品生产单位。

临床用血的包装、储存、运输，必须符合国家规定的卫生标准和要求。为保证应急用血，医疗机构可以临时采集血液，但应当依照献血法的规定，确保采血用血安全。

公民临床用血时须交付用于血液的采集、储存、分离、检验等费用；无偿献血者临床需要用血时，可以按照省、自治区、直辖市人民政府的规定免交或者减交前述费用。为保障公民临床急救用血的需要，献血法规定，国家提倡并指导择期手术的患者自身储血，动员家庭、亲友、所在单位及社会互助献血。

医疗机构临床用血应当制定用血计划，遵循合理、科学的原则，不得浪费和滥用血液。医疗机构对临床用血必须进行核查，不得将不符合国家规定标准的血液用于临床。

（五）医疗临床用血供受双方关系的法律属性

在医疗临床用血的过程中，包括血液捐献者、血液采集者和血液使用者的“供方”，与“需方”（受血者）双方之间的关系，完全基于“血液的流动”，离开了“血液”这个介质，在此领域双方也就不存在任何关联。

而当今，在合法的医疗临床用血领域，血液都来自无偿献血。在无偿献血体制内，献血者无偿提供血液的行为，是发扬人道主义精神、救死扶伤的高尚行为，绝不是具有买卖内涵的经济牟利行为。发展无偿献血事业，保障临床医疗用血供给，是法律赋予地方各级人民政府的职责。同时，在无偿献血的整个过程中，我国法律也不允许任何相关单位和个人利用公民无偿捐献的血液牟取私利。①另外，输血作为“补充血液成分的损失、破坏和缺乏”的主要支持与代偿性的治疗措施，其施用具有严格的适应证。

综上所述，医疗临床用血供受双方之间的关系中，不存在地位平等的主体、自由让渡的商品、等价有偿的对价的内容，即排除了民事法律关系构成的一切要素。显然，它不是民事法律关系，而是行政法律关系。在此体系内产生的涉血侵权损害，应当适用国家赔偿法。②

第三节　血站管理的法律规定

一、血站的性质、规划、类别、设置布局及执业许可

血站是采供血机构的一个类别，是不以营利为目的地采集、储存血液，制备血液成分，并及时提供临床使用的公益性卫生机构。

《献血法》和《血站管理办法》规定，卫计委制定全国采供血机构设置规划指导原则，各省、自治区、直辖市人民政府卫生行政部门根据本行政区域人口、医疗资源、临床用血需求等实际情况和当地区域卫生发展规划，制定本行政区域血站设置规划，报本级政府批准，并报卫计委备案。

血站分为一般血站和特殊血站。一般血站包括血液中心、中心血站和中心血库。特殊血站包括脐带血造血干细胞库和卫计委根据医学发展需要批准、设置的其他类型血库。

直辖市、省会市、自治区首府设血液中心；设区的市设中心血站；中心血站服务覆盖不到的县及县级市可以依托县级综合性医院设中心血库。血液中心和特殊血站的设置必须经国务院卫生行政部门批准，中心血站、中心血库的设置必须经省、自治区、直辖市人民政府卫生行政部门批准，并报卫计委备案。

血站开展采供血业务，应当向所在省、自治区、直辖市人民政府卫生行政部门申请办理执业登记，取得《血站执业许可证》后方可开展采供血业务。许可证注册登记的有效期为3年。

二、采供血管理

（一）执业

《血站管理办法》规定，血站应当根据医疗机构临床用血需求，制定血液采

---

① 王陇德、张春生：《中华人民共和国献血法释义》，法律出版社1998年版，第23页。

② 胡晓翔、姜柏生：《冷眼观潮：卫生法学争鸣问题探究》，东南大学出版社2001年版，第215页。

集、制备、供应计划,保障临床用血安全、及时、足量。血站应当为献血者提供各种安全、卫生、便利的条件和良好的服务。血站开展采供血业务应当实行全面质量管理,严格遵守各项技术操作规范、制度和标准。血站工作人员应当符合岗位执业资格的规定,并接受血液安全和业务岗位培训与考核,领取岗位培训合格证书后方可上岗。无偿献血的血液必须用于临床,不得买卖。剩余成分血浆,以及因科研或者特殊需要用血而进行的调配所得的收入,全部用于无偿献血者用血返还费用,不得挪作他用。

(二)采血

血站在采血前,必须按照《献血者健康检查标准》,对献血者进行健康检查,健康检查不合格的,不得采集其血液。血站对献血者每次采集血液量一般为200毫升,最多不超过400毫升,两次采集间隔期不少于6个月,严禁超量、频繁采集血液。严禁血站采集冒名顶替者的血液。

血站对采集的血液必须进行检验,保证血液质量。

血站应当根据医疗机构的用血计划,积极开展成分血制备并指导临床成分血的应用。血站不得采集血液制品生产原料血浆。

特殊血型的血液需要从外省、自治区、直辖市调配的,由省级人民政府卫生行政部门批准。

(三)供血

血站应当保证发出的血液质量、品种、规格、数量无差错。未经检验或检验不合格的血液,不得向医疗机构提供。血站发出血液的包装、储存、运输应当符合《血站质量管理规范》的要求。血液包装袋上应当标明血站的名称及许可证号、献血编号或者条形码、血型、血液品种、采血日期及时间或者制备日期及时间、有效日期及时间、储存条件等。

血站应当制定紧急灾害应急预案,并从血源、管理制度、技术能力和设备条件上保证预案的实施,满足应急用血的需要。

血站应当严格执行传染病防治法及其实施办法规定的疫情报告制度。

三、监督管理

《献血法》和《血站管理办法》规定,我国血站管理以省、自治区、直辖市为区域,实行统一规划设置血站、统一管理采供血和统一管理临床用血的"三统一原则"。

县级以上人民政府卫生行政部门负责辖区内血站执业活动的日常监督检查工作。

县级以上人民政府卫生行政部门应当对辖区内的血站执行有关规定情况和

无偿献血比例、采供血服务质量、业务指导、人员培训、综合质量评价技术能力等情况进行评价及监督检查，按照卫计委的有关规定将结果上报，同时向社会公布。

卫计委定期对执行有关规定情况和无偿献血比例、采供血服务质量、业务指导、人员培训、综合质量评价技术能力等情况，以及脐带血造血干细胞库等特殊血站的质量管理状况进行评价及监督检查，并将结果向社会公布。

四、应急性血液供给问题

（一）医疗机构应急采集血液

为保证特殊应急状态下的用血，献血法规定在确保采血用血安全的基础上，医疗机构可以临时针对具体病例的需求采集血液。

通说认为，医疗机构应急用血须自行采血时应具备下列条件：

(1)边远地区的医疗机构和所在地无采供血机构，或不可抗力导致血液供应障碍；

(2)病人生命体征危急，急需输血，没有其他治疗措施可以代替；

(3)具有一定的血液质量检测能力。

这是针对医疗机构的差异性，以及临床病例病情的复杂性与社会状态不可完全预控性的客观实际，从患者的生命健康出发考虑，在法律上预留的变通途径。①

这个途径的明确，既是对特定情形下医疗机构自行采集、自我供应血液的授权，也赋予了医疗机构在特定情形下采集、供应血液以资抢救急危重患者的义务。从法理上分析这个权利和义务，我们可以认为，医疗机构在特定情形下具有“临时性血站”的功能。但是，医疗机构自行采集、自我供应血液，只有在临床应急用血时才可以“临时”进行，具有严格的特定前提条件，不能将其作为医疗机构的一项日常工作，且只能针对本机构内需要紧急输血抢救的病例进行，不可转供其他机构。②

（二）血液的跨行政区域调剂

由于不同地区无偿献血工作开展的水平不一，且不同地区由于突发事件应对导致的瞬间血液需求也不可能完全预测预备，因此，血液跨行政区域的调剂在所难免，亟待明确具体操办的法律规范。

《献血法》中对此没有相关规定。

《血站管理办法》第四十一条，规定省级人民政府卫生行政部门可以批准“从

①② 王陇德、张春生：《中华人民共和国献血法释义》，法律出版社1998年版，第28页。

外省、自治区、直辖市调配特殊血型的血液”“因科研或者特殊需要而调配血液”。该条内容过于简单，既未周全涵盖临床实际情形，也不具有可操作性。

在地方立法中或者已经废止的文件中，有些相关的细化规范。例如，2000年5月江苏省第九届人民代表大会常务委员会第十六次会议通过的《江苏省献血条例》第十九条规定：“本省内跨市、县（市）和外省来本省调剂临床用血的，由省卫生行政部门按照国家有关采供血管理规定审批。”1993年3月发布的《采供血机构和血液管理办法》（已经废止）规定：“跨省区采血的，由需方省级献血办公室向供方的省级献血办公室提出请求，双方协商，并经供方省级卫生行政部门同意后报卫生部备案，再由供需双方省级献血办公室签订协议和组织实施。”

总之，我国的法律今后应该针对不同情形的临床医疗用血调剂需求（不同范围的调剂和不同原因的调剂），明确规定申报主体、途径和审批权限与时限。

第四节　血液制品管理的法律规定

一、有关规制沿革

1978年11月，国务院批转了原卫生部《关于加强输血工作的请示报告》。其规定的“输血站的主要任务”是：“负责宣传动员组织群众献血；统一管理血源，统一组织采血，保证医疗和战备储备生产血液制品用血的需要，完成献血计划；供应医院用血，开展血液成分疗法和血液综合利用，做到计划用血、合理用血、节约用血；有条件的省、市、自治区输血站，还应生产血浆蛋白制品，培养输血科技干部和开展输血科学研究。”1979年12月原卫生部印发的《全国血站工作条例（试行草案）》规定的“血站的主要任务”是：“在各级政府的领导下，大力宣传动员，有组织、有计划地按部门、单位开展义务献血，实行公民义务献血制度；统一制订献血计划，统一管理血源，统一组织采血，保证医疗和战备储备用血的需要，完成献血计划；积极开展血液综合利用，推广血液成分输血疗法；有条件的省、市、自治区（或所在市）血站，可以生产血浆蛋白制品，供应临床治疗和急救的需要；培养输血科技干部，开展输血科学研究。”1979年12月原卫生部印发《部分省、市、自治区输血工作座谈会纪要》重申：“有条件的省、市、自治区（或所在市）血站，可以生产血浆蛋白制品，供应本地区临床治疗和急救的需要。”可见，此时期的“输血站”“血站”相当于后来的“采供血机构”的概念，“向临床供血”和“向血液制品生产企业供血”两个功能混同在一体。1992年1月原卫生部下发《关于暂时停止生产和使用冻干血浆的紧急通知》，要求“自1992年3月1日起，在全国范围暂时停止生产和临床使用冰冻干燥血浆”。1993年3月原卫生部发布的

《采供血机构和血液管理办法》规定:“本办法所称采供血机构是指采集、储存血液,并向临床或血液制品生产单位供血的医疗卫生机构,分为血站、单采血浆站和血库。”“血站分为血液中心、中心血站和基层血站。”“血库是医院储存血液和参与临床有关疾病诊断治疗的业务科室,分为中心血库和医院输血科(血库)。”“单采血浆站是采集血液制品生产用原料血浆的采供血机构,负责向血液制品生产单位提供生产用原料血浆。”“血站和单采血浆站是由卫生行政部门设置的卫生事业单位。”此时,已经在“采供血机构”这个大概念下,明确区分了承载不同供血功能的两类机构:血站及血库为一类,“向临床供血”;单采血浆站为一类,“向血液制品生产企业供血”。由此确立了今天两类采供血机构彻底分类管理模式的思路。1994 年 5 月,原卫生部医政司和卫生部药政管理局联合下发《“关于如何理解和执行‘原料血浆不得用于临床’规定的请示”的复函》,首次系统明确阐述了“血站”和“单采血浆站”性质的本质区别。复函指出,血站是非营利性的医疗卫生事业单位,不得在采供血工作中盈利。单采血浆站是为血浆制品生产单位提供原料血浆的卫生事业单位,具有一定的企业性,并从中盈利。二者性质和管理形式截然不同。无偿献血是一种奉献精神,个体供血和供浆则是买卖行为。这就为 2006 年 3 月针对单采血浆站管理的重大举措——“转制”方案的出台奠定了基础。1994 年 8 月,原卫生部下发《关于实施〈单采血浆站基本标准〉的通知》,同时颁布了《单采血浆站基本标准》《单采血浆站仪器设备配置基本标准》《供血浆者健康检查标准》,重申“单采血浆站是县级以上卫生行政部门设置的独立的采供血机构”。1995 年 2 月,原卫生部下发《关于加强血液管理的通知》,强调“采供血机构必须严格区分供临床用血源和供生产用原料血浆(血源),不得交叉混采”。1995 年 3 月,原卫生部下发《关于整治采供血机构和血源队伍的通知》。1995 年 4 月,原卫生部下发《关于加强单采血浆站管理的补充规定》,明确单采血浆站的行政管理由当地卫生行政部门负责,其业务管理、技术标准的执行及血浆质量监控等由接受血浆的血液制品生产单位负责。1996 年 1 月,原卫生部下发《关于恢复单采血浆工作和加强单采血浆站管理的通知》,提出:“单采血浆站只准县级卫生行政部门设置。为确保公正地实施监督管理,地(市)级以上卫生行政部门不准设置、经营单采血浆站。”1996 年 12 月,国务院发布了《血液制品管理条例》,其中规定:“单采血浆站由血液制品生产单位设置或者由县级人民政府卫生行政部门设置。”2000 年 8 月,原卫生部下发《关于实行原料血浆采集报告制度的通知》。2000 年 11 月,原卫生部印发修订版《单采血浆站基本标准》。

2006 年 3 月,原卫生部印发《关于单采血浆站转制的工作方案》,对单采血浆站的管理措施做出重大调整。方案指出,为进一步落实《中国遏制与防治艾滋病行动计划(2006—2010 年)》,控制经血液传播艾滋病和其他疾病,强化地方卫生行政部门监管责任,完善单采血浆站监督管理体制,按照管办分离、政事分开的原则,卫生部门与单采血浆站脱钩,县级卫生行政部门不再设置单采血浆站,转制为由血液制品生产企业设置。通过转制,单采血浆站应由血液制品生产企业设置和管理。单采血浆站与血液制品生产企业建立"一对一"供浆关系。对于今后由非血液制品生产企业设置的单采血浆站,一经查实,将注销"单采血浆许可证"。转制后的单采血浆站,作为血液制品生产企业生产原料的专门供应机构,其设置及管理在符合《单采血浆站基本标准》相关规定的基础上,还须符合《单采血浆站质量管理规范(GMP)》的有关要求。在 2006 年 12 月 31 日前不能完成转制或没有血液制品生产企业收购的单采血浆站,将被注销"单采血浆许可证"。

2006 年 9 月,原卫生部印发《单采血浆站质量管理规范》。

综上可知,我国对"单采血浆站"的管理,经历了一个逐步成熟的演变过程。第一个变化是,把单采血浆站作为单独的一类"采供血机构"分立于血站,规定两者不得混采和混供。同时严肃整顿、严格区分两者的血源队伍,供血者和供浆者在所持证件上标记清楚。第二个变化是,设置主体的变化。将"卫生行政部门"和"县级以上卫生行政部门"调整为"只准县级卫生行政部门设置",继而调整为"由血液制品生产单位设置或者由县级人民政府卫生行政部门设置",最后变化为"只由血液制品生产企业设置"。

二、血液制品生产经营单位的管理

血液制品特指各种人血浆蛋白制品。为了加强血液制品管理,预防和控制经血液途径传播的疾病,保证血液制品的质量,国务院颁布了《血液制品管理条例》。《血液制品管理条例》规定,国务院卫生行政部门对全国原料血浆的采集、供应和血液制品的生产、经营活动实施监督管理。县级以上地方人民政府卫生行政部门对本行政区域内的原料血浆的采集、供应和血液制品的生产、经营活动实施监督管理。

血液制品生产单位必须达到国务院卫生行政部门制定的《药品生产质量管理规范》规定的标准,经国务院卫生行政部门审查合格,并依法向工商行政管理部门申领营业执照后,方可从事血液制品的生产活动。血液制品生产单位生产国内已经生产的品种,必须依法向国务院有关主管部门申请产品批准文号;国内尚未生产的品种,必须按照国家有关新药审批的程序和要求申报。

血液制品生产单位在原料血浆投入生产前,必须使用有产品批准文号并经国家药品生物制品检定机构逐批检定合格的体外诊断试剂,对每一人份血浆进行全面复检，并做检测记录；复检不合格的，不得投料生产，并须依法销毁；发现有血液途径传播的疾病的，必须通知供应血浆的单采血浆站，并及时上报省级卫生行政部门。血液制品出厂前，必须经过质量检验；经检验不符合国家标准的，严禁出厂。

开办血液制品经营单位，由省级人民政府卫生行政部门审核批准。血液制品经营单位应当具备与所经营的产品相适应的冷藏条件和熟悉所经营品种的业务人员。

生产、包装、储存、运输、经营血液制品，应当符合国家规定的卫生标准和要求。

第五节　违反献血法的法律责任

一、行政责任

《献血法》规定，有下列行为之一的，由县级以上地方人民政府卫生行政部门予以取缔，没收违法所得，可以并处十万元以下的罚款：①非法采集血液的；②血站、医疗机构出售无偿献血的血液的；③非法组织他人出卖血液的。

血站违反有关操作规程和制度采集血液，由县级以上地方人民政府卫生行政部门责令整改；给献血者健康造成损害的，对直接负责的主管人员和其他直接责任人员，依法给予行政处分。

临床用血的包装、储存、运输，不符合国家规定的卫生标准和要求的，由县级以上地方人民政府卫生行政部门责令整改，给予警告，可以并处一万元以下的罚款。

血站违反《献血法》规定，向医疗机构提供不符合国家规定标准的血液的，由县级以上地方人民政府卫生行政部门责令改正；情节严重，造成经血液途径传播的疾病传播或者有传播严重危险的，限期整顿，对直接负责的主管人员和其他直接责任人员，依法给予行政处分。

医疗机构的医务人员违反《献血法》规定，将不符合国家规定标准的血液用于患者的，由县级以上地方人民政府卫生行政部门责令整改；给患者健康造成损害的，对直接负责的主管人员和其他直接责任人员，依法给予行政处分。

卫生行政部门及其工作人员在献血、用血的监督管理工作中，玩忽职守，造成严重后果，尚不构成犯罪的，依法给予行政处分。

《血液制品管理条例》规定，未取得省级政府卫生行政部门核发的《单采血浆许可证》，非法从事组织、采集、供应、倒卖原料血浆活动的，由县级以上地方人民政府卫生行政部门予以取缔，没收违法所得和从事违法活动的器材、设备，并处违法所得五倍以上十倍以下的罚款。

二、民事责任

《献血法》规定，血站违反有关操作规程和制度采集血液，给献血者健康造成损害的，医疗机构的医务人员违反献血法规定，将不符合国家规定标准的血液用于患者，给患者健康造成损害的，应当依法赔偿。

三、刑事责任

《献血法》规定，非法采集血液，血站、医疗机构出售无偿献血的血液，非法组织他人出卖血液；血站违反有关部门操作规程和制度采集血液，给献血者健康造成损害；血站违反法律规定，向医疗机构提供不符合国家规定标准血液，情节严重，造成经血液途径传播的疾病传播或者有传播严重危险的；医疗机构的医务人员违反法律规定，将不符合国家规定标准的血液用于患者，给患者健康造成损害，构成犯罪的，依法追究刑事责任。

《血液制品管理条例》规定，未取得“单采血浆许可证”非法从事组织、采集、倒卖原料血浆活动造成经血液途径传播的疾病传播、人身伤害等危害，构成犯罪的，依法追究刑事责任。

《刑法》第三百三十三条规定了“强迫卖血罪”，即非法组织他人出卖血液的，处五年以下有期徒刑，并处罚金；以暴力、威胁方法强迫他人出卖血液的，处五年以上十年以下有期徒刑，并处罚金。上述行为对他人造成伤害的，依照《刑法》第二百三十四条的规定定罪处罚，处三年以下有期徒刑、拘役或者管制；致人重伤的，处三年以上十年以下有期徒刑；致人死亡或者以特别残忍手段致人重伤造成严重残疾的，处十年以上有期徒刑、无期徒刑或者死刑。

《刑法》第三百三十四条第一款规定了“非法采集、供应血液、制作、供应血液制品罪”，即非法采集、供应血液或者制作、供应血液制品，不符合国家规定的标准，足以危害人体健康的，处五年以下有期徒刑或者拘役，并处罚金；对人体健康造成严重危害的，处五年以上十年以下有期徒刑，并处罚金；造成特别严重后果的，处十年以上有期徒刑或者无期徒刑，并处罚金或者没收财产。

《刑法》第三百三十四条第二款规定了“采集、供应血液、制作、供应血液制品事故罪”，即经国家主管部门批准采集、供应血液或者制作、供应血液制品的部门，不依照规定进行检测或者违背其他操作规定，造成危害他人身体健康后果的，对单位判处罚金，并对其直接负责的主管人员和其他直接责任人员，处五年以下有期徒刑或者拘役。①

---

① 周道鸾、张军：《刑法罪名精释：对最高人民法院最高人民检察院关于罪名司法解释的理解和适用》，人民法院出版社 2007 年版，第 664—667 页。

第十七章 《精神卫生法》读后

《精神卫生法》立法质量较高，亮点很多，但也存在一些瑕疵。

2013年5月1日《中华人民共和国精神卫生法》生效施行。一部《精神卫生法》，历经30多年立法过程，可谓万众瞩目。笔者学习该法后，觉得亮点颇多，在曾经的喧嚣里基本把握住了前行的正确方向。概而言之，有以下几个亮点值得赞许。

一、关于"被精神病"问题的处理把握准确

这个问题，曾经是该法立法过程中最为社会瞩目的焦点，也是当今非议较多的热点。过度的热议，尤其是未必恰当的非议，对该法的顺利出台和贯彻落实阻碍极大。笔者以为，对此问题的非议其实是误读了该法，若不予以澄清，立法和司法可能会被引入误区。

立法与司法，首要的是明法域，其次是知实情。

所谓"明法域"，就是要明确制定和贯彻这部法律主要目的究竟是什么，规制什么社会关系。这一点，其实并不应该有异议。

全国人大常委会法制工作委员会副主任信春鹰在接受中外记者集体采访时表示，《精神卫生法》主要解决精神领域里的问题，通过早期社会干预的方式，加大国家投入力度，能够减缓现代人面临的精神压力问题。信春鹰称，很多人精神有压力，很难说是问题，比如高校学生的精神健康有问题，还有一些白领存在着抑郁等精神压力问题，这些都属于《精神卫生法》以后要关注的问题。①

可见，该法的主要立法目的，是解决精神障碍患者及有精神压力人员的预防、救治、康复、疗养诸保障问题。规制的主要是政府的保障职能与服务体系、网络的建设和管理。而始终最为热议、非议的"被精神病"忧虑，并非精神卫生法律的法域内问题，而是对患者的侵权损害问题。侵权损害，轻则由《民法通则》《侵权责任法》规制民事赔偿责任，重则涉及行政处罚和刑事责任的追究，自有《治安管理处罚法》《刑法》等诸多法律可以依凭，与这部精神卫生法律关系不大，即法域不重叠。该法应该着力解决的，只是精神病人的社会保障、福利待遇问题，即

① 《中国将立法干预精神疾病 加大投入减缓精神压力》，2009年3月9日，http://www.chinanews.con。

基本生活保障、医疗(预防、治疗、康复、疗养)保障问题。非自愿的住院，在精神疾患救治这个领域属于常态，企图围绕一个常态情形，把规程搞得那么复杂，最后，实际也就等于没有。因为，不具有现实可行性的制度，无论多么华丽、精致，都是不可蔽体的破衣烂衫。

所谓“知实情”，就是围绕本法的法域和规制的社会关系，充分调研掌握其现实情况，再加以科学、适宜的制度设计。比如，“被精神病”尽管媒体炒得很热烈，但是，其在精神障碍患者的非自愿住院总例数中，究竟是极端罕见的涉嫌违法犯罪的个案，还是比较常见的行业潜规则？这个问题不难回答，纪检监察、卫生行政等职能部门联合统计一下即可给出明确答案。就笔者的实践来看，笔者认为是极其罕见的特殊案例。因此，也就不宜或无须在精神卫生专门法律中过于精细地纠结。

社会热议的“被精神病”现象，其形成的原因何在？无非公权的威逼，私利的欺骗。而两者，都不是一部“精神卫生法”可以规制的。有《民法通则》《侵权责任法》《治安管理处罚法》《刑法》及无数的纪委文件不去指望，却对《精神卫生法》寄予如此“厚望”，实在是缘木求鱼的假行家乱支招。《精神卫生法》在此问题上顶住喧嚣，基本把握住了前行的正确方向，简明扼要地设计了救济规范。针对医疗机构及其工作人员“违反精神障碍诊断标准，将非精神障碍患者诊断为精神障碍患者的”，《精神卫生法》第七十五条规定：“由县级以上人民政府卫生行政部门责令改正，对直接负责的主管人员和其他直接责任人员依法给予或者责令给予降低岗位等级或者撤职的处分；对有关医务人员，暂停六个月以上一年以下执业活动；情节严重的，给予或者责令给予开除的处分，并吊销有关医务人员的执业证书。”而针对“将非精神障碍患者故意作为精神障碍患者送入医疗机构治疗的”，和“其他侵害精神障碍患者合法权益的情形”，第七十八条规定“给精神障碍患者或者其他公民造成人身、财产或者其他损害的，依法承担赔偿责任”；第八十条第二款规定“违反本法规定，有其他构成违反治安管理行为的，依法给予治安管理处罚”；第八十一条规定“违反本法规定，构成犯罪的，依法追究刑事责任”。

二、突出强调了社会各行各业从业人员和管理相对人的精神卫生、心理卫生保护

《精神卫生法》用第二章专章12个条款规定了政府、用人单位、学校、医疗机构、羁押和行刑机构等社会各主体，应如何促进心理健康和预防精神障碍，很好地凸显了该法的立法主旨。

三、就医、住院治疗流程设计合理

《精神卫生法》围绕精神障碍诊断与治疗的流程设计较好地体现了“自愿”这

个基本原则。该法第二十七条第二款规定:“除法律另有规定外,不得违背本人意志进行确定其是否患有精神障碍的医学检查。”第三十条第一款规定:“精神障碍的住院治疗实行自愿原则。”第三十五条第一款规定:“再次诊断结论或者鉴定报告表明,不能确定就诊者为严重精神障碍患者,或者患者不需要住院治疗的,医疗机构不得对其实施住院治疗。”

在自愿原则的基础之上,该法规定了家庭成员或救助机构的“帮助就医”制度。该法第二十一条规定:“家庭成员之间应当相互关爱,创造良好、和睦的家庭环境,提高精神障碍预防意识;发现家庭成员可能患有精神障碍的,应当帮助其及时就诊,照顾其生活,做好看护管理。”第二十八条第一款规定:“除个人自行到医疗机构进行精神障碍诊断外,疑似精神障碍患者的近亲属可以将其送往医疗机构进行精神障碍诊断。对查找不到近亲属的流浪乞讨疑似精神障碍患者,由当地民政等有关部门按照职责分工,帮助送往医疗机构进行精神障碍诊断。”第三十一条规定:“精神障碍患者有本法第三十条第二款第一项情形的,……监护人不同意的,医疗机构不得对患者实施住院治疗。监护人应当对在家居住的患者做好看护管理。”

针对特定情形,即存在伤害自身或危害他人的危险,或已经实施了这样的行为的,该法又设计了“非自愿就医”机制,在维护精神障碍者本人的权益与社会公益之间,取得了平衡。第二十八条第二款规定:“疑似精神障碍患者发生伤害自身、危害他人安全的行为,或者有伤害自身、危害他人安全的危险的,其近亲属、所在单位、当地公安机关应当立即采取措施予以制止,并将其送往医疗机构进行精神障碍诊断。”第三十条第二款规定:“诊断结论、病情评估表明,就诊者为严重精神障碍患者并有下列情形之一的,应当对其实施住院治疗:(一)已经发生伤害自身的行为,或者有伤害自身的危险的;(二)已经发生危害他人安全的行为,或者有危害他人安全的危险的。”第三十五条第二款规定:“再次诊断结论或者鉴定报告表明,精神障碍患者有本法第三十条第二款第二项情形的,其监护人应当同意对患者实施住院治疗。监护人阻碍实施住院治疗或者患者擅自脱离住院治疗的,可以由公安机关协助医疗机构采取措施对患者实施住院治疗。”

为保障非自愿就医精神障碍者的就医权利,该法对医疗机构的责任做了明细规范。第二十八条第三款规定:“医疗机构接到送诊的疑似精神障碍患者,不得拒绝为其做出诊断。”第二十九条第二款规定:“医疗机构接到依照本法第二十八条第二款规定送诊的疑似精神障碍患者,应当将其留院,立即指派精神科执业医师进行诊断,并及时出具诊断结论。”第三十一条规定:“精神障碍患者有本法第三十条第二款第一项情形的,经其监护人同意,医疗机构应当对患者实施住院治疗;……”第三十五条第三款规定:“在相关机构出具再次诊断结论、鉴定报告前，收治精神障碍患者的医疗机构应当按照诊疗规范的要求对患者实施住院治疗。”

四、针对精神障碍的非法手术治疗被明令禁止

鉴于国内曾经出现的治疗失序教训，《精神卫生法》第四十二条规定：“禁止对依照本法第三十条第二款规定实施住院治疗的精神障碍患者实施以治疗精神障碍为目的的外科手术。”

五、强调保护精神障碍者的正常就医权利

鉴于精神障碍者躯体疾病就医权利受侵害事件屡发的现状，《精神卫生法》第四十八条规定：“医疗机构不得因就诊者是精神障碍患者，推诿或者拒绝为其治疗属于本医疗机构诊疗范围的其他疾病。”

在肯定的同时，我们也不得不指出，本法还存在着一些欠缺，或需要经由配套文件予以细化才便于落实的环节。

（一）未对精神障碍医疗服务的模式予以臧否、倡导

尽管该法第六十五条规定了“综合性医疗机构应当按照国务院卫生行政部门的规定开设精神科门诊或者心理治疗门诊，提高精神障碍预防、诊断、治疗能力”，但是，未对提供服务的模式提出倡导性的规范。我国目前主要的服务模式是设置精神病专科医院、精神病专科康复医院，此种模式对于病人回归社会未必很有利，医疗的完整性，尤其是住院治疗的精神障碍患者伴发的躯体疾病，很难有及时的洞悉和诊治，亟须变革。

（二）救济问题规定尚不细致

为了切实维护公民的合法权益，防止不恰当的诊断与治疗，该法设计了就医者的救济机制。

《精神卫生法》第三十二条规定：

“精神障碍患者有本法第三十条第二款第二项情形，患者或者其监护人对需要住院治疗的诊断结论有异议，不同意对患者实施住院治疗的，可以要求再次诊断和鉴定。

“依照前款规定要求再次诊断的，应当自收到诊断结论之日起三日内向原医疗机构或者其他具有合法资质的医疗机构提出。承担再次诊断的医疗机构应当在接到再次诊断要求后指派二名初次诊断医师以外的精神科执业医师进行再次诊断，并及时出具再次诊断结论。承担再次诊断的执业医师应当到收治患者的医疗机构面见、询问患者，该医疗机构应当予以配合。

“对再次诊断结论有异议的，可以自主委托依法取得执业资质的鉴定机构进

行精神障碍医学鉴定;医疗机构应当公示经公告的鉴定机构名单和联系方式。接受委托的鉴定机构应当指定本机构具有该鉴定事项执业资格的二名以上鉴定人共同进行鉴定,并及时出具鉴定报告。"

该条规定,失之于过简,如何启动、受理,再次诊断或鉴定的期限、费用承担,以及此鉴定与《条例》规定的医疗事故技术鉴定、《侵权责任法》规定的医疗损害鉴定的关系,均不明了,必须尽快出台配套规范。

由于第三十五条第三款规定,"在相关机构出具再次诊断结论、鉴定报告前,收治精神障碍患者的医疗机构应当按照诊疗规范的要求对患者实施住院治疗",故再次诊断、鉴定的办结期限显得尤为重要。

关于鉴定,还有如下问题:

1.鉴定的性质

此鉴定是何性质?有权威认为:"这种鉴定在性质上不属于司法鉴定。属于医学鉴定。"①显然也不是《条例》规定的医疗事故技术鉴定、《侵权责任法》规定的医疗损害鉴定。既然如此,全国人大常委会《关于司法鉴定管理问题的决定》及《司法鉴定程序通则》就未必适用于此,该鉴定的服务机构和鉴定人的资质、鉴定的程序必须另行规定。

2.鉴定的内容

该鉴定,究竟鉴定什么内容?第三十二条第三款的措辞是"对再次诊断结论有异议",从第一和第二款来看,"再次诊断结论"同于"诊断结论"。"患者或者其监护人对需要住院治疗的诊断结论有异议,不同意对患者实施住院治疗的,可以要求再次诊断和鉴定。"从此理解,该鉴定的内容只能针对诊断结论和再次诊断结论中"是否需要住院治疗"的部分,明确排斥了"被鉴定人是否患有精神障碍"这个根本内容。这就太局限,不利于先厘清患者病情,从而无法确定科学合理的治疗措施。

(三)针对精神障碍的非法手术治疗被明令禁止,但措辞存有歧义,也未对临床治疗的未来发展留有余地

《精神卫生法》第四十二条规定:"禁止对依照本法第三十条第二款规定实施住院治疗的精神障碍患者实施以治疗精神障碍为目的的外科手术。"那么,对经其他途径就诊的患者,是否就可以"实施以治疗精神障碍为目的的外科手术"呢?同时,任何一个医疗领域,其诊断与治疗的措施和手段,发展日新月异,在当下禁止"实施以治疗精神障碍为目的的外科手术"的同时,也应该对未来可能的发展有所预见。

---

① 全国人大常委会法制工作委员会:《中华人民共和国精神卫生法释义》,法律出版社2012年版,第96页。

（四）对极具争议的针对严重精神障碍患者的保护性手术举措未予规范

例如，对于严重精神障碍患者的绝育问题。

（五）对基层医疗康复服务机构和人员的资质衔接问题未予明细规范

《精神卫生法》第五十五条规定：

“医疗机构应当为在家居住的严重精神障碍患者提供精神科基本药物维持治疗，并为社区康复机构提供有关精神障碍康复的技术指导和支持。

“社区卫生服务机构、乡镇卫生院、村卫生室应当建立严重精神障碍患者的健康档案，对在家居住的严重精神障碍患者进行定期随访，指导患者服药和开展康复训练，并对患者的监护人进行精神卫生知识和看护知识的培训。县级人民政府卫生行政部门应当为社区卫生服务机构、乡镇卫生院、村卫生室开展上述工作给予指导和培训。”

社区康复机构、社区卫生服务机构、乡镇卫生院、村卫生室及其人员在为患者提供服务之前，需要哪些资质准入？机构的诊疗科目需要增设吗？人员的执业范围需要变更吗？这可不是“县级人民政府卫生行政部门应当为……开展上述工作给予指导和培训”一句话就可以解决的。

第十八章　卫生法学及医改政策中的其他法律问题

第一节　有关“分类管理制度”的隐患

一、概述

自从国务院体改办等8部门在《关于城镇医药卫生体制改革的指导意见》中提出“建立新的医疗机构分类管理制度”以来，全国各地各级卫生行政部门依照有关文件的要求，已经完成了“现有医疗机构性质的划分”，并且对新申请设置的医疗机构进行严格“分类核定”。但是，由于许多理论问题没有厘清，进一步的配套措施没有落实，“分类管理制度”名存实亡，甚至在法律上留有严重的隐患。我们认为，目前在“分类管理制度”的实施方面，存在着法律依据不足、分工不合理及后续监管缺失等三方面的问题。

二、有关规范依据

(1)我国有关医疗机构管理的唯一一部专门性法规——《医疗机构管理条例》(国务院1994年2月26日发布，1994年9月1日起施行，以下简称《条例》)，及其权威配套文件《医疗机构管理条例实施细则》(原卫生部1994年8月29日发布，1994年9月1日起施行，以下简称《实施细则》)，对医疗机构均没有“分类管理制度”的规定。

(2)《关于城镇医药卫生体制改革的指导意见》(以下简称《指导意见》)，由国务院办公厅国办发〔2000〕16号《国务院办公厅转发国务院体改办等部门关于城镇医药卫生体制改革指导意见的通知》转发，国务院体改办、原国家计委、原国家经贸委、财政部、劳动保障部、原卫生部、原药品监管局、中医药局等8部门于2000年2月16日制定。其第二点规定：“建立新的医疗机构分类管理制度。将医疗机构分为非营利性和营利性两类进行管理。国家根据医疗机构的性质、社会功能及其承担的任务，制定并实施不同的财税、价格政策。非营利性医疗机构……享受相应的税收优惠政策。……卫生、财政等部门要加强对非营利性医疗机构的财务监督管理。”

(3)《关于城镇医疗机构分类管理的实施意见》(以下简称《实施意见》),由卫医发〔2000〕233号《关于印发〈关于城镇医疗机构分类管理的实施意见〉的通知》下发,原卫生部、国家中医药管理局、财政部、原国家计委联合制定,2000年9月1日起施行,其规定:非营利性医疗机构和营利性医疗机构整体划分。划分的主要依据是医疗机构的经营目的、服务任务,以及执行不同的财政、税收、价格政策和财务会计制度。

“1.非营利性医疗机构是指为社会公众利益服务而设立和运营的医疗机构,不以营利为目的,其收入用于弥补医疗服务成本,实际运营中的收支结余只能用于自身的发展,加改善医疗条件、引进技术、开展新的医疗服务项目等。营利性医疗机构是指医疗服务所得收益可用于投资者经济回报的医疗机构。政府不举办营利性医疗机构。

“2.政府举办的非营利性医疗机构主要提供基本医疗服务并完成政府交办的其他任务,其他非营利性医疗机构主要提供基本医疗服务,这二类非营利性医疗机构也可以提供少量的非基本医疗服务;营利性医疗机构根据市场需求自主确定医疗服务项目。当发生重大灾害、事故、疫情等特殊情况时,各类医疗机构均有义务执行政府指令性任务。

“3.政府举办的非营利性医疗机构享受同级政府给予的财务补助,其他非营利性医疗机构不享受政府财务补助。非营利性医疗机构执行政府规定的医疗服务指导价格,享受相应的税收优惠政策。营利性医疗机构医疗服务价格放开,依法自主经营,照章纳税。

“4.非营利性医疗机构执行财政部、原卫生部颁布的《医院财务制度》和《医院会计制度》等有关法规、政策。营利性医疗机构参照执行企业的财务、会计制度和有关政策。”

(4)民政部、原卫生部民发〔2000〕253号《关于城镇非营利性医疗机构进行民办非企业单位登记有关问题的通知》(以下简称《登记通知》)要求:“各类城镇非营利性医疗机构(政府举办的非营利性医疗机构除外)在取得《医疗机构执业许可证》后,应当依法到民政部门进行民办非企业单位登记。”

三、“分类管理制度”法律依据不足

从前文可以看出,“分类管理制度”在专门性法规《条例》及其配套文件《实施细则》里没有出处。

“分类管理制度”的源头在《指导意见》的第二点。而《指导意见》是“国务院办公厅转发”文件,其法律效力等级尽管目前有不同看法,但是,肯定低于“行政

法规”，其与《条例》相抵触的条款自然无效。且根据《行政许可法》的规定，《指导意见》所设定的“行政许可”属于“越权设定”。至于作为《指导意见》的配套文件的《实施意见》，效力等级更低，所以在此就不赘述了。

可见，根据《指导意见》实施“分类管理制度”，要求“取得《医疗机构执业许可证》的营利性医疗机构，按有关法律法规还需到工商行政管理、税务等有关部门办理相关登记手续”，根据《登记通知》要求医疗机构进行“民办非企业单位登记”，都没有充分的法律依据。

四、“分类管理制度”的实施分工不合理及后续监管缺失

根据《实施意见》的界定，两类医疗机构最实质性、最具体的标志性区别，在于非营利性医疗机构的收入用于弥补医疗服务成本，实际运营中的收支结余只能用于自身的发展；营利性医疗机构的医疗服务所得收益可用于投资者经济回报，在于“执行不同的财政、税收、价格政策和财务会计制度”。而这些只能通过对“资金流”的科学、严密分析，以及对价格财会制度的审核才能准确核定和有效监管。这些才是“分类管理”要“管理”的实质性内容。

据了解，医疗机构分类的核定工作，各地基本上都是由卫生行政部门内的医政部门承担，其渊源在于《实施意见》对“医疗机构分类的核定程序”的规定：医疗机构按《医疗机构管理条例》进行设置审批、登记注册和校验时，需要以书面形式向卫生行政部门申明其性质，由接受其登记注册的卫生行政部门会同有关部门根据医疗机构投资来源、经营性质等有关分类界定的规定予以核定，在执业登记中注明“非营利性”或“营利性”。医疗机构改变其性质，须经核发其“医疗机构执业许可证”的卫生行政部门和有关部门批准并办理相关变更手续。

尽管其中也有“会同（和）有关部门”的措辞，但是，由于“核定”工作“捆绑”于医政部门的“设置审批、登记注册和校验”，故实际操作中都有意无意地将其忽视了。这样，此项工作就具体落实到卫生行政部门中的医政部门，在对医疗机构“进行设置审批、登记注册和校验时”一并办理了。而医政部门人员的工作能力和专业技能是难以胜任对两类医疗机构的“资金流”进行科学、严密分析，以及对价格财会制度进行审核的，这样不合理的分工，导致后续监管缺失就不奇怪了。

因此，笔者认为，“分类管理制度”的实施，从其工作实质内容来看，以财政部门或卫生行政部门中的规划财务部门承办为妥。如果错误分工给卫生行政部门中的医政部门，则显属分工不合理，且使得《实施意见》关于“加强非营利性医疗机构的国有资产监管”和“规范非营利性医疗机构职工工资等收入的分配办法”的要求成为空话。

五、建议

综上所述,特提出以下 3 点建议:

(1)修订《医疗机构管理条例》及其配套文件《医疗机构管理条例实施细则》,加入《关于城镇医疗机构分类管理的实施意见》的内容,使"分类管理制度"具有法律依据。

(2)关于两类医疗机构的"核定"和"后续监管"工作,要明确规定由财政部门及卫生行政部门中的规划财务部门承担。

(3)定期审查医疗机构尤其是"非营利性医疗机构"的财务状况、资金流向,非营利性医疗机构的盈利是否用于"扩大再生产",把握好资金流向,确保国有资产不流失,并规范职工工资等收入的分配方法。

第二节 《中华人民共和国执业医师法》亟待修订、完善的几个问题

《中华人民共和国执业医师法》第三条、第二十一条对医师的权利有所涉及,但很简单,当初草稿讨论阶段大家对此就很有意见。不过,有的权威人士说:"《医师法》不必如《教师法》那样详细写上'待遇'等问题的规定,因为'待遇、教育'等等之类的'基本权利'已写进《宪法》,再在《医师法》中做出规定就重复了。"

其实,早在 1955 年,最高法院曾就法院在判决中可否援引宪法的问题做过一个司法解释,不同意在审判中直接引用宪法条文,各级法院至今还在遵循这个原则。①

第二次世界大战以来,"宪法基本权利的直接效力"已成为世界性的一项宪政惯例,而我国宪法基本权利尚无直接效力,即公民不能依据基本权利提起诉讼,所以,国家机关履行义务的动力不足,进而导致基本权利实际上只是国家的"恩惠"。② 在我国实现宪法基本权利直接效力之前,推动宪法基本权利法律化(如在《医师法》中明确"待遇、教育"等等方面的权利规定),使基本权利经立法后取得司法效力,医师的基本权利才能真正有法律的保障。因此,《医师法》必须在"基本权利"方面做出相应的规定,这绝不是字面上的重复。因此,针对目前医务界普遍面对的侵权状况,建议加上以下条款:"医师完全享有《中华人民共和国宪法》基本权利条款所规定的公民权利;不得因民族、种族、性别、宗教信仰、婚姻状况而剥夺医师所应享受的国家规定的福利待遇。不得以任何理由阻挠医师报考

---

① 高娣:《舆论监督 宪法撑腰》,载《法制日报》2000 年 4 月 17 日,第 5 版。

② 周永坤:《论宪法基本权利的直接效力》,载《中国法学》1997 年版第 1 期,第 22 页。

研究生；执业医师平等享有公派外出(外地、外国)考察、进修、学术交流、攻读学位等接受继续教育的知情权、竞标权、公开评议权。未经公示、公开竞标、公开评议，任何机构均不得剥夺医师公派外出接受继续教育的权利。接受公派外出继续教育的医师，必须事先签署书面合同，履行应尽的回报于所派机构的义务。”

另外，还有“医师的权力”问题未予重视。在很多情形之下，医师负有法律法规授权的社会管理权，极具强制性，例如针对法定传染病有关当事人、当事机构、事发场所的控制、诊疗权，就是行政性的公权力。这是医师和医疗机构法律规制研究的一个大课题，但业界尚未注意到此。

该法第九条、第十条、第十一条规定了“可以参加执业医师资格考试”的人的条件，用了“具有高等学校医学专业本科以上学历”“具有高等学校医学专科学历”“具有中等专业学校医学专业学历”“以师承方式学习传统医学满三年或者经多年实践医术确有专长的”等词组，但对何种学校实无明确规范，且又有概念模糊的“师承”途径，对“乡村医生”还“另行制定管理办法”(第四十五条)，这必将造成“进入”的无障碍。

我国台湾地区有关医师的规定第二条的措辞为“公立或立案之私立专科以上学校或经教育部承认之国外专科以上学校……得有毕业证书者”；第三条对“中医师”的“检核资格”相应措辞是“公立或立案之私立中医专科以上学校或经教育部承认之国外专科以上学校修习中医学……得有毕业证书者”；对“牙医师”的“检核资格”的规定基本同上。日本《医师法》第十一条的措辞为“在以学校教育法(昭和二十二年法律第 26 号)为基础的大学……而毕业者”。两相比较，其概念之显明、操作之便利，是非常明显的。

该法第十三条规定：“国家实行医师执业注册制度。”

中国医师注册制度的渊源，早在 1880 年郑观应的《论医道》一文中已露端倪，他在文中建议设医学院，招收学生入学，“俟学习三年考取上等者，禀请地方官给以文凭，准其行道”。台湾地区有关医师的规定在“资格”章中明确“经医师考试及格者，得请领医师证书”(第六条)，“医师执业，应向所在地直辖市、县(市)政府呈验医师证书，请求发给执业执照”(第八条)。日本《医师法》尽管也有个类似的制度“许可”，但仅规定“经医师国家考试，取得厚生大臣的许可”(第二条)，“许可要通过医籍登记进行”(第六条)。可见，只要不具有法定的特定事由，它们均是把“取得考试合格证书”与“注册”紧密联系的，参加何种类型的医师考试就取得何种类型的证书，然后获得相应的许可，这就较为简便，关键在于不能任意变更“执业范围”或“执业类别”。而我们的《医师法》第十七条规定：“医师变更执业地点、执业类别、执业范围等注册事项的，应当……办理变更注册手续。”变更“执业地点”并非大事，也不难理解。可这“执业类别”与“执业范围”两个概念的内涵区别是什么？二者的变更，就令人难以理解，更加难以操办了。

首先，1999 年 7 月 16 日颁布并施行的《医师执业注册暂行办法》第二条就“执业地点”“执业类别”两个词组做了解释，而对“执业范围”却没有说明。

“医师从事业务活动不能超越注册的范围，如内科医师不能进行外科诊疗，牙科医生也不能替代放射科医生。”①从这句话揣测，“执业范围”似乎是相当于“科别”。而这样的区分，意义有限，临床上，一个病人可以入住不同的科，各科的业务区分是宏观的并且是具有一定模糊性的，随实践的发展而变化。

该法第十九条规定：“申请个体行医的执业医师，须经注册后在医疗、预防、保健机构中执业满五年，……”此条规定殊难理解。

个体行医是指执业医师以个人名义从事医疗、预防、保健业务的行为，由于其要独立执业，故更需具有较为丰富的临床经验，因此，加以特殊规定亦在情理之中。但是，第十九条的文辞欠周密，产生“个体行医的场所”不是“医疗、预防、保健机构”的歧义。其实，所谓“申请个体行医”首先必须是申领个人设置的“医疗、预防、保健机构”的医疗机构执业许可证，第十九条这样的措辞一方面与《医疗机构管理条例》第二十四条“任何单位或者个人，未取得《医疗机构执业许可证》，不得开展诊疗活动”的规定相抵触，另一方面与《医师法》第二条“依法取得执业医师资格或执业助理医师资格，经注册在医疗、预防、保健机构中执业的专业医务人员，适用本法”的规定自相抵牾。

总之，合法的个体行医场所是“个人设置的医疗、预防、保健机构”，从第十九条的本旨出发，建议改为：“申请个体行医的执业医师，须经注册后先在公立二级或三级医疗、预防、保健机构中从事同一专业临床工作满五年，才允许依法申请个人开设诊所执业。”

该法第三十七条规定：“医师在执业活动中，违反本法规定，有下列行为之一的，由县级以上人民政府卫生行政部门给予警告或者责令暂停六个月以上一年以下执业活动；情节严重的，吊销其执业证书；构成犯罪的，依法追究刑事责任……”

“情节严重的，吊销其执业证书”的有权部门，是“县级以上人民政府卫生行政部门”，还是仅仅只是“发给证书的卫生行政部门”？实践中，这有两种理解意见。

一是，不管具体承办案件查处的卫生行政部门是区县级、地市级，还是省级，只要你查到了，查实了，不管是否“发给证书的卫生行政部门”，都可以做出“吊销”的行政处罚，处罚决定生效后，再通知“发给证书的卫生行政部门”，由其予以

---

① 施东飞：《依法执业 依法管理——写在〈执业医师法〉施行之际》，载《健康报》1999 年 5 月 1 日，第 1 版。

注销即可。

二是，“情节严重的，吊销其执业证书”的有权主体仅仅是“发给证书的卫生行政部门”。理由是：

第一，该法第三十六条规定：“以不正当手段取得医师执业证书的，由发给证书的卫生行政部门予以吊销；对负有直接责任的主管人员和其他直接责任人员，依法给予行政处分。”同一部法律，其理解与适用，应该保持一致。

第二，我们来看第三十七条措辞：“……由县级以上人民政府卫生行政部门给予警告或者责令暂停六个月以上一年以下执业活动；情节严重的，吊销其执业证书；构成犯罪的，依法追究刑事责任。”用两个分号，隔开三个分句。我们参考《立法技术规范（试行）（一）及其说明》（法工委发〔2009〕62 号）之《12.标点符号的使用》：“12.4 在多重复句中，各并列分句内已使用逗号的，并列分句之间用分号。”也就是说，“由县级以上人民政府卫生行政部门给予警告或者责令暂停六个月以上一年以下执业活动”“情节严重的，吊销其执业证书”“构成犯罪的，依法追究刑事责任”，三个分句之间是并列的关系，句子内部自成体系。那么，第一个分句里的“由县级以上人民政府卫生行政部门”并不能跨越分号统领第二、第三个并列分句，“由县级以上人民政府卫生行政部门”仅指向本分句内的“给予警告或者责令暂停六个月以上一年以下执业活动”，即，不能理解为“县级以上人民政府卫生行政部门”都有权“吊销其执业证书”，否则，“县级以上人民政府卫生行政部门”也就都有权“依法追究刑事责任”了。

以上争议，事关处罚的合法有效与否，很重要。笔者持第二个观点。

有人以为，《医师法》的第三十六条，并非“处罚”，而是“撤销”的规定，相当于《行政许可法》第六十九条，其“由发给证书的卫生行政部门”的设计，不能作为《医师法》第三十七条理解的参考。

此说，值得商榷。

首先，《医师法》第三十六条，与第三十七条一样，都是放在“第五章　法律责任”里的，且其措辞，确实不是“撤销”，而是“由发给证书的卫生行政部门予以吊销”，吊销，是处罚的种类之一。

其次，《行政许可法》关于“撤销”的第六十九条，是放在“第六章　监督检查”一章，而不是“第七章　法律责任”一章里的。这即说明，这里的“撤销”，也不能引据《行政处罚法》规定的“法律、行政法规规定的其他行政处罚”以被理解成《行政许可法》专设的一种行政处罚内容。

在《行政许可法》的“第七章　法律责任”里，第八十条与《医师法》第三十七条，似乎更有针对性：

“被许可人有下列行为之一的，行政机关应当依法给予行政处罚；构成犯罪的，依法追究刑事责任：

“（一）涂改、倒卖、出租、出借行政许可证件，或者以其他形式非法转让行政许可的；

“（二）超越行政许可范围进行活动的；

“（三）向负责监督检查的行政机关隐瞒有关情况、提供虚假材料或者拒绝提供反映其活动情况的真实材料的；

“（四）法律、法规、规章规定的其他违法行为。”

“法律、法规、规章规定的其他违法行为”，应当依法给予行政处罚，也就是说，《执业医师法》第三十六条的规制，与其后实施的《行政许可法》并不冲突，因此，也是有效条款。

综上，就《执业医师法》的规制设计来说，“吊销”医师执业证书的处罚，是且仅仅是“发给证书的卫生行政部门”的权力。

该法第三十九条规定：“未经批准擅自开办医疗机构行医或者非医师行医的，由县级以上人民政府卫生行政部门予以取缔，没收其违法所得及其药品、器械，并处十万元以下的罚款；对医师吊销其执业证书；给患者造成损害的，依法承担赔偿责任；构成犯罪的，依法追究刑事责任。”其中的“擅自执业”一词，来自《医疗机构管理条例》第二十四条的规定：“任何单位或者个人，未取得《医疗机构执业许可证》，不得开展诊疗活动。”其处理见《医疗机构管理条例》第四十四条：“违反本条例第二十四条规定，未取得《医疗机构执业许可证》擅自执业的，由县级以上人民政府卫生行政部门责令其停止执业活动，没收非法所得和药品、器械，并可以根据情况处以一万元以下的罚款。”“非法行医”一词则来自《刑法》第三百三十六条：“未取得医生执业资格的人非法行医，情节严重的，处三年以下有期徒刑、拘役或者管制，并处或者单处罚金；严重损害就诊人身体健康的，处三年以上十年以下有期徒刑，并处罚金；造成就诊人死亡的，处十年以上有期徒刑，并处罚金。”可见，“非法行医罪”的主体只能是“未取得医生执业资格的人”，而“擅自执业”的主体无明确限制，不但无所谓有无“医生执业资格”，甚至可以是非自然人，那么，其中一部分“未取得医生执业资格的人”的行为就与“非法行医”相混淆了。可能正是因为如此，《医师法》第三十九条才干脆就将两者完全混为一谈，处罚上非但没轻没重，甚至“对医师”还多了一样“吊销其执业证书”的处罚。实际上只能使得“取得医生执业资格的人”反而要遭受更为严厉的处罚，这就甚为荒唐了！至于“并处十万元以下的罚款”，自由裁量幅度忒大！

我国台湾地区对医师的有关规定第二十七条规定：“医师未经领有执业执照或未加入医师工会擅自执业者，……处以二千元以下罚款。”此“医师未经领有执业执照或未加入医师工会擅自执业者”略类似于《医师法》“未经批准擅自开办医疗机构行医的”，但其主体明确限定为“医师”，所以，此“擅自行医”的社会危害性相对轻微，因此仅“处以二千元以下罚款”足矣。台湾地区对医师的有关规定第二十八条规定：“未取得合法医师资格擅自执行医疗业务者，处一年以上三年以下有期徒刑，并处以二千元以上五千元以下之罚金。”显而易见，此“未取得合法医师资格擅自执行医疗业务者”就等同于《刑法》第三百三十六条的“未取得医生执业资格的人非法行医”，其主体只能是“未取得医生执业资格的人”，这种人“行医”，社会危害性极大，予以严惩自是合乎情理之举。

日本《医师法》对“非医师从事医业者”规定“处以二年以下的徒刑或二万日元以下的罚款”，对“非医师从事医业者”且“使用医师或类似名称时”规定“处三年以下徒刑或三万日元以下罚款”（第三十一条），这是对“非法行医”的处罚；而对被“取消许可或勒令限期停止医业”却仍从业者（类似于“擅自执业”，其主体限于“医师”）规定“处以一年以下徒刑或一万日元以下罚款”（第三十二条）。如此规定，条理清晰、是非分明。

第三节　“非法行医”问题

“非法行医”这个概念，在卫生管理和执法领域使用广泛，但是对其确切的含义，尚未有清晰的界定，必须与“擅自执业”等概念做正确的区分。

要想真正有效解决“非法行医”现象，就必须首先对“非法行医”这个概念从法律规范的层面做一个深入解析。

目前普遍认为，非法行医活动包括“未经批准擅自开办医疗机构行医”和“非医师行医”两层含义。2005 年 4 月 19 日原卫生部等 7 部委联合印发的《打击非法行医专项行动方案》之“工作内容和重点”部分就列明：“重点打击未取得《医疗机构执业许可证》擅自开展诊疗活动的‘黑诊所’，打击无任何行医资格的游医、假医。”也就是说，把“场所之无资质”的“擅自执业”行为，与“人员之无资质”的“非法行医”行为，都笼统地归为“非法行医活动”。此后迄今，历年的“打非行动”基本上延续这个架构。

这个“混沌”的观点，在 1998 年 6 月 26 日颁布的《中华人民共和国执业医师法》中就初现端倪。

从宽泛的语文角度而言，一切有瑕疵的诊疗行为大约都可以塞进“非法行医”这个“大筐”之中。但是，从立法的层面来讲，笼统地说“非法行医活动包括‘未经批准擅自开办医疗机构行医’和‘非医师行医’两层含义”是欠科学、不严谨的，其法律规制的设计也就欠合理和周密，效果自然不佳。

鉴于此，针对立法，笔者建议如下：

第一，修订《医疗机构管理条例》时，明确规定“擅自执业”的主体的限定条件，比如，明确必须是“有医师资格的自然人或者使用有医师资格的人的法人”，而只要有“非医师行医”就纳入“非法行医”管理、处罚。

第二，修订《医师法》第三十九条的内容，分不同款规定两种行为的法律责任。

法释〔2008〕5号《最高人民法院关于审理非法行医刑事案件具体应用法律若干问题的解释》第一条列明了“未取得医生执业资格的人非法行医”的五种情形：

“（一）未取得或者以非法手段取得医师资格从事医疗活动的；

“（二）个人未取得《医疗机构执业许可证》开办医疗机构的；

“（三）被依法吊销医师执业证书期间从事医疗活动的；

“（四）未取得乡村医生执业证书，从事乡村医疗活动的；

“（五）家庭接生员实施家庭接生以外的医疗行为的。”

至于各地“非法行医屡禁不止的主要原因”，笔者以为，我们的立法机构和各级各类行政部门、执法机关未能认清“非法行医”活动的本质，从而立法欠严谨和打击不力，是重要原因。像目前这样，对触犯了多种行政法律规范的非法私人行医点（即“黑诊所”）仅由卫生行政部门一家包揽下来，只依据《医疗机构管理条例》《〈医疗机构管理条例〉实施细则》和《某某省实施〈医疗机构管理条例〉办法》的有关规定进行“温情脉脉”的处理，非但效果欠佳，而且于法理上也显然不通。

《刑法》第三百三十六条关于“非法行医”已规定：“未取得医生执业资格的人非法行医，情节严重的，处三年以下有期徒刑、拘役或者管制，并处或者单处罚金；严重损害就诊人身体健康的，处三年以上、十年以下有期徒刑，并处罚金；造成就诊人死亡的，处十年以上有期徒刑，并处罚金。”针对“情节严重”，法释〔2008〕5号《最高人民法院关于审理非法行医刑事案件具体应用法律若干问题的解释》第二条第四项解释为“非法行医被卫生行政部门行政处罚两次以后，再次非法行医的”，这就为打击那些没有明显危害后果而持续非法行医的人提供了法律支撑。

《刑法》第一百四十一条规定：“生产、销售假药，足以严重危害人体健康的，处三年以下有期徒刑或者拘役，并处或者单处销售金额百分之五十以上、二倍以下罚金；对人体健康造成严重危害的，处三年以上、十年以下有期徒刑，并处销售金额百分之五十以上、二倍以下罚金；致人死亡或者对人体健康造成特别严重危害的，处十年以上有期徒刑、无期徒刑或者死刑，并处销售金额百分之五十以上、二倍以下罚金或者没收财产。”对“生产销售劣药”，《刑法》第一百四十三条亦做了明确规定。因此，对那些触犯了多种行政法律规范的私人行医点中的众多触犯刑律者，坚决不能让其仅以"擅自执业"的名义蒙混过关。

鉴于此，针对"打非"工作，笔者建议：

第一，各级卫生行政部门及司法部门工作人员要认真学习现行有效的有关法律、法规，真正做到"有法必依、违法必究、执法必严"。各级卫生行政部门在日常的行政执法工作中，一旦发现"非法行医"，应主动与所在区域的其他有关行政执法部门及司法部门联系，移送有关案件材料，供其他有关行政部门及司法部门审查，从各自的角度基于不同的理由，依法分别予以行政处罚，直至追究刑事责任。

第二，卫生行政执法最好是真正的"联合"执法，即，公安部门的参与并非如目前常见的这样仅仅起"保镖"作用，只要不打起来，就只在一边干看。而是依据《刑法》的有关规定担负起应尽的责任，一旦卫生执法人员经过甄别明确为"未取得医生执业资格"者，当场制作必要的文书，移送公安部门依法进一步处理。

第三，那种认为"对同一违法行为同时违反了几种行政法律规范，不能由几个行政机关分别做出处罚"的观点是值得商榷的，针对"同一事实而基于不同的理由或者基于不同的事实而理由相同"，都可以依法由不同的行政机关分别予以行政处罚。① 对这些私人行医点，医政、药监、疾控、工商、市容、交通、物价、税收、公安等有关部门均必须切实负起责任来，实行真正的"联动"，从各自执法业务的角度依法给予处罚！

总之，取缔非法行医这事，离开了"真正的联动"，就无法有效地管控！

第四节　医师处方权有关问题

四大类别执业医师(临床、中医、口腔、公卫)均必须有处方权，也均可以有理论上的"手术权"。

基层单位，分科不可能如三甲大医院那样细，动辄多科会诊处理。某县医院的几位放射科医生就曾提出"放射科医生该不该有处方权"的问题。

这确实是个困扰我们多年的问题。通常认为，按照《执业医师法》的规定，医师注册有执业类别，不同临床类别有相应的执业范围。同时，医院对不同执业类别的医生赋予医生处方权。放射科医师从事的是放射诊断工作，不是从事临床工作，不需要有开药的处方权，这就如同临床内科医生不应该出具影像诊断报告一样。甚至有观点认为，各科医生也不可以跨科开药。

但是，对此观点，笔者也很有疑问。

---

① 杨解君：《秩序·权力与法律控制——行政处罚法研究》，四川大学出版社1995年版，第207页。

影像诊断医师所持“医师执业证书”第四页的“执业类别”栏填写为“临床”，此栏内容是和内、外、妇、儿诸科一样的。且该证书在“执业范围”方面，界定为“医学影像诊断和放射治疗专业”，而在“放射治疗科”必然要开具辅助用药。有的放射科有介入治疗病房，更需开药。

对此，笔者的观点是：四大类别执业医师（临床、中医、口腔、公卫）均必须有处方权，也均可以有理论上的“手术权”，理由很简单，他是医师，就必须具有医师的执业权利和权力。

《执业医师法》第二十一条规定：“医师在执业活动中享有下列权利：（一）在注册的执业范围内，进行医学诊查、疾病调查、医学处置、出具相应的医学证明文件，选择合理的医疗、预防、保健方案……”

“医学处置”“选择合理的医疗、预防、保健方案”，自然就必须具备处方权，由此导出医嘱权，也就自然地，必须具备使用医疗器械和仪器、药物、手术的权利。当然，任何的处方、医嘱，检查仪器的使用和处置方法（包含非手术与手术）都必须符合诊疗规范，注意适应证与禁忌证，不得任意乱为。“医学处置”“医疗、预防、保健方案”的具体内容，也是随时代的变迁和学科的发展而不断演变的。“放射科医生不是从事临床工作”的看法，在过去有一定的道理，而在《执业医师法》的医师类别框架里，以及在放射科技术日益发达和业务内容日益拓展的现代临床实际，毫无疑问是错误的。

医疗机构和医务人员的监管，我们历来重视的是其身份和资质的准入。现行的规范里，医疗机构不但有 12 大类 33 小类的划分，还有 3 级和 10 等的区分。同时，医师则被划分为 2 级 4 大类别，再有 24 种类别的资格考试。机构叠加从业人员的“身份”被注重、繁复到这个地步，看似精密，实则存在一定的漏洞。因为，由于临床情况的复杂性和应急性，专科设置及专科业务内容的变动性，以及病患的整体性，我们不可能为各级各类医疗机构和其中的各级各类医护技术人员制订出明确详细的“执业细目”（也就是“规定动作清单”），甚至，我们至今都没有办法说清“执业类别”与“执业范围”的各自确切含义和两者的关系。也就是说，实际上“不同临床类别”并无确切清晰的“相应的执业范围”，如此，我们一线的从业人员如何明白地依从，如何胸有成竹地依法行医？管理者又如何有效监管？

最典型的例证就是，关于心电图检查诊断报告出具问题，原卫生部越解释越让人感到迷糊。

2008 年 12 月 29 日，原卫生部有《关于内科执业医师出具心电图诊断报告单有关问题的批复》：

“湖南省卫生厅：

“你厅《关于心血管内科执业医师能否出具心电图诊断报告单的请示》(湘卫报〔2008〕55号)收悉。经研究，现批复如下：

“执业范围为内科并从事心血管内科诊疗工作的执业医师可以出具心电图诊断报告单。”

此举满足了临床类别内科范围并从事心血管内科诊疗工作的医师的实际需求，是一个实事求是的微调，但是，问题也接着来了。

既然心内科医师可以出具心电图诊断报告，那么，临床类别外科范围并从事心胸外科的医师为何就不可以呢？是没有需求吗？还是不具备专业技能呢？还有急救医学专业、重症医学专业和全科医学专业的医师又怎么说？另外，按照原卫生部《关于医师执业注册中执业范围的暂行规定》，中医类别(包括中医、民族医、中西医结合)医师执业范围是：“1.中医专业；2.中西医结合专业；3.蒙医专业；4.藏医专业；5.维医专业；6.傣医专业；7.省级以上卫生行政部门规定的其他专业。”也就意味着，这六七个专业(执业范围)的医师，都可能“从事心血管内科诊疗工作”，是否又都能“出具心电图诊断报告”呢？

2009年1月19日的《卫生部关于在〈医疗机构诊疗科目名录〉中增加“重症医学科”诊疗科目的通知》(卫医政发〔2009〕9号)，颇值得玩味。其第二点规定：“开展‘重症医学科’诊疗科目诊疗服务的医院应当有具备内科、外科、麻醉科等专业知识之一和临床重症医学诊疗工作经历及技能的执业医师。”第六点规定：“从事‘重症医学科’诊疗服务的医师应当向卫生行政部门重新申请核定医师执业范围；卫生行政部门根据医师申请和医院证明材料，对符合第二条规定医师的执业范围核定为‘重症医学科’。”其第七点规定：“二级以上综合医院原已设置的综合重症加强治疗科(病房、室)(ICU)应重新申请‘重症医学科’诊疗科目登记，并更改原科室名称为重症医学科。目前设置在专科医院和综合医院相关科室内的与本科重症患者治疗有关的病房，如内科或外科重症加强治疗科(内科或外科ICU)、心血管重症监护病房(CCU)、儿科重症监护病房(PICU)等可以保留，中文名称统一为XX科重症监护病房(室)，继续在相关专业范围内开展诊疗活动，其医师执业范围不变。”这就说明，医师的执业范围并没有一个明确的定义，似乎是诊疗科目的一级科目的概念，但又不全是，更没有对应的“执业细目”。

再谈谈中医类别医师在西医机构临床科室执业的合法性问题。这个问题，困惑一线多年，很多地方的监管者是予以“禁止”并“严肃查处”的。2009年7月29日原卫生部卫医政函〔2009〕335号《关于中医类别医师可以从事急救工作的批复》：

“福建省卫生厅：

“你厅《关于中医类别执业医师能否从事急救工作的请示》(闽卫医〔2009〕62

号)收悉。经研究,现批复如下:

“中医类别医师可以在医疗机构急诊科(室)和急救中心(站)按照注册的执业范围执业。”

如前所述,我们并没有与执业类别——执业范围相对应的“执业细目”,那么,中医类别的医师一旦可以进入“急诊科(室)和急救中心(站)”执业,“按照注册的执业范围执业”这个限制也就自然几近于无了。这个批复,实际上也就给中医类别的执业医师进入医疗机构的非中医科室执业消除了障碍。之后,原江苏省卫生厅于 2011 年 5 月 5 日通过厅长信箱,以 35791 号回复针对“中医师(无西医类执业证书)在综合医院非中医科、中西医结合科室执业合不合法?出了医疗纠纷如何处理?是不是非法执业?”做出回复:“经请示国家中医药管理局医政司:中医类别执业医师可以在综合医院非中医科执业,但要按照注册的执业地点、执业类别、执业范围执业。”至此,中医类别的执业医师,选择诊疗科目基本上就没有限制了。

那么,另一个多年来众说纷纭的话题——西医师(临床类别执业医师)开具中成药是否合法呢?在临床一线,这个需求也是存在的,例如 H7N9 禽流感的防控诊治,就涉及中草药的运用。笔者认为,也是完全合法的。

首先,在现行有效的规范里,并没有西医师开具中成药的禁止性规范。

其次,所谓的“中药”“西药”之分,不知道其本身具有多少文化学和药理学上的依据。所谓“西药”,一般认为就是生物制品和化学药品的俗称,以对应于所谓的“中草药”。其实,要说“西药”的真正缘起,可能还真是在中国呢。炼丹术,就是化学的滥觞,“丹药”,就是化学合成物的药品,也就是所谓的“西药”吧。我们江苏句容的茅山,或许就是“西药”的发源地呢。道教的“丹鼎派”认为人生病是由于阴阳不和,要想长生需要用丹补之,所以被称为“丹鼎派”。丹鼎派有名人葛洪、陶弘景等,尤其是葛洪的《抱朴子》,几乎可说是“化学药品工艺学”的滥觞。

而对“中草药”这个词,我们可能也应该审慎地理解。一来,不要误解中国的传统医药系统里,药,只有草药。实际上,草药只是“中药”的一个组成部分而已,动物药、矿物药也十分丰富神奇。二来,也不要误解只有传统的中国人用草药,实际上,“草药”可能是所有的古老民族的传统医药体系里的常客。有些“传统的中草药”,甚至自古就以进口的舶来品为上品。

剂型固定,并采取合理工艺制备的成方中药制剂谓之中成药,比之生药,更加接近于西药。不管中西方,早期的药品,都是包含植物、动物和矿物的。随着化学工业的兴起与发达,混合物、化合物,乃至于人工设计的物质用于“药用”,也是中西方共同的趋势。国家中医药管理局 2011 年 6 月 16 日的国中医药医政综合便函〔2011〕89 号《关于转发河南省中医药管理局关于临床类别执业医师从事中医药服务有关问题的批复》指出，参加过中医药知识培训和中医药适宜技术推广培训的临床类别执业医师，在临床工作中提供相应的中医药服务，不应认定为超出执业类别和范围执业。这个结论，针对的是“关于西医人员从事针灸治疗定性问题的请示”。较之于西医师开具中成药，应该是更进一步了。

经过上述分析，我们看到，目前执业医师的“执业类别—执业范围”的规范体系漏洞百出。我们的医疗服务监管，必须认真审视过去监管工作思路的教训，科学地设计解决路径，监管的思路就得战略性地改变，具体来说就是，必须由注重“身份”(即注重医疗机构的类别与等级——执行医师的执业类别和执业范围这些准入的信息)，转而以“诊疗措施的规范性”为监管的主要切入点，辅助以“身份”限制，方可收事半功倍之效。

第五节　医疗机构卫生监督执法中有关概念问题

在实施麻醉和医疗美容项目诊疗活动中，何种情形属于“超出登记的诊疗科目范围”的诊疗活动，关系到准确定性和依法处罚，必须辨析清楚。

2014 年一季度，某地某知名媒体的知名栏目，连续就当地一家医疗美容诊所的一例患者投诉，做了连续的负面报道，并直接“判定”医方“超范围诊疗，涉案金额巨大，必须吊销证照”。

案情经过是某医疗美容诊所于 2013 年 7 月 11 日为投诉者在“硬膜外麻醉”下行“假体隆胸术”，系“美容外科二级项目”。主要手术者为该诊所的“外科美容主诊医师”，麻醉系外请某三甲综合性医院麻醉科原主任会诊施术。该医疗美容诊所登记诊疗科目为“医疗美容科”，没有“麻醉科”。

该案除了涉及收费是否规范等纷争之外，主要的争议是可否认定为“超出登记的诊疗科目范围行医”，即，一是施行美容外科二级项目是否等同于“超出登记的诊疗科目范围行医”，二是没有麻醉科施行麻醉术(全麻除外)是否等同于“超出登记的诊疗科目范围行医”。乍看，是非是分明的，“超范围行医”似乎毫无可议之处，实际上，颇可商榷。

首先来看施行美容外科二级项目问题。

美容医疗机构，其诊疗科目，是许可登记事项。按照《医疗美容服务管理办法》和《医疗美容项目分级管理目录》的规定，一级诊疗科目“医疗美容科”之下有美容外科、美容牙科、美容皮肤科、美容中医科 4 个二级诊疗科目。在诊疗科目之下，又有“医疗美容项目”的概念，分级别，每个级别里都有清单列举。笔者以为，“医疗美容项目”就相当于具体的手术种类或者说美容医疗技术吧。《医疗美容服务管理办法》第十七条第二款明确规定，医疗美容项目是备案内容。而“发现美容医疗机构不具备开展某医疗美容项目的条件和能力”，第二十六条规定的是“通知该机构停止开展该医疗美容项目”。因此，可以认为，《医疗美容服务管理办法》是把诊疗科目与医疗美容项目分别对待的。从事未备案的医疗美容项目，不能等同于“超出登记的诊疗科目的诊疗行为”，处罚也就不一样。堵漏洞的办法，就是卫计委(原卫生部)修改其规章，放弃医疗美容项目的概念，归并到另一个规章《医疗技术临床应用管理办法》的“医疗技术”的概念里去。《医疗技术临床应用管理办法》第四十八条规定，施行未经批准的医疗技术，“按照《医疗机构管理条例》第四十七条的规定给予处罚”，也就是按照“诊疗活动超出登记范围”处罚。

再看没有麻醉科可否施行麻醉术(全麻除外)。

该诊所没有麻醉科，外请了一位老专家来做的麻醉。卫生管理界一般认为，没有麻醉科，做了麻醉，尤其是全麻或硬膜外麻醉，就是超范围行医(超出登记的诊疗科目范围的诊疗活动)。

麻醉，是临床各个科目下都广泛使用的常见、通用技术手段，人流术、胃镜检查、耳鼻喉科的检查、口腔科的拔牙补牙等等，广泛运用于日常诊疗活动中，都是各科医师自行操作，并不延请麻醉科派麻醉医师来操作。大多小型医疗机构，如门诊部、诊所都没有麻醉科这个诊疗科目。而外科教材里，就有专章讲麻醉，是外科医师的必备技能之一。

原卫生部2002年4月16日下发的《美容医疗机构、医疗美容科(室)基本标准(试行)》中医疗美容诊所的基本标准里，也不把麻醉科这个诊疗科目和麻醉医师，作为必备条件。而哪有医疗美容外科的诊疗行为是不需要麻醉的！

以上说明，麻醉，并不是麻醉科、麻醉师的专有行为。

麻醉，是个大的概念，包含无数具体的方式和方法。其技术要求难度和风险程度，差异极大。一般认为，全麻最危险。依据原卫生部2009年3月2日下发的《医疗技术临床应用管理办法》，原卫生部制定第三类技术清单并负责准入，省级卫生行政部门负责第二类医疗技术临床应用管理工作，制定并公布第二类技术目录，报原卫生部备案，并负责准入。成熟的、安全的、没有伦理风险的第一类技术，由医疗机构自己评估“实施严格管理”。在江苏省，麻醉术里只有“全身麻醉”被列入第二类技术，需要省级卫生行政部门准入，全身麻醉之外的诸多麻醉方式方法，至今未见列入第二类医疗技术。那么，我们可以认为，全麻之外的麻醉方法，都是第一类医疗技术，不需要卫生行政部门许可准入，其应用“由医疗机构根据功能、任务、技术能力”自己评估“实施严格管理”即可。如此，就不能否认，硬膜外麻醉(属于椎管内麻醉的一种)，与局部麻醉、表面麻醉等等一样，可以在各个科里实施，并不专属于麻醉科与麻醉医师。

当然，实际风险极大的硬膜外麻醉技术，操作要求极高，风险极大，理当加强管理，有严格限制地使用。弥补的方法，也很简单，即省级卫生行政部门把硬膜外麻醉列入本省的第二类技术目录并予以公布即可。未准入就实施的，一经查到，《医疗技术临床应用管理办法》第四十八条明确，按《医疗机构管理条例》第四十七条给予处罚，视同“诊疗活动超出登记的诊疗科目范围”。

第六节　有关医疗服务监管工作问题

有关医疗服务监管工作，必须正视“我国医疗服务监管的模式和路径该如何设计”“适合我国国情的医疗卫生服务监管队伍该如何组建”这两个基本课题。作为一名基层医管工作的“老兵”，笔者就此谈点个人零散的观点。

一、我国医疗服务监管的模式和路径该如何设计

首先，最强烈的愿望就是，应当厘清各级“医疗服务监管部门”与传统的医政部门、卫生执法监督部门、应急部门、基层卫生与妇幼部门以及食品药品监管部门的职责分工，明确自己的定位，既不重复和重叠别部门的工作，也不遗漏应尽的责任。

要做到这一点，其实十分不容易，必须下大力气，卫计卫生部应率先领导统筹协调，各部门认真梳理、论证，在解决医疗服务监管部门等职责分工的同时，一举解决遗留多年的医政部门、卫生执法监督部门、应急部门、基层卫生与妇幼部门、食品药品监管部门等职责分工含糊不清、推诿扯皮的陈年痼疾。职责、定位不明晰，也就无所谓科学高效的工作模式和路径。

其次，医疗服务监管要转变思路，从盲目注重从业机构和人员“身份”，转为在结合身份资质监管基础上，以“诊疗措施的规范性”为监管主要切入点。

医疗机构和医务人员的监管，我们历来重视的是其身份和资质的准入。

二、适合我国国情的医疗卫生服务监管队伍该如何组建

本人认为，监管队伍的理想来源，应该是临床一线具有丰富实践经验的医护技术人员，辅以卫生法学和管理学的培训，才可以做好医疗卫生服务监管工作。

就笔者的多年实践来看，懂临床专业知识技能而非管理科班、法学专业出身的人，基本上都可以做好医疗管理，若稍微自学一些管理法学理论和方法，就普遍可以做得很好。一线无数的实例，支持了这个看法。而精通管理、法理却不具备临床专业知识技能的人，几乎可以肯定，搞不好医疗服务监管。而且，非临床一线出身的管理干部，很难通过勤奋的自学，兼通医疗专业知识和技能，从而把

医管工作做好。目前，越来越多的反面例子，充分说明了这一点。

对于已经从事医疗服务监管工作的人员，要主动放弃休息时间，尽量多泡在临床一线，多做不违法的辅助工作，多听多看一线的工作实况，尽量与临床实践不脱节、不隔阂。否则，医疗卫生服务监管工作，一定华而不实，流于形式，没有实效，还给基层添乱。

第七节　关于临床诊疗业务过程中患者知情同意权利问题

“知情同意权利”一词，是个公法上的概念，并非临床诊疗业务过程特有。《纽伦堡法典》等文献中的“知情同意权利”系指“生物医学研究（实验）过程”。以上的“知情同意权利”概念均不应被简单地照搬进临床诊疗业务过程。而“临床诊疗业务过程中的知情同意权利”，必须受制于本领域特有的自然规律和伦理规范，实行保护性医疗制度和赋予患者家属独特的权利主体地位是其最明显的特点，也是国际临床医学界通例。

一、概述

近年来，“知情同意权利”一词频繁出现于医学伦理学专家和卫生法学权威们的论文、专著中，也在各类卫生法律法规规范中反复被强调。尤其是2002年9月1日生效的《条例》第十一条规定：“在医疗活动中，医疗机构及其医务人员应当将患者的病情、医疗措施、医疗风险等如实告知患者，及时解答其咨询；但是，应当避免对患者产生不利后果。”这更是进一步推进了这个课题的讨论。江苏省卫生法学会将这个题目列为2004年年会的中心议题，收到了一批研讨文章。2004年7月8日在北京召开的中国医院协会首届自律维权委员会工作会议，以及第三届中韩医疗法学研讨会，也重点探讨了这个话题。笔者认为，这个话题虽然很重要，也引起了学界广泛关注，但是，对其研究和阐述中，存在着以讹传讹、想当然的成分，更鲜有结合医疗领域特有的伦理规范和科学规律，进行开创性的研究。

在关于知情同意权利的起源及内涵的阐述方面，国内的教材、论文、专著呈现“千人一面”的高度趋同性。

在阐述“知情同意权利”时，鲜见严格区分“临床诊疗业务过程”和“生物医学研究（实验）过程”这两个截然不同的领域，一般都是含糊地混在一起讨论。①

---

① 高也陶等：《中美医疗纠纷法律法规及专业规范比较研究》，南京大学出版社2003年版，第251—275页。

关于起源，一般均认为“知情同意”概念起源于第二次世界大战后的纽伦堡审判。在审判后的《纽伦堡法典》中规定：“人类受试者的自愿同意是绝对必要的。”①

关于其内涵，一般认为：知情同意原则是临床上处理医患关系的基本伦理准则之一，其基本内容是，临床医师在为病人做出诊断和治疗方案后，必须向病人提供包括诊断结论、治疗决策、病情预后及诊治费用等方面真实、充分的信息，尤其是诊疗方案的性质、作用、依据、损伤、风险、不可预测的意外及其他可供选择的诊疗方案及其利弊等信息，使病人或家属经深思熟虑自主做出选择，并以相应方式表达其接受或拒绝此种诊疗方案的意愿和承诺；在得到患方明确承诺后，才可最终确定和实施由其确认的诊治方案。②

这种说法基本肯定了“知情权”就是临床领域特有的概念。

关于由此衍生的“保护性医疗制度”和“病人家属的地位”这两个热门话题，目前国内理论界一般认为保护性医疗制度可能是中国文化的特殊现象（笔者反对此观点，详见后文）。有专家认为：“值得注意的是，在中国的相关专业的法律法规条款中，谈到知情同意权利的内容时都加上了一句，应当‘避免对患者产生不利后果’，这就是中国文化的特色。中国的医师法律有明确的知情同意的要求和规定，但与国际惯例有所不同的是，中国加入了一个患者家属，是中国的文化特色之一。”③

二、对临床诊疗业务过程中患者知情同意权利的再思考

第一，讨论“知情同意权利”问题必须区分不同领域分别阐述。

笔者认为，“临床诊疗业务过程”和“生物医学研究（实验）过程”是两个截然不同的领域，其行为的法律性质、当事各方的权利义务、伦理学准则等等方面均有很大的甚至是质的差异。因此，讨论“知情同意权利”时，必须区别不同领域有针对性地阐发观点。本文仅就“临床诊疗业务过程中患者的知情同意权利”进行思考。

第二，“知情权”概念并非起源于《纽伦堡法典》，亦非临床诊疗业务领域特有的概念，而是一个公法上的概念。

知情权又称了解权，指公民有为正确表述意见做出判断而搜集有关情况的

---

① 达庆东等：《中外患者知情同意权的法律保护比较》，载《医学与社会》2004 年第 17 卷第 1 期，第 34 页。

② 孙福川：《什么是知情同意原则》，载《健康报》2002 年 5 月 23 日，第 2 版。

③ 高也陶等：《中美医疗纠纷法律法规及专业规范比较研究》，南京大学出版社 2003 年版，第 266—269 页。

权利，其基本含义是指公民有权知道其应该知道的信息资料。此概念由美国记者 Kent Copper 在 1945 年率先使用并逐步上升为一项宪法和行政法上的权利，尽管它既包括公法上的事务，如国家的政治经济状况、政府官员的道德品质及财产状况等，又包括民事方面的情况，但是，一般认为，知情权是一个公法上的概念。[①] 它指的是民众享有通过新闻媒介了解政府工作的权利。现在已经有不少国家将“知情权”以法律的形式加以确立。1951 年，芬兰颁布《政府文件公开法》；1966 年美国国会通过《信息自由法》，在原则上要求政府公开所有的信息资料；日本于 1981 年通过了《情报公开权利宣言》，将知情权作为国民固有权利之一。[②] 可见，“知情权”制度主要在于防止政府及其官员滥用权力，公民有权利要求公开必要的官方情报，而不是医学伦理或卫生法学领域的特有理念，显然，也就不是专门针对临床诊疗业务的。

至于学界言必称的两个重要文献——《纽伦堡法典》(Nuremberg Code)和《赫尔辛基宣言》(Declaration of Helsinki)，自有其本身的“法域”，不可“囫囵吞枣”。这从两个文献的副标题就可明确看出。前者的副标题为“可允许的医学实验”[③]。1964 年在芬兰赫尔辛基召开的第 18 届世界医学大会上正式通过，并于 1975 年在日本东京举行的第 29 届世界医学大会上做过修订的《赫尔辛基宣言》的副标题是“指导医务卫生工作者从事包括以人作为受试者的生物医学研究方面的建议”[④]。可见，这两个文献并非直接针对“临床诊疗业务过程”，其内容至少是不能简单地照搬到临床工作中的。

第三，临床诊疗业务有不同于“生物医学研究(实验)过程”的规律和业务要求，必须根据自身的特点建立“知情同意权利”规范体系。

如前所述，我们知道临床诊疗业务领域的“知情同意权利”必须受制于本领域的特殊规律，而不能简单照搬其他行业的规矩来削足适履。忽略这个前提，就会生产出“卫生法学废品”，使得临床业务行业无所适从。

在解决“针对性”问题上，似乎西方国家的同行已经走到了我们的前面。

美国《医院法》规定：“如在医学上不宜对病人提供(关于目前诊断及已知的预后)的资料，则应对一位有合法关系的提供。”在荷兰和瑞典，假如有关记录会损害患者的健康，那么(患者的)这种(查阅病历资料的)权利将不能实现。[⑤]

---

① 洪洋洞：《婚检的隐私权与知情权》，载《法制日报》2002 年 10 月 24 日，第 10 版。

② 黎伟华等：《铸造阳光政府》，载《民主与法制》2002 年第 12 期，第 5—6 页。

③ 高也陶等：《中美医疗纠纷法律法规及专业规范比较研究》，南京大学出版社 2003 年版，第 260 页。

④ 丘祥兴：《医学伦理学》，人民卫生出版社 1999 年版，第 180 页。

⑤ 达庆东等：《中外患者知情同意权的法律保护比较》，载《医学与社会》2004 年第 17 卷第 1 期，第 35 页。

《法国医学伦理学法规》第二篇“医生对病人的责任”第四十条规定：在合法的情况下，如医生认为有正当理由，则可以不让病人知道诊断内容或严重的不良预后。医生只能在极其谨慎的情况下，方可泄露致命的预后，但除非病人预先阻止告知此种预后，一般应将该致命预后预先告知病人家属，或告知被指定的第三者。①

可见，“保护性医疗制度”和“家属或关系人也是知情同意主体”并非“中国特色”，恰恰是西方国家的通例。

第四，对有关规定的评述。

《条例》第十一条规定：“在医疗活动中，医疗机构及其医务人员应当将患者的病情、医疗措施、医疗风险等如实告知患者，及时解答其咨询；但是，应当避免对患者产生不利后果。”

起草者由于不了解知情权的来源与真正内涵，未顾及医疗领域的特点，简单地、不加分析地把其他领域的概念套用于此，这样直接照搬照用，就会产生难以落实的弊病，使得临床工作左右为难。明确限制医方的告知义务只能向“患者”本人履行，就不符临床工作特点，有违保护性医疗制度，也与“应当避免对患者产生不利后果”的规定自相矛盾，使得医方动辄得咎、进退维谷。

另外，何谓“如实”告知？笔者以为，“如实”至少包含“真实、不虚假”和“完整、全部”两层含义。“真实、不虚假”歧义不多，而如何落实“完整、全部”，就必须事先明确一个范围、界限，否则，就必定会产生无谓的争端。而《条例》及其配套文件对此有所疏漏。

笔者建议，在《条例》配套文件中明确规定：“在医疗活动中，医疗机构及其医务人员应当将患者的病情、医疗措施、医疗风险等如实告知患者或其近亲属，及时解答其咨询。履行告知义务时，应当遵循保护性医疗原则，尽量避免对患者产生不利后果。”

而《最高人民法院关于审理医疗纠纷案件若干问题的规定（征求意见稿）》第二十条规定：“医疗机构是否就患者的病情、医疗措施、医疗风险等履行告知义务，以及履行告知义务是否妥当，人民法院应当根据患者的病情、精神状态、心理承受能力等因素综合认定。医疗机构为安慰或者鼓励患者所最做出的不符合实际病情的陈述，一般不应视为侵害患者的知情权。”这条内容，充分借鉴了西方国家关于“临床诊疗业务过程中的知情同意权”的相关理论，肯定了“保护性医疗原则”，具有针对性，是国内立法活动中少见的精彩内容。

---

① 丘祥兴：《医学伦理学》，人民卫生出版社1999年版，第190页。

第八节　患者隐私权问题

2007年11月5日上午，江苏省卫生法学会、医学伦理学会、医学哲学会3个学会年会专场讨论会，在东南大学九龙湖校区九龙湖宾馆挚友厅召开。

围绕会议主题“患者隐私权的保护”问题，会议安排了6位会员发言。其中，卫生行政部门官员2名，主要从日常医政规范管理的角度讨论；高校专家2名，分别从哲学角度、伦理学角度阐述；医院医患沟通部门人员2名，结合工作实务，具体介绍了临床一线领域面临的实际困难和相应的应对经验。针对发言，设置了答疑、互动环节，使得讨论更加活泼、深入、系统、完善。

与会专家的讨论，涉及以下问题：

一、隐私（权）的概念

1. 起源

大家认为，隐私权根源于在羞耻感驱使下人们保持个人尊严和人格独立的要求。隐私意识在人类祖先以树叶遮蔽身体时已朦胧形成。个性是隐私存在的主体哲学基础，隐私的保护，是对人类个体性的确认。隐私是人的自由的体现，保护隐私是对个人自由的确认和保护。人的隐私主要体现人的尊严、人的安全，侵犯人的隐私会伤害人的尊严、威胁人的安全，也就是侵犯人权。隐私的价值，在于实现了自我价值和社会价值的统一。在希波克拉底时代，保守诊疗秘密就已经被认为是医师应遵守的道德守则之一。美国学者萨缪尔·D. 沃伦和路易斯·D. 布兰代斯于1890年在《哈佛法学评论》第四期发表《关于私生活的权利》，第一次明确提出隐私权的概念后，在世界范围内被广泛采用，发展为一项重要的人格权利。

2. 定义

除了引述法学界的权威定义之外，会议提出了两种比较具有新意的表述方法。比如，关于隐私的表述“不愿披露的个人信息和不受干扰的个人空间”简洁明了。关于患者隐私的表述则为：“在诊疗过程中，凡类似情况下，为一般患者普遍认为不宜公开的医疗资料，都是患者的隐私。如果没有达到此标准，就被认为侵犯了患者的隐私权。”医生取得每一个患者的观点比较困难，作为代替，以平均的患者或合理的患者所重视的信息作为“隐私”的内涵，就把一个主观性的认知问题相对客观化了，便于实务中把握。

3. 特性

从外在观照层面来说，一般认为隐私具有主观性、客观性、时代性、地域性、宗教性、民族性、阶级性、专业性等等特性。而从人的内在省视层面来说，其特性也就是“不愉快、不利益”。鉴于此，法学理论界所谓的“隐私利用权”，在逻辑上，就是不能自洽的观念。因为，为了“利用”而公开曾经的隐私，以娱人悦己、以牟利，那曾经的“隐私”就已经不再是隐私了。

4. 限制性原则

会议认为，作为“隐私”的个人信息资料、个人空间，并非漫无边际，它必须受制于无害公共利益原则（即无害于社会，与“阴私”有别）、物质条件可及原则、分类对待原则、权利竞合原则（即患者的生命健康安全权利至上，一切有害于诊疗质量和诊疗安全制度的隐私保护要求，都是无效的）等等限制性原则。

二、患者隐私权保护的法律规制

在我国，隐私权的立法相对落后。我国的立法上并没有对隐私权这一权利的直接规定，也就是说在我国的立法上，隐私权并没有成为一项独立的人身权利。在民事立法及司法方面，是将隐私权纳入名誉权的范围进行类推保护的。在司法实践中，公民的个人隐私作为其合法权益应当受到法律的保护。具体的法律规范，分散于《执业医师法》《护士管理办法》《母婴保健法》《传染病防治法》《医务人员医德规范及实施办法》等规范性文件中。

三、患者隐私权保护面临的一些实务问题

会议重点讨论了电视直播手术过程中患者隐私权保护问题，以及诊疗过程中，患者配合医学教学工作的矛盾与冲突。

关于电视直播手术过程中患者隐私权的保护，大家一致认为是个亟待重视的工作。其措施一般认为，可以事先签署书面同意协议，规定双方的权利和义务，以避免事后触发隐私权的纷争；还可以采取技术手段回避被直播对象的特定个人定位性信息，以回避与具体个人之间的隐私权之争。

诊疗过程中，患者配合医学教学工作的矛盾与冲突，是目前最为突出的问题。同时，也是各派论争歧异最大的领域。通说认为，患者没有配合教学的义务，有关医疗机构只能通过“协议购买”的方式取得患者同意后，进行教学示范。会议安排的 2 家大型医院的代表的发言，均持此观点，与公共法学界的通说保持一致。也有观点认为，教学是各级各类医疗机构的法定职能之一，且是国家有关法律法规长期的、公开的、书面的明文规范。作为患者，一旦进入医院就医，也就意味着，必须受制于有关规范。因此，配合教学，是患者的法定义务，没有特定理

由，不得随意拒绝。当然，作为教学工作的施教方，也应该充分考虑到患者的心理和生理的合理需求，采取措施，尽量减轻患者的不愉快和痛苦感。

至于床头牌等信息载体涉及患者隐私问题，来自医院的两位代表也与公共法学界一样，认为应当予以变革，用“善意的谎言”来达到严密保护患者“隐私”的效果。也有人持相反意见，认为，医疗过程应该以医疗安全和医疗质量为第一诉求，一切有可能危害患者安全和医疗质量的想法，都不应被采纳。因此，床头牌、病历记录、手术通知书、检验检查单据等等信息载体，只能如实记载患者的相关信息。

第九节　电视公开直播诊疗行为问题

电视直播具有影像、声音、色彩兼备，图文并茂，远距离传送，不受年龄、文化限制等优点，面向社会，深入家庭，使真人、真事、真情、真景的表现达到最佳状态，使观众具有现场感和参与感。电视直播诊疗行为则具有侵犯病人肖像权和隐私权的风险，可以采取“争取病人的书面同意”“回避被直播病人的特定性信息”等对策保护病人，保护自己。

一、概述

近年以来，各地由于各类型媒体竞争的骤然加剧，更新新闻观念、增强新闻敏感性、改进硬件条件等都成为媒体强化竞争战斗力、扩大领地份额的途径，尤其是开拓新的天地，独家提供为社会广大受众所喜闻乐见而平素又难得一见的内容，更是电视这种媒体的撒手锏。由于国内媒体人员软、硬件素质的局限（如机动能力弱、预见能力差、献身精神缺），对突发性灾难事件的现场报道一时难以形成气候，那么，一些可行的独特的视角、选题就成为目前条件下电视媒体竞相采用的“抓人”手段，继现场采访临刑死囚之后，电视直播诊疗行为尤其是手术全过程的选题，日益为各地电视媒体所看重。

与此同时，在近年的司法审判案例中，涉讼的名誉权案件此起彼伏。尽管有人呼吁：“对新闻单位及其从业人员履行职责对报道对象的职务行为进行报道所产生的作品，应赋予其名誉权的相对豁免。”①实际上至少在目前是无济于事的。在此背景下，新的电视报道方式就更可能伴随着新的风险，若想使电视公开直播诊疗行为这种有益于社会各类成员的新报道方式健康地、安全地，从而可持续性地运用下去，就必须对其可能存在的各类风险有所预见、有所防范。笔者以为，

---

① 张玉伟：《名誉权和舆论监督权的实证及思考》，载《法制日报》2000年2月20日，第2版。

开展这种类型的报道，必须注意防范对病员隐私权的侵害。

二、关于名誉权、隐私权

“隐私”，指不愿暴露的私事。至于“隐私权”（rights of privacy）则是一个外来的法律概念，确立于美国宪法的几个修正案。在遵守公共利益准则的条件下，它坚持人们有权因私生活受到出于获利、好奇或恶意的动机施行的不合理侵犯，而获得损害赔偿或规定的救济。[1] 在民事法学理论体系中，把那种“民事主体依法享有的与其人身不可分离的、以特定人身利益（精神利益）为内容的民事权利”称为“人身权”，包括“人格权”（如生命健康权、姓名权和名称权、肖像权、名誉权等）和“身份权”（如荣誉权、监护权、著作权中的作者发表权、署名权、修改权、维护作品完整权等）。“隐私权”即包含于广义的名誉权之中。[2] 发展到今天的中国，法学界认为，隐私权是公民依法享有的不公开与其私人生活有关的事实和秘密的权利。[3]

隐私权的内容包括三大类：

（1）公民个人生活的自由权。

（2）公民个人情报的保密权。对于有关个人生活的情报资料，公民有权控制其传播，并有权禁止他人非法采集，如：个人婚姻家庭的生活秘密、履历、经济条件、年龄；个人身体形态的隐蔽部分、隐蔽性的生理缺陷、非正常的生理现象、病历；个人思想感情的合法流露和社交状态，如谈话、交友、恋爱、书信、电报、日记、记事录；住宅、地址、电话号码；不愿公之于世的身份关系，如亲属关系、婚姻关系、社会地位、职业等。

（3）公民个人情报的利用权。公民有权利用自己的情报资料，并禁止他人的非法利用。[4]

比较直接的法律法规规定有：

一是《中华人民共和国民法通则》（1987 年 1 月 1 日起施行），其中第五章“民事权利”中的第四节人身权规定：

“第一百条　公民享有肖像权，未经本人同意，不得以营利为目的使用公民的肖像。

“第一百零一条　公民、法人享有名誉权，公民的人格尊严受法律保护，禁止

---

① 本书编辑部：《简明不列颠百科全书》（第 9 卷），中国大百科全书出版社 1986 年版，第 126 页。

② 曾庆敏：《法学大辞典》，上海辞书出版社 1998 年版，第 612 页。

③ 辞海编辑委员会：《辞海》（1999 年版缩印本），上海辞书出版社 2000 年版，第 84 页。

④ 高也闽：《中美医疗纠纷、法律法规及专业规范比较研究》，南京大学出版社 2003 年版，第 2630 页。

用侮辱、诽谤等方式损害公民的名誉。”

第六章“民事责任”第三节侵权的民事责任规定：

“第一百二十条　公民的姓名、肖像权、名誉权、荣誉权受到侵害的，有权要求停止侵害，恢复名誉，消除影响，赔礼道歉，并可以要求赔偿损失。”

二是《最高人民法院关于贯彻执行〈中华人民共和国民法通则〉若干问题的意见（试行）》（1988 年 4 月 2 日）中的若干规定。

三、民事权利

以营利为目的，未经公民同意利用其肖像做广告、商标、装饰橱窗等，应当认定为侵犯公民肖像权的行为。

以书面、口头等形式宣扬他人的隐私，或者捏造事实公然丑化他人人格，以及用侮辱、诽谤等方式损害他人名誉，造成一定影响的，应当认定为侵害公民名誉权的行为。

四、民事责任

公民的姓名权、肖像权、名誉权、荣誉权和法人的名称权、名誉权、荣誉权受到侵害，公民或者法人要求赔偿损失的，人民法院可以根据侵权人的过错程度、侵权行为的具体情节、后果和影响确定其赔偿责任。

侵害他人的姓名权、名称权、肖像权、荣誉权而获利的，侵权人除依法赔偿受害人的损失外，对于其非法所得应当予以收缴。

另外，《最高人民法院关于审理名誉权案件若干问题的解答》（1983 年 8 月 7 日）中规定：“对未经他人同意，擅自公布他人的隐私材料或以书面、口头形式宣扬他人隐私，致他人名誉受到损害的，按照侵害他人名誉权处理。”

《中华人民共和国侵权责任法》（2010 年 7 月 1 日起施行）第六十二条规定：“医疗机构及其医务人员应当对患者的隐私保密。泄露患者隐私或者未经患者同意公开其病历资料，造成患者损害的，应当承担侵权责任。”

《中华人民共和国执业医师法》（1999 年 5 月 1 日起施行）第三章“执业规则”第二十二条规定：“医师在执业活动中履行下列义务：……（三）关心、爱护、尊重患者，保护患者的隐私；……”

第五章“法律责任”第三十七条规定：

“医师在执业活动中，违反本法规定，有下列行为之一的，由县级以上人民政府卫生行政部门给予警告或者责令暂停六个月以上一年以下执业活动；情节严重的，吊销其执业证书；构成犯罪的，依法追究刑事责任：

“……

“（九）泄露患者隐私，造成严重后果的；

“……”

五、电视公开直播诊疗行为潜在的法律风险

实时的电视公开直播诊疗行为必然回避不了病人的“与其私人生活有关的事实和秘密”，即“隐私”。现代的竞争型社会里，个人的病史、身体状况等隐私往往成为个人就业、升迁和事业的决定成败的因素；即便有些病况依法必须上（通）报（如传染病、精神病等），但自有其严格的规范性方式和渠道而不是电视公开广为传扬。而“宣扬他人的隐私”又“造成一定影响的，应当认定为侵害公民名誉权的行为”。公民的隐私权受法律保护，宣扬他人隐私，造成一定影响的，是侵害公民隐私权的行为，受害者有权请求法律保护，如停止侵害，赔礼道歉，赔偿损失。[①] 一旦招致这个局面，电视台、医院就极为被动。因此，开展电视公开直播诊疗行为这种报道方式，必须注意防范对当事人隐私权的侵害。

侵害名誉权的构成须具备以下要件：

（1）需有特定的受侵害人。

（2）须有名誉损害的后果。

（3）须有损害他人名誉的行为，如“以书面、口头等形式宣扬他人的隐私”。

（4）须行为人主观上有过错。故意和过失均可以。[②]

有的人认为：“我们在电视公开直播诊疗行为的过程中，只要注意事实准确、不妄加评论，且所选病种知识有益于社会，就可以立于不败之地。”从前述“侵害名誉权的构成要件”来看，这种观点肯定是错误的，也是危险的。侵害名誉权行为的多数表现形式是传述与他人名誉有关的事实。尽管传述的事实是真实的，但对当事人讲也可能是不愿意为他人知晓的“事实和秘密”，属于个人的隐私。因此，仅仅“保证真实、客观”是不能免除“侵害名誉权”风险的。

六、对策与建议

要想把电视公开直播诊疗行为这种为群众所喜闻乐见的报道形式顺利开展下去，就有必要趋利避害，采取一些适当的保护性措施。

首先，应当尽量争取病人的书面同意。

在有的情况下，仅从行为的结果看，某行为可能确实侵害了他人的名誉权，但法律出于社会公共利益或道义上的考虑，将这类行为排除于侵害名誉权的行

---

① 辞海编辑委员会：《辞海》（1999 年版缩印本），上海辞书出版社 2000 年版，第 545 页。

② 郭明瑞：《侵害人身权》，载王利明：《民法・侵权行为法》，中国人民大学出版社 1993 年版，第 283—291 页。

为之外，称为“阻却行为的违法性”。如“事先表示同意的行为”就属于这种行为。即当事人如果确实出于真实的意思事先表示同意的行为，虽然引起损害名誉的后果，也不构成侵害名誉权，自然也就不构成对隐私权的侵害。但是，这种经过当事人事先同意的电视公开直播诊疗行为不得超出事先同意的范围，超出范围的行为仍构成侵害名誉权。① 当然，要想顺利获得病人的书面同意，亦有许多环节要考虑好，如选题立意要“清高”，即确实是出于对社会负责的健康教育，而不是追求低级趣味的可看性，这样才能有争取病人“自愿奉献”的可能性。另外，适当的经济补偿有时也是可以考虑的。

其次，回避被直播病人的特定性信息。

对于未能签订同意书的病例，可以充分考虑为病人保留出院后的生存空间，在直播时省略并非必需的有关病人的个人信息资料，也可以采用电视的保护性技术手段，如用马赛克遮挡面部以及敏感部位，取景时有意识地回避面部或敏感部位，改变病人话语的声调等，使得电视受众乃至病人的亲友仅可知此病与此种新疗法，达到卫生宣教和树立医院正面形象的目的，而又无法认出该病人，也就无“侵害隐私权”之虞了。因为，“有特定的受侵害人”是“侵害名誉权行为的构成要件”之一，只要充足地回避掉其“特定性”，侵害隐私权自然就无从谈起了。

第十节　由“非典”“档次”之谜谈依法防控

依法防治“非典”的基础是给“非典”归类，目前我国对此尚没有明确、科学地加以规定，这给“非典”防治留下了严重的法律隐患。

笔者建议如下：

第一，国务院，或卫计委经国务院批准，对《中华人民共和国传染病防治法实施办法》第四十七条做出修改，合理放宽确诊或临床诊断期限。

第二，明确公布传染性非典型肺炎为甲类传染病。

第三，明确要求控制措施按照《中华人民共和国传染病防治法》第二十四条第一款第一项、第三项和第四项执行。

第四，发文单位应为国务院，或卫计委经国务院批准。

“非典”横行，使得国人一下子熟悉了原本不被重视和不熟悉的《传染病防治法》及其配套法规。而“非典入法”的报道，也曾使国人对“依法治非”欢呼雀跃。但是，热闹过后，仔细一思考，麻烦就来了。“非典”究竟排行老几？它的“档次”的明确可谓事关重大，可以说决定了“依法治非”能否行得通。这可是对中国卫

① 郑立、王作堂：《民法学》，北京大学出版社1995年第2版，第608页。

生行政法学法制水准的一次检验。

2003 年 5 月 8 日《为何将 SARS 归入乙类法定传染病——卫生部有关负责人细说因由》一文，转述了原卫生部卫生法制与监督司司长赵同刚的话说："我国暂时将 SARS 归入乙类传染病的特殊传染病加以管理。"①

可是，中国政法大学博士研究生李红枫在《法律：战胜非典的有力武器》一文中却明白无误地说："非典疫情发生后，国务院将非典型肺炎列入甲类传染病并予以公布。"②(李红枫显然不知道"非典型肺炎"与"传染性非典型肺炎"本不是一回事——笔者注)

而曹康泰主编的《突发公共卫生事件应急条例释义》第 66 页又阐述道："对于传染性非典型肺炎目前未明确宣布为哪一类传染病。"

面对如此重大的问题，权威媒体之间、权威人士之间，却有截然不同的说法并公之于世，实在是对"依法治非"有负面影响。笔者认为，在这方面，可能出了点"事故"。

关于"非典""入法"，唯一的规范性文件依据是，卫疾控发〔2003〕84 号《卫生部关于将传染性非典型肺炎(严重急性呼吸道综合征)列入法定管理传染病的通知》(以下简称《通知》)。其中规定："传染性非典型肺炎(严重急性呼吸道综合征)有较强的传染性，其控制措施可按照《中华人民共和国传染病防治法》第二十四条(一)款执行。"

笔者认为，这样的措辞，有欠严谨，甚至"词不达意"。

首先来看当时的《传染病防治法》第二十四条，总共有两款内容：

"医疗保健机构、卫生防疫机构发现传染病时，应当及时采取下列控制措施：

"(一)对甲类传染病病人和病原携带者，乙类传染病中的艾滋病病人、炭疽中的肺炭疽病人，予以隔离治疗。隔离期限根据医学检查结果确定。拒绝隔离治疗或者隔离期未满擅自脱离隔离治疗的，可以由公安部门协助治疗单位采取强制隔离治疗措施；

"(二)对除艾滋病病人、炭疽中的肺炭疽病人以外的乙类、丙类传染病病人，根据病情，采取必要的治疗和控制传播措施；

"(三)对疑似甲类传染病病人，在明确诊断前，在指定场所进行医学观察；

"(四)对传染病病人、病原携带者、疑似传染病病人污染的场所、物品和密切接触的人员，实施必要的卫生处理和预防措施。

---

① 《为何将 SAPS 归入乙类法定传染病——卫生部有关负责人细说因由》，载《法制日报》2003 年 5 月 8 日，第 2 版。转引自陈志华：《论防治"非典"隔离措施之适用》，《法律与医学杂志》2003 年第 10 卷第 2 期，第 81 页。

② 李红枫：《法律：战胜非典的有力武器》，载《人民法院报》2003 年 5 月 17 日，第 1 版。

“传染病病人及其亲属和有关单位以及居民或者村民组织应当配合实施前款所列措施。”

如此，则“其控制措施可按照《中华人民共和国传染病防治法》第二十四条(一)款执行”一句中的“第二十四条(一)款”，指向就不明。

如果是指“第二十四条第一款”，则内容包罗了第一款中的全部四项，让人手足无措；如果是指“(一)对甲类传染病病人和病原携带者，乙类传染病中的艾滋病病人、……隔离治疗措施”，则正确措辞应为“第二十四条第一款第一项”。也就是说，从这个文件的措辞，得不出“我国暂时将 SARS 归入乙类传染病的特殊传染病加以管理”的结论。

因此，才有曹康泰的“对于传染性非典型肺炎目前未明确宣布为哪一类传染病”之说，此说是理智的、客观的。

前述问题可能出在《通知》的撰写者不太清楚法律条款的结构。

笔者从《通知》的通篇内容来揣摩，觉得撰写者的本意应当是指“第二十四条第一款第一项”，也就是说，想比照甲类传染病“从重从快”处理“传染性非典型肺炎”。这从“非典”报病制度的规定、疫情控制措施以及非典病人尸体处理等方面的规定就可以看出。这大约也是《法律：战胜非典的有力武器》文章观点的来由。

这样，又会产生一个麻烦，这就是“增减传染病病种的权力”问题。

《传染病防治法》第三条第五款规定：“国务院可以根据情况，增加或者减少甲类传染病病种，并予公布；国务院卫生行政部门可以根据情况，增加或者减少乙类、丙类传染病病种，并予公布。”

这样一看，问题就很明朗了，即卫生部无权增加甲类传染病病种。正因如此，《为何将 SARS 归入乙类法定传染病——卫生部有关负责人细说因由》文章才否认“甲类说”，而申明为“乙类”，以示原卫生部未越权行政。但是，如此解释在摆脱了“越权”之嫌的同时，当时的“非典”报病制度的规定、疫情控制措施以及“非典”病人尸体处理等方面的规定的合法性，就成问题了。

那么，可否“暂时将 SARS 归入乙类传染病的特殊传染病加以管理”?

全国抗击传染性非典型肺炎，一个十分必要的措施是“将大量的疑似病人，在明确诊断前，置于指定场所进行进一步诊疗性的观察”，才有效地阻止了此病的蔓延。对于一些缺乏有效治疗手段而危害程度大的传染病，“控人”是最有效的手段。如赵司长所言，“我国暂时将 SARS 归入乙类传染病的特殊传染病加以管理”，那就要惹麻烦了：全国对“疑似病例”采取的强制留院诊疗观察的措施，没有法律依据！

既然如此，那么，是不是改由国务院发文重新加以确认就行了？也不行。

行政法规《中华人民共和国传染病防治法实施办法》(1991 年 10 月 4 日国

务院批准，1991年12月6日卫生部令第17号发布）第四十七条规定：“医疗保健机构或者卫生防疫机构在诊治中发现甲类传染病的疑似病人，应当在二日内做出明确诊断。”鉴于对“非典”的实际认知水平，当时医务界是不可能做到这一点的。因此，国务院必须先对“实施办法”做出修订，然后增加“非典”为甲类传染病病种并予公布。

综上所述，笔者建议如下：

（1）国务院，或卫计委经国务院批准，对《中华人民共和国传染病防治法实施办法》第四十七条做出修改，合理放宽确诊或临床诊断期限。

（2）明确公布传染性非典型肺炎为“甲类传染病”。

（3）将“第二十四条（一）款”改为“第二十四条第一款第一项、第三项和第四项”。

（4）发文单位由卫计委改为国务院，或者由国务院批准。

“非典归甲”有无障碍？

在《为何将SARS归入乙类法定传染病——卫生部有关负责人细说因由》的文章里阐述“非典归乙不归甲”的理由时说：“目前国际上对SARS病原体的最后确认还没有形成共识。虽然WHO宣布SARS病原体为冠状病毒的一个变种。但在不同国家的死亡病例中还发现了不是冠状病毒的案例。病原体还有待于国际国内专家的共同确定；SARS的流行特点和规律还不确切，传播途径和致病机理也还不十分明确；加上对一种新的传染病都要经过一个较长的认识过程，目前WHO也只是发出了旅行警告，并没有将SARS定为国际检疫传染病。因此，我国暂时将SARS归入乙类传染病的特殊传染病加以管理。”这应当是他理解的不能把非典列入“甲类传染病”的理由。

但《突发公共卫生事件应急条例》第二十条规定：“国务院卫生行政主管部门对新发现的突发传染病，根据危害程度、流行强度，依照《中华人民共和国传染病防治法》的规定及时宣布为法定传染病；宣布为甲类传染病的，由国务院决定。”可见，确定“新发现的突发传染病”的“档次”，理由应当比较简单，危害程度、流行强度两点而已，其余的“理由”均不成其为理由。而以这次“非典”的危害之烈、流行之强，如果还不能（由国务院）列入“甲类传染病”的话，还要怎样的危害与流行才够格呢？

由于归类不明，各地理解不一，各行其是，“非典”归类事故必将导致一些麻烦，也可能导致不良后果。

千龙新闻网讯：“内蒙古巴彦淖尔市临河区铁路医院急诊科医生、曾患有非典的李松，以涉嫌妨害传染病防治和以危险方法危害公共安全两项罪名，5月1日被临河区人民检察院批准逮捕。今年初，40岁的李松在北京市某医院进修期间感染了非典型肺炎，在当地治疗数日后于3月27日返回临河区，是巴盟地区首例输入性非典型肺炎患者。回临河区后在其父亲开的个体诊所治疗，在病情不见好转的情况下才于3月30日入住巴盟医院。巴盟医院以疑似非典型肺炎病人对他进行了隔离治疗。4月8日，李松在明知自己患非典型肺炎的情况下，不听医院大夫和护士的劝阻，强行离开隔离病区上街8小时，给社会造成了恐慌。李松还无视隔离规定，擅自走出传染病区，辱骂医护人员，砸坏医疗设备，给非典防治工作带来严重影响。由于李松的携病传播，其亲属多人因被感染也陆续被送往医院，其父母、妻子死亡。

"经临河区人民检察院审查，认为犯罪嫌疑人李松的行为触犯了《中华人民共和国刑法》第一百一十四条、第三百三十条的规定，涉嫌构成以危险方法危害公共安全罪和妨害传染病防治罪。"①

全国类似的案例不止一起。

适用《刑法》第三百三十条的情况，在其条文中已有相关规定，如第一款第四项："拒绝执行卫生防疫机构依照传染病防治法提出的预防、控制措施的。"估计这就是所举案例治罪的依据。但是，要想适用这一条，有个前提，必须具备"引起甲类传染病传播或者有传播严重危险"这一条件。而"非典"归类根本就不明，这"罪"可是无从治起！加之，李松的行为发生于2003年5月15日之前，连"以危险方法危害公共安全罪"也无法追究。

第十一节　对治理医药购销领域商业贿赂专项行动的几点思考

商业贿赂一词并非规范的法律术语，商业贿赂犯罪也非刑法上具有个罪或类罪规范意义的法定罪名概念。《刑法修正案（六）》中对刑法第一百六十三条修改增加的"其他单位"一词，仅限于与"公司、企业"具有同样性质的经营性单位，并不包括公立非营利性医疗卫生单位。医生收受药械经销商支付的基于处方权的"利益"，并非"回扣"，而是违反医师执业规则"牟取的不正当利益"。公立非营利性医疗卫生单位（国家主体医疗卫生机构）中编制内的医生，代表事业单位从事与职权相联系的公共事务，属于《刑法》第九十三条第二款规定的"国有公司、企业、事业单位、人民团体中从事公务的人员"或者"其他依照法律从事公务的人员"，是国家工作人员。医患之间的人情往来，大致可分为两种情形，一是利用职务、职权之便，通过欺诈或诱导，甚至辅以刁难和勒索，以获取各种形式的利益。二是患方针对经治人员诊疗技术的优势，以及热情周到的服务和比较满意的诊疗结果，出于真心感谢，为表达谢意、敬意，而坚决馈赠的，与所涉事项以及当事人经济实力相较，价值分量适当的礼物或礼金、礼券。前者，违犯了《执业医师法》规定的“医师不得利用职务之便，索取、非法收受患者财物”的“执业规则”，轻则属于行业不正之风，或违规行为，重则可能触犯刑律的违法犯罪行为。而后者，则确实属于人之常情的正常往来行为，公权力是不宜主动介入并加以规制的。公立非营利性医疗卫生机构中编制内的医生收受药械经销商向其支付的基于处方权的“利益”的行为，显然可以定性为“受贿”，但这种基于处方权的“为他人谋取利益”，应该是“实施违背诊疗原则的行为而使得他人获得不正当的交易机会”，突出的特征是“违背诊疗原则”，非此，是难以确定为“为他人谋取利益”这个构成要件的。对于非索贿的受贿行为的确定，必须经过医疗事故技术鉴定，明确存在违反了诊疗原则地使用药械而使得他人获得不正当的交易机会，才具备“为他人谋取利益”这个受贿罪的构成要件。

一、概述

新华社《国内动态清样》第 2204 期刊登了《商业贿赂可能成为制约我国经济发展的瓶颈》一文，胡锦涛总书记就此对治理商业贿赂做出重要批示，随后中央专门成立了治理商业贿赂领导小组，中纪委第六次全会和国务院第四次廉政工作会议对治理商业贿赂工作做出重要部署，中央办公厅、国务院办公厅于 2006 年 2 月 8 日印发了《关于开展治理商业贿赂专项工作的意见》。① 一场必要的、及时的“治贿风暴”开始席卷全国，并延续至今。正因为这场“风暴”对我国当时、当前和今后相当长的一段时期里的道德建设、法制建设和经济建设意义均十分重大，其覆盖的行业和从业人员面广量大，影响必将非常深远，所以，我们必须确保专项治理工作在法治的轨道上运行，而不能抛开国家法律搞运动，更不能为了打击商业贿赂犯罪，背离法治原则违法办案。②有鉴于此，从法理学的层面，对一些通行的观点展开省思和讨论，是必要的，也是有建设性意义的。

二、关于“商业贿赂”和“商业贿赂犯罪”

“商业贿赂犯罪”一词并非规范的法律术语，“商业贿赂犯罪”也非刑法上具有个罪或类罪意义规范的法定罪名概念。③ 从法律概念上讲，商业贿赂还构不成严谨的法律概念。我国目前并没有“反商业贿赂法”，刑法中也没有“商业贿赂罪”这个具体的罪名。与《刑法》第一百六十三条对应的罪名是“公司、企业工作人员受贿罪”。唯一的法律依据可能是国家工商行政管理总局颁布的《关于禁止

①② 王振川：《关于治理商业贿赂的若干问题》，载《中国法学》2006 年第 4 期，第 102、105 页。

③ 龚培华：《商业贿赂与商业贿赂犯罪的区别》，载《法学》2006 年第 7 期，第 132 页。

商业贿赂行为的暂行规定》第二条第二款对商业贿赂的规定。① “商业贿赂”一词比较恰切的定义，应当是指在商业活动中，经营者通过贿赂手段以获取交易机会或者经济利益的行为。②

三、关于“其他单位”

第十届全国人民代表大会常务委员会第二十二次会议于2006年6月29日通过了《中华人民共和国刑法修正案（六）》，当日予以公布，并自公布之日起施行。《刑法修正案（六）》中对刑法第一百六十三条修改增加了“其他单位”一词，不少文章宣称：“这个‘其他单位’涵盖了医院，从此就可以对医生适用《刑法》第一百六十三条了。”最高人民法院、最高人民检察院2008年11月20日颁布了《关于办理商业贿赂刑事案件适用法律若干问题的意见》，其第二点规定：“《刑法》第一百六十三条、第一百六十四条规定的‘其他单位’，既包括事业单位、社会团体、村民委员会、居民委员会、村民小组等常设性的组织，也包括为组织体育赛事、文艺演出或者其他正当活动而成立的组委会、筹委会、工程承包队等非常设性的组织。”承续此点，其第四点，更是直接针对医疗卫生行业规定：医疗机构中的国家工作人员，在药品、医疗器械、医用卫生材料等医药产品采购活动中，利用职务上的便利，索取销售方财物，或者非法收受销售方财物，为销售方谋取利益，构成犯罪的，依照《刑法》第三百八十五条的规定，以受贿罪定罪处罚。

医疗机构中的非国家工作人员，有前款行为，数额较大的依照《刑法》第一百六十三条的规定，以非国家工作人员受贿罪定罪处罚。

医疗机构中的医务人员，利用开处方的职务便利，以各种名义非法收受药品、医疗器械、医用卫生材料等医药产品销售方财物，为医药产品销售方谋取利益，数额较大的，依照《刑法》第一百六十三条的规定以非国家工作人员受贿罪定罪处罚。

这个观点，如此规定，都是值得商榷的。笔者认为，修订后的《刑法》第一百六十三条中的“其他单位”仅限于与“公司、企业”具有同样性质的经营性单位，并不应包括公立非营利性医疗卫生单位。国家主体医疗卫生事业中的医疗卫生单位都是公立非营利性单位，属于社会事业单位，它的首要特征是公益性和福利性。它不仅不能以营利为目的，更不能以是否营利来决定其生死存亡。它们不需要履行工商注册登记手续，在本业范围内也不承担赋税的义务。与经营性的公司、企业具有明显的属性差异。也就是说，2006年6月29日之后，依然不能

---

① 唐俊：《拿什么来和商业贿赂潜规则博弈——关于反商业贿赂问题的立法意见调查》，载《法制日报》2006年6月14日，第3版。

② 王振川：《关于治理商业贿赂的若干问题》，载《中国法学》2006年第4期，第103页。

对公立非营利性医疗卫生单位的从业人员适用《刑法》第一百六十三条。至于最高人民法院、最高人民检察院2008年11月20日颁布的《关于办理商业贿赂刑事案件适用法律若干问题的意见》，其第四点的第二款、第三款中的“医疗机构中的非国家工作人员”和“医疗机构中的医务人员”所指的“医疗机构”，只能是指“公司、企业”身份的“营利性医疗机构”，不应涉及公立非营利性医疗机构。

首先，我国1997年《刑法》在商业贿赂的罪名和管辖上采用二元化的立法模式，把国家工作人员的受贿犯罪和公司、企业和其他单位的工作人员的受贿犯罪分别规定在《刑法》不同章节中，并且分别由检察机关和公安机关负责立案查处。[①] 具体来说，就是，现行《刑法》中共规定了8种贿赂犯罪，贿赂犯罪的主体为国家工作人员、国有单位的6种贿赂犯罪，即受贿罪、单位受贿罪、行贿罪、单位行贿罪、对单位行贿罪、介绍贿赂罪，规定在第八章“贪污贿赂罪”中，在侦察分工上由检察机关管辖；另外2种不涉及国家工作人员的贿赂犯罪，即公司企业人员受贿罪和公司企业人员行贿罪，则规定在第三章“破坏社会主义市场经济罪”中的第三节“妨害对公司企业的管理秩序罪”中，由公安机关管辖。[②]

其次，《刑法》有关“妨害对公司企业的管理秩序罪”的内容，本就来源于《公司法》的配套规定。我国1979年《刑法典》并未规定“妨害对公司企业的管理秩序罪”，但是，全国人大常委会1995年2月28日《关于惩治违反公司法的犯罪的决定》规定了这一类犯罪。修订后的1997年《刑法》“第三章破坏社会主义市场经济罪”中的“第三节妨害对公司企业的管理秩序罪”的内容，基本上是对此《决定》的原文收录，变化并不是很大。[③]

最后，公立非营利性医疗卫生单位与经营性的公司、企业具有明显的属性差异。公司、企业的最大特征是以追求营利为首要目的，而医疗机构，尤其是国办的医疗机构，属于社会事业单位，它的首要特征是公益性和福利性，它不仅不能以营利为目的，更不能以是否营利来决定其生死存亡。

综上所述，结合刑法关于贿赂罪的规定，就可以明确地知道，修订后的《刑法》第一百六十三条里增加的“其他单位”，不包括行政机关、司法机关等国家机关单位。而国家主体医疗卫生事业单位都是公立非营利性机构，并不受制于工商注册登记制度，不在《公司法》的法域。那么，在全国人大或者其常务委员会明确的立法解释前，我们凭什么认定“其他单位”自然包括公立非营利性医疗卫生机构呢？[④]

---

① 蒋安杰、李立：《反商业贿赂三人谈》，载《法制日报》2006年8月31日，第9版。

② 王振川：《关于治理商业贿赂的若干问题》，载《中国法学》2006年第4期，第102页。

③ 赵秉志：《新刑法典拆解比较与适用》，中国经济出版社1997年版，第328页。

④ 孔繁军：《不可误读法律》，载《法制日报》2006年4月6日，第10版。

四、关于“回扣”

所谓“回扣”的“两端”应该是指交易双方，而不是交易双方以外的第三者。医生给患者开方定药，或推荐医疗器械，发生在行使诊疗权的医疗过程中，不是交易过程中任何一个环节的当事人，医生的处方和医嘱行为不能定性为药械交易行为。而“回扣”是指商品或服务的销售方为取得交易机会或交易条件，从收取的价款中提取一部分，在账外暗中支付给交易相对人或其经办人。因此，拿取回扣的人应该是支付价款的交易的另一方。而医生一般并非购买药品或医疗器械的经办人，药械经销商向其支付的“利益”并不具有“回”的路径特征，①自然就不能说“医生吃回扣”。

那么，我们又该如何来判断这种显然不正当的利益的性质呢？其实，《中华人民共和国执业医师法》就有明确规定。在第三章“执业规则”第二十七条有“医师不得利用职务之便，索取、非法收受患者财物，或者牟取其他不正当利益”的约束性条款，医生收受药械经销商向其支付的这种基于处方权的“利益”，就是典型的“牟取其他不正当利益”（“其他”一词仅仅是指区别于“索取、非法收受患者财物”）。

五、关于“医生的身份”

公立非营利性医疗卫生单位（国家主体医疗卫生机构）中编制内的医生，代表事业单位从事与职权相联系的公共事务，理当属于《刑法》第九十三条第二款规定的“国有公司、企业、事业单位、人民团体中从事公务的人员”或者“其他依照法律从事公务的人员”，是国家工作人员。

首先，国家主体医疗卫生事业中的医患关系不是民事法律关系，而是行政法律关系；国家主体医疗卫生事业中的医患关系应当精确定位为“行政法律关系类权力关系型特别权力关系属公法上的营造物利用关系”；国家主体医疗卫生事业中的医事损害赔偿应当适用“国家赔偿法”。②

其次，从事公务是指代表国家机关、国有公司、企业、事业单位、人民团体等履行组织、领导、管理、监督等职责。而现实生活中，公务主要表现为两类：一是与职权相联系的公共事务；另一类是监督、管理国有财产的职务活动。③ 医生在单位从事的诊疗行为，就是履行“救死扶伤”职责的公共事务。

---

① 黎伟华等：《铸造阳光政府》，载《民主与法制》2002年第12期，第5—6页。

② 胡晓翔、姜柏生：《冷眼观潮：卫生法学争鸣问题探究》，东南大学出版社2001年版，第209页。

③ 黎伟华等：《铸造阳光政府》，载《民主与法制》2002年第12期，第5—6页。

六、医生收受药械经销商向其支付的基于处方权“利益”的定性

由于公立非营利性医疗卫生单位（国家主体医疗卫生机构）中编制内的医生，代表事业单位从事与职权联系的公共事务，属于《刑法》第九十三条第二款规定的“国有公司、企业、事业单位、人民团体中从事公务的人员”或者“其他依照法律从事公务的人员”，是国家工作人员，则医生收受药械经销商向其支付的这种基于处方权的“利益”的行为，就显然可以定性为“受贿”了。《刑法》第三百八十五条规定：“国家工作人员利用职务上的便利，索取他人财物的，或者非法收受他人财物，为他人谋取利益的，是受贿罪。国家工作人员在经济往来中，违反国家规定，收受各种名义的回扣、手续费，归个人所有的，以受贿论处。”适用此条，是符合法理的。

《刑法》第三百八十五条规定的受贿罪的客观方面，包括三个方面的要素：一是利用职务之便。二是为他人谋取利益。即受贿人作为收受行贿人财物的回报而为行贿人谋取的利益，这是构成受贿罪的要素之一。但是应当注意，对于索贿行为，并不要求为他人谋取利益为条件。三是索取或者收受贿赂，这是受贿罪的本质特征。

特别需要讨论的是“为他人谋取利益”这个构成要件的把握。

究竟何谓“为他人谋取利益”，法无明文规范，各种辞书也不载，有关刑法学的专著亦缺阐释。

所谓“谋取”，意味“设谋攻取、设法取得”①。而“设法”就得“筹划，想办法”②，“设谋”就得“出谋划策，用计”③。开了谁的药，用了谁的器械，只是从结果来看，客观上给相关经营者带来了利益。但是，“客观上的”利益，显然并不必然等同于“为他人谋取”的利益。

那么，如何认定“违背诊疗原则”？只能经由法定的医疗事故技术鉴定程序。也就是说，对于非索贿的受贿行为的确定，必须经过医疗事故技术鉴定，明确存在违反诊疗原则使用药械而使得他人获得不正当的交易机会，才具备“为他人谋取利益”这个受贿罪的构成要件。

第十二节　《医疗事故条例》亟待解决的几个问题

《条例》于2002年9月1日生效迄今已14个年头，正面临修订。笔者在此

---

① 罗竹风：《汉语大词典》（第11卷），汉语大词典出版社1993年版，第327页。

② 王振川：《关于治理商业贿赂的若干问题》，载《中国法学》2006年第4期，第83页。

③ 王振川：《关于治理商业贿赂的若干问题》，载《中国法学》2006年第4期，第88页。

结合多年从事医疗纠纷接待实践，对《条例》做一个比较全面的解析，以备主持修订事务人员参考。

一、《条例》与《办法》的衔接问题

《条例》第六十三条规定："本条例自2002年9月1日施行。1987年6月29日国务院发布的《办法》同时废止。本条例施行前已经处理结案的医疗事故争议，不再重新处理。"那么，对于"本条例施行前尚未处理结案的医疗事故争议"，以及"9月1日后产生的源于9月1日之前的诊疗行为的医疗事故争议"，适用《条例》抑或《办法》，亟待研究、规范，否则，会给以后的工作带来极大的麻烦。这涉及《条例》的"溯及力"问题。《条例》的溯及力，指《条例》溯及既往的效力，即《条例》于9月1日施行后，对其生效前所发生的事件和行为是否适用的问题。由于人们不可能根据尚未颁布实施的法处理社会事务，因此近代以来各国的立法一般采用法不溯及既往的原则。[①] 但当新法明确规定有溯及力时除外。[②]《中华人民共和国立法法》第八十四条就明确规定："法律、行政法规、地方性法规、自治条例和单行条例、规章不溯及既往，但为了更好地保护公民、法人和其他组织的权利和利益而作的特别规定除外。"现在，《条例》及其配套文件均未就《条例》的溯及力做出明确规定，这就意味着，严格来讲，9月1日之后，必须有两套医疗事故争议处理机制，两套鉴定体制并存，分别用于源自9月1日之前、后的诊疗行为的医疗事故争议的处理。否则，对于"本条例施行前尚未处理结案的医疗事故争议"，以及"9月1日后产生的源于9月1日之前的诊疗行为的医疗事故争议"，就违背了"法不溯及既往"的原则。

要想解决这个缺憾，笔者认为，只能由国务院就《条例》做出补充规定，在第六十三条增加一款明确规定《条例》的溯及力："本条例施行前尚未处理结案的医疗事故争议，以及9月1日后产生的源于9月1日之前的诊疗行为的医疗事故争议，适用本条例。"

二、送检费用问题

《条例》第十七条第一款规定："疑似输液、输血、注射、药物等引起不良后果的，医患双方应当共同对现场实物进行封存和启封，封存的现场实物由医疗机构保管；需要检验的，应当由双方共同指定的、依法具有检验资格的检验机构进行检验；双方无法共同指定时，由卫生行政部门指定。"这类检验的费用巨大，《条例》及其配套文件均未就如何解决费用问题做出明晰规定，且未在指定机构的地

---

① 周旺生：《法理学》，法律出版社2000年版，第84页。

② 马怀德：《行政诉讼法学》，法律出版社2000年版，第101页。

域限制上加以规范，肯定会在实践中造成扯皮现象。建议增加如下规定："检验及必需的运送、交通费用由提出异议方先行垫付，若检验结果为合格，则前述费用由异议提出方最终负担；若检验结果为不合格，则前述费用由医疗机构最终负担。检验机构原则上应就近指定，只有在本地没有法定检验机构时，方可在邻近地区指定。"

三、尸检时限及费用问题

《条例》第十八条规定："患者死亡，医患双方当事人不能确定死因或者对死因有异议的，应当在患者死亡后48小时内进行尸检；具备尸体冻存条件的，可以延长至7日。"

"具备尸体冻存条件"的对象究竟是指医疗机构，还是指当地的殡仪馆或者其他单位？尸检费用及由于冻存而增加的费用由哪一方承担？这些具体问题必须事先明确，而在现在的7个配套文件中均无有关规定。建议规定如下："医疗机构具备尸体冻存条件的，可以延长至7日。当地殡仪馆有冻存条件的，也可以延长至7日。冻存费、尸检及运输费用由对死因提出异议方先行垫付，由医疗事故争议的责任方最终负担。除当地医疗机构、当地殡仪馆外，尸体不得送其他单位、部门冻存。"

四、近亲属的含义问题

诚如乔新生教授所言，《条例》不仅包含了大量的行政规范，还包含了民事规范和刑事规范，在适用这些规范处理医疗事故纠纷时，既有可能引起行政复议，也有可能产生行政诉讼，还有可能引发民事诉讼和刑事诉讼。[①] 那么，这就意味着，在《条例》中出现的同一个词组，在不同的条款里，可能分属于行政、民事、刑事不同的范畴，其外延和内涵是不完全一致的，极易诱发事端。

如，《条例》在第十八、二十六、五十一条至少有3处出现"近亲属"一词，在配套文件中更是多处出现。但是，在我国现行有效的法律法规、规范性文件中，对"近亲属"一词的界定很不一致，《条例》亦未就此加以明确。如此，在医疗事故争议处理中，将会导致混乱。

《中华人民共和国刑事诉讼法》（1997年1月1日起施行）第八十二条规定："'近亲属'是指夫、妻、父、母、子、女、同胞兄弟姊妹。"

《最高人民法院关于贯彻执行〈中华人民共和国民法通则〉若干问题的意见（试行）》（1988年4月2日发布）第十二点规定："民法通则中规定的近亲属，包

---

① 乔新生：《关于〈医疗事故处理条例〉的三个问题》，载《南方周末》2002年9月12日，第11版。

括配偶、父母、子女、兄弟姐妹、祖父母、外祖父母、孙子女、外孙子女。”《最高人民法院关于执行〈中华人民共和国行政诉讼法〉若干问题的解释》(2000年3月10日起施行)第十一条规定:“‘近亲属’,包括配偶、父母、子女、兄弟姐妹、祖父母、外祖父母、孙子女、外孙子女和其他具有扶养、赡养关系的亲属。”

可见,对于“近亲属”的界定,并没有一个统一的、唯一的界限。有鉴于此,建议在补充配套文件中对医疗事故争议处理中的“近亲属”加以界定,并且规定,当诸多“近亲属”意见不一时,按第一配偶,第二父母、子女,第三兄弟姐妹、祖父母、外祖父母、孙子女、外孙子女的顺序取舍。

五、确定医疗事故的途径问题

按照《条例》的规定,今后“确定”一例医疗事故争议是否为医疗事故,至少有以下3种方法共5个途径:

(1)医学会组织鉴定,共有3种途径。(见《条例》第二十条)

①医疗机构关于重大医疗过失行为的报告——卫生行政部门交由医学会组织鉴定。

②医疗事故争议,当事人要求处理医疗事故争议的申请——卫生行政部门交由医学会组织鉴定。

③双方当事人共同委托医学会组织鉴定。

(2)卫生行政部门判定。(见《条例》第三十六条)

(3)双方当事人共同认定。(见《条例》第四十七条)

此外,法院还可以另行组织鉴定。

如此“多姿多彩”的确定方法和途径,给医疗事故争议的处理增加了不确定因素,使得医疗事故技术鉴定的权威性下降,也与三大诉讼法难以衔接,必将加大社会定争止纷的成本。建议修订时,只保留“法定鉴定部门组织专家鉴定”一途。

六、医疗事故技术鉴定的主体问题

《条例》在涉及医学会的鉴定工作部分,有两种格式的措辞,一为“负责医疗事故技术鉴定工作的医学会”,二为“负责组织医疗事故技术鉴定工作的医学会”。前者在《条例》第二十、三十六、三十九、六十条中5次出现,在《医疗事故技术鉴定暂行办法》(以下简称《暂行办法》)第六、九、十、十五条中5次出现,理当理解为:医学会是医疗事故技术鉴定的主体。后者在《条例》第二十三、二十四、二十八、二十九、四十一、五十四条中8次出现,在《暂行办法》第三、四、十一、十

六、二十七、三十九、四十、四十二、四十六条中 14 次出现，则理当理解为：医学会仅仅是医疗事故技术鉴定组织工作的主体，在这方面功能等同于现在的卫生行政部门，而非医疗事故技术鉴定的主体。同时，在《条例》第二十五、二十七、三十一条中，均有“专家鉴定组如何如何”的措辞，似又应理解为：专家鉴定组是医疗事故技术鉴定的主体。

另外，《条例》第四十一条规定：“卫生行政部门收到负责组织医疗事故技术鉴定工作的医学会出具的医疗事故技术鉴定书后，应当对参加鉴定的人员资格和专业类别、鉴定程序进行审核；必要时，可以组织调查，听取医疗事故争议双方当事人的意见。”像这类本就由卫生行政部门“交由”医学会组织并经卫生行政部门“审核”认可的鉴定，其主体只能是“卫生行政部门”。

以上 4 种情形混杂，使得医学会在医疗事故技术鉴定工作中的地位模糊不清，将给后续事宜处理带来麻烦。比如，鉴定报告书上如何钤章，鉴定小组违法鉴定应当告谁，等等，不一而足。

七、关于事故认定的诸问题

《条例》第二条规定了医疗事故的定义：医疗事故是指医疗机构及其医务人员在医疗活动中，违反医疗卫生管理法律、行政法规、部门规章和诊疗护理规范、常规，过失造成患者人身损害的事故。

1. 医疗事故包含的争议种类问题

由于医疗事故的主体增加了医疗机构，是否意味着医疗护理技术人员之外的保障服务岗位人员的过失损害事件，也可以成为医疗事故？比如，基建部门不当建设的损害，供气、供电、供水部门的过失损害，器械维护维修部门的过失损害，管理部门就诊流程设计不当造成的损害，等等。回答是肯定的。

卫生部《关于〈医疗事故处理办法〉若干问题的说明》中即有“构成医疗事故的行为人，还应包括从事医疗管理、后勤服务等人员”一句，但是，不为人注意，过去的实践中几乎没有“后勤和管理”人员被定医疗事故。《条例》就非常明确了，医疗事故的主体是医院内的所有岗位的人员。这样，对专家库学科专业组就提出了更宽泛的需求，应有建筑师、工程师、医管人员等等，否则，有些案例的鉴定就会半途“卡壳”。

2. “技术性事故”怎么认定

《条例》第二条关于“医疗事故”的定义较之《暂行办法》，由“三要件说”变为“四要件说”，即除了损害事实、因果关系和过错，还增加了“违反……”这个“形式的”违法性要件，这就使得《条例》的医疗事故仅相当于《暂行办法》体系中的“责任性事故”。现在，假设没有此形式的违法性要件，仅仅是“技术过失所致的事故”，是否就不定为医疗事故？要定，又如何解决“形式的违法性”要件的认定？问题出在《条例》起草者仅知“形式的违法性”，而不懂“实质的违法性”。

形式的违法性是指行为在形式上具有违反法秩序或法规范的性质。与此相反，实质的违法性则是指行为实质地违反法秩序或法规范的性质。关于实质违法性的内容，具体又存在着以下三种不同见解：

法益侵害说：认为违法性的实质无非是侵害法益或使法益遭受侵害的危害。

规范违反说：认为违法性的实质在于违反国家所承认的文化规范，即社会伦理规范。

二元说：认为违法性的实质在于因违反社会伦理规范而使法益遭受侵害。[①]

对于大量的致人损害的医事侵权行为来说，难以确定这些行为是否具有违法性。尤其是对于许多因缺乏注意、不具有足够的技术和能力等造成的损害，即“技术过失所致的损害”，很难依据现行法律以及行政法规、部门规章和诊疗护理规范、常规的规定来评价行为人的行为是否为“违法行为”。而在民法中，违法行为是严重的过错行为，但过错又不限于违法行为，还包括了大量的违反道德规范和社会规范的不正当行为。由于医事侵权纠纷错综复杂，各种致人损害的行为难以用违法性标准进行判断，若采纳违法行为的概念，极易使许多致人损害的行为人因其行为的违法性难以确定，而使其被免除责任。亦即，“四要件说”的医疗事故定义，将使“技术性事故”无法认定，这对于保护患者利益、充分实现“条例”的作用是极为不利的。过错归责（过错责任和过错推定责任）的责任构成要件应是损害事实、因果关系和过错。[②] 正确运用“三要件说”来定义医疗事故，就能够公平合理地确定责任和责任范围，有效地维护医患双方的合法权益，保持社会稳定和各方利益的平衡。这个《条例》的增加是画蛇添足，建议修订时删除。

3. 被违反的规范的形式问题

据说各地均在制定“诊疗护理规范和常规”，中华医学会也在抓紧制定全国统一的文本，似乎它们必须是成文的、统一的文本。不成文的行业惯例算否？一地、一院、一科的规范算否？实际上，关于医方在医疗事件中的过失的客观标准，必须综合考虑“医学学术的流派性”“诊疗水平的区域性”“工作分工的专门性”“医学技术的时代性”“抢救病人的紧急性”等因素，这些因素是衡量一名医务人员在相应专业、职称、职务背景下的经验、技术、能力、学识水平的参照系数，只有结合这些因素才能科学判断该行为人是否履行了应当履行的注意义务，进而做出有无过失的判断。[③] 不了解这个道理，一概排斥符合基本医疗准则的一地、一

---

① 田宏杰：《违法性认识研究》，中国政法大学出版社 1998 年版，第 12 页。

② 王利明：《侵权行为法归责原则研究》，中国政法大学出版社 1992 年版，第 407、410 页。

③ 胡晓翔、姜柏生：《冷眼观潮：卫生法学争鸣问题探究》，东南大学出版社 2001 年版，第 130 页。

院、一科的规范(包括不成文的行业惯例),而搞大一统的全国性文本,不仅大而无当,结果还很可能是灾难性的。

第十三节　防暴指南之外的“法律指南”

医患纠纷,是目前医院普遍面临的一个问题,尤其是近年来,恶性伤医事件频发,医务界人心躁动,社会各界不得其解。丁香园网站更是推出了系列《医疗工作场所防止暴力行为中国版指南》,有人跟帖说:“一份用医务人员血与泪书写的指南,痛心疾首,丑陋的医患关系必有其黑暗的土壤。”指南固然不无调侃意味,但是,确实反映了业内的呼声。

为了破解这个困局,各地近年来有很多的探索和尝试。“医疗纠纷的第三方介入解决机制”问题,各地已有不少尝试,什么调解、仲裁、医疗责任险等等,不一而足,目前来看,还没有成功的范例。伴随着政府的“强推”,医患冲突越演越烈。这个结局,与笔者当初的分析、预测是一致的。原因在于,没有找准我国当代医疗纠纷解决难的根本或主要原因,下药不对症,就不可能见效。

笔者认为,解决医患矛盾难的关键核心问题主要有两个方面。

一是没有适度的法治的张力。

任何一个社会领域,都会存在矛盾与纷争,解决之道无他,唯法制体系与适当的法制张力而已。而在维持适度法制张力方面,我们行业遭遇了所谓“人性化执法理念”的冲击。有些地方的强力部门,对“人性化执法”理念内涵的把握值得商榷,“严格执法的刚性”与“人性化执法的柔性”没有有机结合、科学平衡,一定程度上变成了对“闹”的诱导、纵容。

人性化执法,是要求执法机关,在严格依法办事的前提下,强调对执法相对人体现“人本”观念,平等地对待执法相对人的合法权益,尊重其人格、关心其合理需求。人性化执法,是传统的“严格执法”理念的深化与完善,是在执法态度、服务方式等方面的改善,实质上是执法工作的优化和执法质量的进一步严格要求,与“严格执法”要求并没有质的区别。人性化执法与严格执法互为条件、互相补充。执法“人性化”的柔性,必须受制于“法制化”的刚性,不应该存在脱离或凌驾于严格执法之上的“人性化”执法。如果因为强调“人性化”执法,而导致执法不严,减弱执法力度,对现行不法行为、抗法行为忍让,执法工作的效率和质量受到影响,就有悖于人性化执法的本意,实质是对人性化执法的异化。

医疗机构常见的被纠缠、被干扰情形,《中华人民共和国治安管理处罚法》第二十三、二十五、二十六条等条款都有明确的针对性的规范,只要严格依法办事,保持法律禁止性规范的刚性,就完全可以解决各级各类医疗机构秩序维护的困扰。

《侵权责任法》第六十四条也规定："医疗机构及其医务人员的合法权益受法律保护。干扰医疗秩序，妨害医务人员工作、生活的，应当依法承担法律责任。"这一条，尽管严格来讲，并不是《侵权责任法》的内容，而只是《治安管理处罚法》有关规范的重复，但是，如果不厘清"人性化执法"理念的确切内涵，那么，无论什么刚性的规定，都会流于形式，有损法律的威严。

二是没有一个高质量的、科学合理的、具有可操作性的法律法规体系。

现在法律法规数量不少，卫生法律法规也是汗牛充栋，重床叠屋得令人应接不暇，但存在一定的问题：疏漏在"过简"，内容不能涵括医疗卫生服务领域的复杂情势。疏忽在"失衡"，专业法的规制与现行有效的其他部门法律法规规章等文件没有等当均衡。疏失在"失序"，书面的典章制度设计与实际医事规制尤其是基层一线实践的探索、演绎、发展脉络没有内在的衔接承续。如此，某种程度上造成了医患纠纷双方，乃至于法官，面对众多的卫生法律法规却依然感觉有法难依、无法可依的尴尬局面。

要彻底解决医患矛盾尖锐紧张的现状，只能针对上述主要原因下功夫，才能解决问题。

首先是强化社会秩序和工作秩序的保护。强化任何行业从业人员人身自由、人身安全的保障。强力部门一旦接警，除到位要迅速之外，更重要的是处置要坚决、果断、有力、有效，必须强制地将一切纷争在法制的轨道里协商或诉讼解决，不允许以任何借口行"打砸抢"之实。不管现场有无人身伤害，只要有工作秩序被破坏或人身自由被限制的现象存在，就必须依据《治安管理处罚法》处置，否则，就不是"人性化执法"，而是失职。

同时，我们要厘清发生在医疗卫生服务场所的纷争所包含的不同法律关系。首要的法律关系，是因《治安管理处罚法》第二十三条所保护的医疗、教学、科研秩序被破坏，而在破坏者与社会秩序的维护者——警方之间发生的治安管理法律关系。这是第一重矛盾，必须首先予以解决，且不容协商与调解。其次，才是医疗卫生服务机构或者其从业人员的合法权益被侵害而产生的民事侵权损害关系。这第二重矛盾，假如没有严重后果，且当事各方自愿，公安部门可以居间调解。至于"诊疗行为的是非"的评鉴，自有其法定程序和法律授权机构，与治安管理部门没有直接关系，故以"我们不懂医"为理由而放弃治安秩序维护职责，是绝对错误的。

此外，就是赶紧进行卫生法律体系的建设。在正确的医药卫生体制改革价值取向的基础上，深入开展卫生法学基础理论研究，严肃、认真、慎重地着手卫生法律法规的废、改、立全面梳理工作，重造高质量的卫生法律法规体系，这也是最见功夫的事业。我们不能迷失在数量的繁荣上，而要强调质量第一。要想搞好卫生法律法规的立法工作，必须坚持开门立法，事先充分征求各方，这方面最重要和基础的工作，就是明了“国家主体医疗卫生事业中公立非营利性医疗卫生服务机构，在基本医疗卫生服务过程中建立的医患关系的法律属性”的定位问题。这个问题不解决或者产生认识偏差，则一切卫生法制工作就都是无的放矢的。

离开了上述两个方面的工作而去寻找什么“医疗纠纷的第三方介入解决机制”，以及片面寻求《条例》“升级”为“法律”，都一定是缘木求鱼、舍本逐末的荒谬之举，靡费财物而又无效误事。至于借机大谈“医疗责任险”，其动机就更值得深思了！

第十四节　浅析诊疗场所的公共场所属性

诊疗场所的治安秩序维护，并非无法可依，而是有法可依却有法未依。

借由暴力伤医事件频发，有关部门又说“诊疗场所不是公共场所，因此，无法可依”，引致近年来很多人关注“医院是不是公共场所”这个话题，这个话题也成为全国两会的“热议”之一。

笔者以为，就打击“医闹者”，维护诊疗场所秩序而言，这个问题，没多少讨论的意义。

首先，诊疗场所的治安秩序维护，并非无法可依，而是有法可依却有法未依，也就是《治安管理处罚法》第二十三条第一款第一项的内容：“有下列行为之一的，处警告或者二百元以下罚款；情节较重的，处五日以上十日以下拘留，可以并处五百元以下罚款：（一）扰乱机关、团体、企业、事业单位秩序，致使工作、生产、营业、医疗、教学、科研不能正常进行，尚未造成严重损失的；……聚众实施前款行为的，对首要分子处十日以上十五日以下拘留，可以并处一千元以下罚款。”

各级各类医疗卫生服务机构，大多数为政府举办的非营利性的事业单位。20％左右的民营机构，一部分为民办非营利性，取得医疗机构执业许可证后还需到民政局进行民办非企业登记，成为社团；一部分为民办营利性，则取得医疗机构执业许可证后需到工商局进行工商注册登记，成立公司等企业。即，全部医疗卫生服务机构，均在《治安管理处罚法》第二十三条第一款第一项的法域内。较之于该条第一款第二项针对公共场所的设计，显然，第一项更加贴切。

其次，公共场所是提供公众进行工作、学习、经济、文化、社交、娱乐、体育、参观、医疗、卫生、休息、旅游和满足部分生活需求所使用的一切公用建筑物、场所及其设施的总称。各级各类医疗卫生服务机构的公共场所属性，是由其本身功能决定的，没有任何疑问，无须特别的证明和哪个部门来认定。有人认为，医院的某些部门管理严格，闲人不得入内，因此，尽管门急诊候诊区域属于公共场所，须取得公共场所卫生许可证，而整个医院未必是公共场所。这个推理是不成立的。不特定的人及其家属陪人基本上可以自由进出并利用的建筑物、场所，就是公共场所，无可争议，并不因为公共场所局部的特殊管制就否认该场所的整体公共场所属性。就算是公园、电影院、车站、码头，也有主任办公室、配电间等不接待闲人的区域，那也不能因此就否认公园、电影院、车站、码头整体属于公共场所的判断。还有一种观点，以为《公共场所卫生管理条例》第二条所列出的七大类28种公共场所，才是公共场所，未列于其中的，就不是。

《公共场所卫生管理条例》第二条规定：

“本条例适用于下列公共场所：

“(一)宾馆、饭馆、旅店、招待所、车马店、咖啡馆、酒吧、茶座、高速服务区；

“(二)公共浴室、理发店、美容店；

“(三)影剧院、录像厅(室)、游艺厅(室)、舞厅、音乐厅；

“(四)体育场(馆)、游泳场(馆)、公园；

“(五)展览馆、博物馆、美术馆、图书馆；

“(六)商场(店)、书店；

“(七)候诊室、候车(机、船)室、公共交通工具。”

这个观点，也是错误的。该条列举的28种公共场所，只是公共场所里适用本条例监管、需要公共场所卫生许可的那部分，并不是说此外的场所就不是公共场所。例如，近年来不断减少与简化许可，目前，公共交通工具、体育场(馆)等，均已被明文取消了公共场所卫生许可，地铁站甚至至今都没列入过许可范围，难道这些场所就因此不是公共场所了吗？再如餐饮服务单位的饭馆，江苏省的规定是就餐区域大于200平方米并有空调的才需要公共场所卫生许可，难道小于200平方米的饭馆，就失去了公共场所的天然属性？

最后，“内保单位”与否，并不说明是否公共场所，更不能对抗《治安管理处罚法》的适用。这是目前十分流行的错误观点，认为，既然医院属于内保单位，就不好适用《治安管理处罚法》来维护秩序。《企事业单位内部治安保卫工作条例》不能被用来对抗《治安管理处罚法》，其第十一条规定：

“单位内部治安保卫机构、治安保卫人员应当履行下列职责：

“……

“(四)维护单位内部的治安秩序，制止发生在本单位的违法行为，对难以制止的违法行为以及发生的治安案件、涉嫌刑事犯罪案件应当立即报警，并采取措施保护现场，配合公安机关的侦查、处置工作。”

可见，《企事业单位内部治安保卫工作条例》是为了动员更多的社会主体出力投入治安维护工作，适度分担公安机关的压力，而不是代替公安机关，更不是不适用《治安管理处罚法》。该条例第十三条第一款第二项把“机场、港口、大型车站等重要交通枢纽”列为“治安保卫重点单位”，“治安保卫重点单位应当遵守本条例对单位治安保卫工作的一般规定和对治安保卫重点单位的特别规定”。难道，机场、港口、大型车站就因此不再是公共场所了吗？

第十五节　“假章救妻”案三问

廖某私刻假公章救妻案，笔者认为不构成犯罪。建议立法机关启动调查程序，核实情况后宣布当事人无罪，同时当事人对民事侵权损害予以赔偿。

2013 年 7 月 13 日，各地媒体都刊发了在全国引起热议的北京东城区“廖某假章救妻”案的报道。各地媒体都给予了该案极大关注，网媒的信息，也同样一致地表达了同情与唏嘘。面对一例所谓的“诈骗犯罪”案件，社会被引发的却是高度统一的意见，几乎是一面倒地呼吁原宥当事人。这样的案情，真是值得我们反思、深思。

一问：当事人究竟被何所迫？

各媒体报道时，都用了“被迫无奈”一词。在深化推进医改的背景下，我国的医疗保障机制已经可以覆盖到几乎所有国民，照理，廖某这样的窘境，理当早就被消除了。从报道的情况来看，患者杜某也并非没有机会获得保障机制的照护，“回河北老家”还是可以“报销医疗费”的，只是“身体经不起来回折腾”才显得可望而不可即。据《西安晚报》7 月 13 日张贵峰的《“私刻公章救妻”拷问民生医保之痛》介绍，类似廖某妻子这样在户籍夹缝中被城市医保遗漏的外来人员、农民工“是一个相当庞大的群体”。他们可以在原籍参加新农村医保，但“囿于地域分割、不能互认、统筹层次低下、报销水平不高”等体制障碍而“不可能起到多少事实上的救济作用”。这就再一次提醒我们，目前医保险种林立、多头管理、制度摩擦、效率低下的现状，就是“逼”出这个案件的“凶手”。要使得党和政府的温暖高效切实地落实到需救济人员的身上，就必须抓紧诸险合一，建立统一全民医保体系工作。笔者多年来致力于此问题的促进，早在 2010 年 7 月 19 日的《现代快报》B37 版，就发文阐明“必须颠覆性地重构和改造基本医疗保障制度”，诸险合一。在 2011 年 3 月 11 日的《健康报》的《两会，我有话要说》专栏里呼吁“促成医保体系由繁杂、低效向统一、高效转变，最终形成覆盖城乡全体居民的统一的医疗卫生服务保障制度，是基本医疗保障制度建设的当务之急”。

二问：廖某只能在“三年到十年之间”量刑么？

案件一出，很多法律工作者分析案情，都表示“不乐观”。《刑法》第二百六十六条规定：“诈骗公私财物……数额巨大或者有其他严重情节的，处三年以上十年以下有期徒刑,并处罚金;……”而廖某涉案金额达十七万多元,“数额巨大”,都说只能在“三到十年”之间量刑。

实际上,《刑法》第六十三条第二款有规定:“犯罪分子虽然不具有本法规定的减轻处罚情节,但是根据案件的特殊情况,经最高人民法院核准,也可以在法定刑以下判处刑罚。”鉴于廖某案件的情况太过特殊,且此前我国的司法实践中也确有启动此法条并成功的案例,因此,该案不能放弃“法定刑以下判处刑罚”的努力。

三问:廖某的行为,真的是犯罪行为吗?

这是一个极具挑战性的疑问。法律上的罪,是做出违法的应受刑法处罚的行为,它不完全等同于道德、宗教、习俗的罪恶。我们知道,一个行为的罪与非罪,从来就不是绝对的、亘古不变的,而是一个时代、一个群体道德伦理规范的法律化和秩序维护的规则化的结果。社会经济文化的发展导致道德伦理规范的递变,必然要在“罪”的判定上有所衍变。也就是说,一个行为的“罪性”,存在的基础就是道德伦理规范的评价体系,离开了社会群体的共识,也就无所谓罪与非罪。具体到本案,且不说网民的同情,就是各地传统媒体的报道与时评,所用措辞《假公章救妻背后的真问题》《假公章救妻背后的真情》《假公章受审,真公章不可冷眼旁观》《私刻公章救妻,拷问医保民生之痛》等等,也都是把责问与反思聚焦在当事人“假章”行为之外的医保救助机制上。对廖某的行为,众口一词公认为“被迫无奈之举”。加之,较之于去偷、去抢,“私刻收费章”以“偷医救妻”的社会危害性还是相对较小的。另外,刑罚的根本目的可以归纳说是“预防犯罪,保卫社会”,也就是行为导引作用。而本案廖某的行为,既公认属“被迫无奈之举”,那么,对其“放纵”不认为“罪”,也就不会产生“误导”。相反,若定其为“罪”以刑罚,那将导引的是什么呢?难道只能被动地忍耐“医保机制碎片化”之弊,消极地放弃治疗而葬送一条生命?

综上,笔者建议立法机关、法院启动调查程序,核实情况后宣布当事人无罪。

依据《中华人民共和国各级人民代表大会常务委员会监督法》第二十二条的规定“各级人民代表大会常务委员会参照本法第九条规定的途径,每年选择若干关系改革发展稳定大局和群众切身利益、社会普遍关注的重大问题,有计划地对有关法律、法规实施情况组织执法检查”,笔者建议案发区人民代表大会常务委员会启动调查程序。

当事人应对民事侵权损害予以赔偿。作为提供血液透析服务的当事医院,确实产生了17万多元的损失,应由廖某予以足额赔偿。

第十六节　“医托”治理有法可依

医托这种丑恶的社会现象,在全国各个城市的大型医院周边甚至医院诊疗场所普遍存在，历经治理，但“疗效”欠佳。凡论及医托问题，各界基本一致的看法是“无法可依”，因此，要想有所作为，就必须进一步针对性地立法规范。如此认识，是值得思考的。笔者以为，针对“医托”现象，已经有比较完备的法律规范，我们是有法未依，而不是无法可依。在现行有效的规范之外再搞什么地方立法，是浪费立法资源，且重床叠屋的法规容易自乱阵脚。

一、关于医托治理的法律依据

1. 卫医发〔1998〕第 29 号《卫生部 公安部关于清理整顿非法医疗机构、严厉打击“医托”违法活动的通知》

卫生部、公安部 1998 年对此问题就已经联合发文加以规范和安排，文件要求：“各地公安机关要积极配合卫生行政部门，整治医疗机构周边的治安秩序，重点打击‘医托’违法活动。对查获的充当‘医托’行骗的违法人员，根据《治安管理处罚条例》第 19 条和第 23 条规定，由公安机关予以治安处罚。”

2. 卫监督发〔2005〕386 号《卫生部、公安部、国家工商行政管理总局、国家中医药管理局关于开展严厉打击“号贩子”、“医托”专项执法行动的通知》

该通知的第三点重申了职责：“各级公安机关要大力整治医疗机构周边的治安秩序，指导医疗机构保卫部门加强内部管理，维护好医疗秩序。对……充当‘医托’行骗和其他扰乱医疗机构正常医疗秩序的行为，要依法予以查处；构成犯罪的，依法追究刑事责任。对……‘医托’活动频繁的医疗机构，公安机关可根据需要设置警务工作室，依法打击处理扰乱医疗秩序的违法犯罪活动。”

3.《治安管理处罚条例》

《治安管理处罚条例》第十九条规定：“有下列扰乱公共秩序行为之一，尚不够刑事处罚的，处 15 日以下拘留、200 元以下罚款或者警告：(一)扰乱机关、团体、事业单位的秩序，致使工作、生产、营业、医疗、教学、科研不能正常进行，尚未造成严重损失的；……”

第二十三条规定：“有下列侵犯公私财物行为之一，尚不够刑事处罚的，处 15 日以下拘留或者警告，可以单处或者并处 200 元以下罚款：(一)偷窃、骗取、抢夺少量公私财物的；……”

4.《治安管理处罚法》(2006 年 3 月 1 日起施行)

《治安管理处罚法》第二十三条规定：“有下列行为之一的，处警告或者 200 元以下罚款；情节较重的，处 5 日以上 10 日以下拘留，可以并处 500 元以下罚款：(一)扰乱机关、团体、企业、事业单位秩序，致使工作、生产、营业、医疗、教学、科研不能正常进行，尚未造成严重损失的；……”

第四十九条规定：“盗窃、诈骗、哄抢、抢夺、敲诈勒索或者故意损毁公私财物的，处5日以上10日以下拘留，可以并处500元以下罚款；情节较重的，处10日以上15日以下拘留，可以并处1000元以下罚款。”

二、有关职能部门的分工

上述文件和法律的规范，已经给各个有关部门授予了权力和明确了责任、分工。

针对非法行医（没有医师资质的人从事诊疗行为）行为：卫生行政部门监管、取缔；其中触犯刑律的，移交司法部门追究刑事责任。

针对医疗机构中的不规范诊疗行为：卫生行政部门实施监管。

针对“医托”（扰乱诊疗秩序和诈骗、哄抢、抢夺、敲诈勒索公私财物）行为：由公安部门依据《治安管理处罚条例》第十九、二十三条处罚。《治安管理处罚条例》现在修订为《治安管理处罚法》，条款顺序也有些变化，但是，核心内容一样，相应条款序数改为第二十三、四十九条。

而所谓“医托”的“雇主”，即指使者，一般为非法行医者或某些合法行医者。针对这个“医托”之源，现行的医疗机构管理和医师管理的法律法规中没有针对性的规定。行业内很多人就此认为“治理医托行为无法可依”。其实，恰恰相反，这并非当初立法的疏漏，更不是“无法可依”，而是“法域分明”的表现。因为，一旦有证据认定这个“雇主”或指使者，则其雇佣、指使的行为，就成为“医托”行为的一个组成部分，也构成扰乱诊疗秩序和诈骗、哄抢、抢夺、敲诈勒索公私财物，触犯了治安管理法律法规，那就当然与街面的“医托”一体处置，根本就不应该也没必要另行重叠地“立法”规范。而且，假如与现行有效的治安管理法律法规相抵触的“地方立法”重叠规范同一种行为，一来属于无效条款，二来有可能混淆视听，误导管理和执法，“重罪轻处”，则相当于保护了“医托之源”。

可见，针对“医托”及其相关的违法乱纪行为，均有法可依、分工明晰、责任明确。

三、对“医托”行为违法性的进一步分析

其实，“医托”行为违犯的，并不仅仅是治安管理法律法规，还触犯了以下法规：

工商管理领域有关广告管理的法规：“医托”大多在现场散发私自印制的广告宣传材料。而且，营利性医疗机构雇用“医托”扰乱医疗市场秩序，涉嫌不正当竞争。

文化领域关于报纸杂志编印发行的法规：“医托”在现场发放的很多是假冒的报纸、杂志，或者擅自编印的报纸、杂志。

市容管理领域关于市容管理的法规：“医托”现场行骗活动都是占用公共通

道、场地，且严重破坏环境卫生和市容市貌。

食品、药品监督管理领域的法规："医托"一般都伴随有推销食品、药品、器械而牟利的行为。

所以，围绕"医托"欺诈现象，应当且可以介入管理、打击的部门很多，责任并不仅仅在公安、卫生等一两个部门。

四、"医托"行为普遍存在的原因分析

"医托"行为普遍存在于全国各个大中型城市的医疗机构周围，行骗对象主要是农村来的就医者，或者，城市里文化水平比较低、年龄偏大的人群。

其原因，不外乎以下几点：

医疗服务行业知识密集型的特点决定了其永远是个信息高度不对称的行业，则骗术必定瞄准这种领域行骗。

农村居民进城办事，摸不清情况，本身就是容易上当受骗的人群。

文化素质低、年龄偏大、经济状况差的人群，也是伪科学骗术的敏感人群，各种骗子都"主攻"这个群体。

所以，只要医疗服务行业存在，只要有农村人群存在，只要城市中有文化素质低的人群，"医托"就不会自行退出"江湖"。

五、如何有效打击、彻底清理"医托"行为

强化监管和打击的密度。管理一种社会行为，要想效果好，其实不在于对个案法定处罚的力度要如何修订、增加得多么苛刻，而是应当在监管严密上下功夫，露头就打，"伸手必被捉"，使其没有施展的空间，也就是在"严厉"的"严"字上做文章，才能收切实成效。

强化医疗服务的各层级网络建设，恢复分级分工医疗的好传统，使得就医流向全面处于行政调控之下，有理有序，让大多数病人就近就便就医，骗子行骗的对象就减少了。

强化社会保障功能，尽快实现全民免费基本保障性医疗服务，骗子的花言巧语就少有"吸引力"。

参考文献

[1] 国务院新闻办公室. 中国的人权状况[N]. 人民日报，1991-11-02(5).

[2] 胡晓翔. 浅议《民法通则》在医疗事故经济补偿中的适用[N]. 健康报，1995-03-08(2).

[3] 胡晓翔. 医患关系不是合同契约关系[N]. 法制日报，2000-02-23(3).

[4] 邓科. 中国在人权领域采取重大举措——人权专家解析全国人大批准《经济、社会及文化权利国际公约》[N]. 南方周末，2001-03-15(2).

[5] 张维为. "市场原教旨主义"行不通[N]. 人民日报，2012-02-02(3).

[6] 白剑锋，李红梅. 医改：看病更省心更省钱[N]. 人民日报，2013-11-10(2).

[7] 江宇. 医改不可犯"颠覆性错误"[N]. 东方早报，2015-02-10(B15).

[8] 本报评论员. 改革让中国道路越走越宽广——三论协调推进"四个全面"[N]. 人民日报，2015-02-27(1).

[9] 董炳琨. 警惕医疗卫生工作进入误区[J]. 中华医院管理，1993，9(10)：577-578.

[10] 胡晓翔. 论国家主体医疗卫生事业的根本属性[J]. 中国卫生事业管理，1996，12(6)：287.

[11] 胡晓翔. 论国家主体医疗卫生事业中医患关系的法律属性[J]. 中国医院管理，1996，16(4)：13-14.

[12] 胡晓翔. 论医疗事故经济补偿纠纷不适用《民法通则》第 119 条[J]. 中国卫生事业管理，1996，12(4)：215.

[13] 胡晓翔. 三论国家主体医疗卫生事业中医患关系的法律属性：析医患关系为行政合同关系[J]. 中国卫生事业管理，1997(2)：105.

[14] 周永坤. 论宪法基本权利的直接效力[J]. 中国法学，1997(1)：22.

[15] 胡晓翔. 再论国家主体医疗卫生事业中的医患关系的法律属性：兼驳两个错误观点[J]. 山东医科大学学报(社会科学版)，1999(1)：36.

[16] 余逊达，陈旭东. 人权与社会保障[J]. 浙江社会科学，1997(6).

[17] 胡晓翔. 对"医患关系为普通民事法律关系"传统观点危害性的分析[J]. 山东医科大学学报(社会科学版)，1998(3)：4.

[18] 孙世彦. 论国际人权法下国家的义务[J]. 法学评论，2001，19(2)：91-95.